出口业务综合实训

主 编 李冬梅 芦林堃

中国水利水电出版社

·北京·

内 容 提 要

本书依据外贸业务流程,分为交易准备阶段、交易磋商阶段、签订合同阶段、履行合同阶段和业务收尾阶段五篇,包括国际市场调研、建立业务关系、交易磋商过程、出口报价核算、出口还价核算、出口合同核算、合同主要条款的制定、信用证的审核与修改、备货订舱、出口货运保险、出口货物原产地认证、商检与报关、出口货物出运、出口单据审核、出口交单结汇和出口退税共十六章内容。每章都涵盖教学目标、教学要求、相关理论、知识链接、外贸业务示例、应用案例分析和模拟练习题等七个模块。全书紧扣最新国际贸易惯例和法规,并将 2018 年最新的国际贸易政策融入到相关理论和应用案例分析中,以一套完整的出口贸易仿真案例贯穿整本书的全部内容,案例与时俱进、仿真度高、逻辑性强,便于外贸业务知识的掌握。

本书既可以作为国际贸易类专业的实训教材,又可以作为外贸单证从业人员的培训教材,也可以作为外贸从业人员的业务参考用书。

图书在版编目(CIP)数据

出口业务综合实训 / 李冬梅, 芦林堃主编. -- 北京:中国水利水电出版社, 2018.12
 ISBN 978-7-5170-0526-1

Ⅰ. ①出… Ⅱ. ①李… ②芦… Ⅲ. ①出口业务－基本知识 Ⅳ. ①F746.12

中国版本图书馆CIP数据核字(2018)第297445号

策划编辑:时羽佳 责任编辑:张玉玲 加工编辑:张溯源 封面设计:李 佳

书 名	出口业务综合实训 CHUKOU YEWU ZONGHE SHIXUN
作 者	主 编 李冬梅 芦林堃
出版发行	中国水利水电出版社 (北京市海淀区玉渊潭南路1号D座 100038) 网址:www.waterpub.com.cn E-mail:mchannel@263.net(万水) 　　　sales@waterpub.com.cn 电话:(010)68367658(营销中心)、82562819(万水)
经 售	全国各地新华书店和相关出版物销售网点
排 版	北京万水电子信息有限公司
印 刷	三河航远印刷有限公司
规 格	184mm×260mm 16开本 17.75印张 470千字
版 次	2018年12月第1版 2018年12月第1次印刷
印 数	0001—2000册
定 价	45.00元

凡购买我社图书,如有缺页、倒页、脱页的,本社营销中心负责调换

版权所有·侵权必究

前　言

随着全球贸易的发展，很多国际贸易规则也随之发展和更新，例如《2010 国际贸易术语解释通则》《伦敦保险业协会保险货物保险条款 2009 版》等。与此同时，近年来我国不断拓展对外贸易，特别是十九大以来，提出推进贸易强国建设，实行高水平的贸易和投资自由化便利化政策，并对很多对外贸易政策进行了调整。这些政策对对外贸易产生了一些影响，例如增值税率下调政策对出口退税的影响，关检融合政策对报检、报关及原产地认证的影响等。这些新形势、新变化，对外贸教学，特别是实训类教学课程，提出了新的要求。《出口业务综合实训》教材根据 2018 年最新的外贸政策，及时调整外贸业务操作流程，将新增值税率、新版"优惠原产地证""新版报关单"体现在相关理论和案例中，同时删除了"出境货物通关单""出境货物报检单"等国家取消的单据。

本教材依据外贸出口业务流程，依次分为交易准备阶段、交易磋商阶段、签订合同阶段、履行合同阶段和业务收尾阶段五篇。从导论开始，包括国际市场调研、建立业务关系、交易磋商的一般环节、出口报价核算、出口还价核算、出口合同核算及合同的形式、合同主要条款的制定、信用证的审核与修改、备货订舱、出口货运投保、出口货物原产地认证、商检与报关、出口货物出运、出口单据审核、出口交单结汇、国际收支申报与出口退税共十六章内容。每章都涵盖教学目标、教学要求、相关理论知识、知识链接、外贸业务示例、应用案例分析和模拟练习题等七个模块。

本教材的编写特点如下：

（1）紧扣外贸业务实际操作流程，以出口贸易的基本过程为主线，通过完整的外贸理论知识、外贸业务流程、应用案例分析、具体的示例图表和大量的模拟练习，为读者提供了一个学习出口贸易基本程序和主要操作技能的有效途径。

（2）以一套完整的出口贸易仿真案例贯穿整本书的全部内容，案例与时俱进，仿真度高，逻辑性强，能够帮助读者进入外贸情境，有利于读者掌握外贸业务操作的技巧。

（3）内容与时俱进，全书紧扣最新国际贸易惯例和法规，并将 2018 年最新的国际贸易政策融入相关理论和应用案例分析中，力求与真实的国际贸易业务无缝对接。

（4）在编写过程中，紧密结合教学基本要求，重点突出，侧重应用理论和应用技术，强调出口贸易的模拟操作。

本教材可以作为国际经济与贸易专业、国际商务专业和商务英语专业的外贸单证及外贸业务实训类课程的教材，也可以作为有志从事外贸业务人员自我学习训练的参考用书。

由于时间仓促及编者水平所限，书中难免存在不足之处，恳请广大读者批评指正。

编　者
2018 年 10 月

目　　录

前言
导论 ··· 1

第一篇　交易准备阶段

第一章　国际市场调研 ······················· 5
第一节　国际市场调研的概念 ············· 5
一、新的参数 ································· 5
二、新的环境要素 ··························· 6
三、所涉及要素的数量 ······················ 6
四、竞争的广泛性 ··························· 6
第二节　国际市场调研的目的 ············· 6
一、掌握国际市场总体趋势 ················ 6
二、了解目标市场的主要需求 ············· 6
三、比较外来产品与当地产品的差别和
竞争状况 ································· 6
四、了解目标市场的其他因素 ············· 7
第三节　国际市场调研的内容 ············· 7
一、国际市场环境调研 ······················ 7
二、商品商场调研 ··························· 8
三、市场供求调研 ··························· 8
第四节　国际市场调研的方法 ············· 8

一、一手资料调研 ··························· 8
二、二手资料调研 ··························· 8
第五节　国际市场调研的程序 ············· 9
一、在国内进行的案头调研 ················ 9
二、在国外进行实地调研 ··················· 9
模拟练习题 ·· 10

第二章　建立业务关系 ······················· 11
第一节　寻找贸易伙伴 ······················ 11
一、选择贸易伙伴 ··························· 11
二、联系贸易伙伴的途径 ··················· 13
第二节　建立业务关系函 ··················· 13
一、说明信息来源 ··························· 13
二、说明写信的目的 ························ 14
三、自我介绍 ································· 14
四、产品介绍 ································· 14
五、激励性结束语 ··························· 14
模拟练习题 ·· 16

第二篇　交易磋商阶段

第三章　交易磋商的一般环节 ··············· 17
第一节　询盘（Inquiry） ··················· 18
一、询盘的基本概念 ························ 18
二、询盘的分类 ······························ 18
第二节　发盘（Offer） ······················ 20
一、发盘的基本概念 ························ 20
二、发盘的种类 ······························ 20
三、构成发盘的条件 ························ 21
四、发盘函的内容 ··························· 21
第三节　还盘（Counter Offer） ·········· 22
第四节　接受（Acceptance） ·············· 25

一、接受的基本概念 ························ 25
二、构成接受的条件 ························ 25
三、接受的生效时间 ························ 25
四、逾期接受 ································· 25
五、接受的撤回和修改 ······················ 26
模拟练习题 ·· 27

第四章　出口报价核算 ······················· 29
第一节　价格表示方法 ······················ 29
一、出口贸易中常用的计价货币 ·········· 30
二、出口贸易中常用的计量单位 ·········· 30
三、国际贸易价格术语 ······················ 30

第二节　价格的构成 ………………………… 31
　　一、成本（COST） ………………………… 31
　　二、费用（EXPENSES/CHARGES） …… 31
　　三、利润（EXPECTED PROFIT/
　　　　INTERESTS） ………………………… 32
第三节　报价核算步骤 ……………………… 32
　　一、成本核算 ……………………………… 32
　　二、费用核算 ……………………………… 33
　　三、利润核算 ……………………………… 38
第四节　报价核算实例 ……………………… 38

模拟练习题 ……………………………………… 42
第五章　出口还价核算 ……………………… 45
　第一节　还价利润核算 ……………………… 45
　　一、还价利润核算的原理 ………………… 45
　　二、还价利润核算实例 …………………… 46
　第二节　还价成本核算 ……………………… 47
　　一、还价成本核算的原理 ………………… 47
　　二、还价成本核算实例 …………………… 47
　第三节　重新向客户报价 …………………… 49
模拟练习题 ……………………………………… 50

第三篇　签订合同阶段

第六章　出口合同核算及合同的形式 ……… 52
　第一节　出口合同核算 ……………………… 52
　第二节　合同的形式 ………………………… 54
　　一、合同（Contract） …………………… 54
　　二、确认书（Confirmation） …………… 54
　第三节　合同的内容 ………………………… 55
　　一、约首 …………………………………… 55
　　二、正文 …………………………………… 55
　　三、约尾 …………………………………… 56
第七章　合同主要条款的制定 ……………… 63
　第一节　标的物条款的制定 ………………… 63
　　一、品名条款 ……………………………… 63
　　二、品质条款 ……………………………… 64
　　三、数量条款 ……………………………… 66
　　四、包装条款 ……………………………… 68
　第二节　价格条款的制定 …………………… 70
　　一、价格条款的内容 ……………………… 70
　　二、主要贸易术语价格的换算 …………… 71
　　三、折扣和佣金 …………………………… 71
　第三节　运输条款的制定 …………………… 73
　　一、装运期（Time of Shipment） ……… 73
　　二、装运地（港）（Port of Shipment）和
　　　　目的地（港）（Port of Destination） … 74

　　三、装运方式 ……………………………… 75
　　四、装运通知（Advice of Shipment） … 76
　　五、制定运输条款应注意的问题 ………… 76
　第四节　保险条款的制定 …………………… 77
　　一、海上保险保障范围 …………………… 77
　　二、中国人民保险公司海运货物保险条款 … 77
　　三、伦敦保险业协会的《协会货物条款》 … 77
　　四、中英海运货物保险条款的主要区别 … 78
　　五、海运货物保险实务 …………………… 78
　　六、保险条款的主要内容 ………………… 80
　　七、制定保险条款应注意的问题 ………… 82
　第五节　支付条款的制定 …………………… 82
　　一、合同中的汇付条款 …………………… 82
　　二、合同中的托收支付条款 ……………… 82
　　三、合同中的信用证支付条款 …………… 83
　　四、制定支付条款应注意的问题 ………… 84
　第六节　争议预防条款的制定 ……………… 84
　　一、检验条款 ……………………………… 84
　　二、索赔条款 ……………………………… 86
　　三、不可抗力条款 ………………………… 88
　　四、仲裁条款 ……………………………… 91
　　五、法律适用条款 ………………………… 94
模拟练习题 ……………………………………… 96

第四篇　履行合同阶段

第八章　信用证的审核与修改 ……………… 99
　第一节　信用证的基本内容 ………………… 100

　　一、信用证的当事人 ……………………… 100
　　二、关于信用证本身的说明 ……………… 101

三、信用证的开立方式 …………… 102
四、SWIFT 电文表示方式 ………… 110
第二节　信用证的审核 ……………… 120
一、银行审证的重点 ……………… 120
二、出口企业审证的重点 ………… 120
三、信用证常见软条款介绍 ……… 122
第三节　信用证的修改 ……………… 125
一、信用证修改的规则 …………… 125
二、修改信用证的注意事项 ……… 125
三、改证函的基本结构 …………… 125
模拟练习题 ………………………… 128

第九章　备货订舱 …………………… 134
第一节　备货订舱的业务流程 ……… 135
一、订舱的准则 …………………… 135
二、订舱的程序 …………………… 135
第二节　商业发票 …………………… 136
一、商业发票的概念 ……………… 136
二、商业发票的作用 ……………… 137
三、商业发票的内容及缮制方法 ………………………………… 137
四、部分国家对发票的特殊规定 ………………………………… 139
第三节　包装单据 …………………… 141
一、包装单据的种类 ……………… 141
二、装箱单的内容与缮制方法 …… 141
三、其他包装单据的制作 ………… 142
四、制作包装单据应注意的事项 ………………………………… 142
第四节　订舱委托书 ………………… 144
一、填制订舱委托书的主要注意事项 ……… 144
二、订舱委托书的基本内容 ……… 144
模拟练习题 ………………………… 147

第十章　出口货运投保 ……………… 154
第一节　出口投保的程序 …………… 154
一、确定保险金额 ………………… 154
二、填写国际运输保险投保单 …… 155
三、支付保险费，取得保险单 …… 155
四、提出索赔手续 ………………… 155
第二节　投保单的填写 ……………… 155
一、投保单的概念 ………………… 155
二、投保单的内容 ………………… 155

第三节　保险单的内容和填制方法 ……… 157
一、保险单的内容 ………………… 157
二、信用证中有关保险单据条款举例 …… 160
模拟练习题 ………………………… 162

第十一章　出口货物原产地认证 …… 168
第一节　原产地证书 ………………… 168
一、原产地证书的基本内容 ……… 168
二、一般原产地证书 ……………… 171
三、普惠制产地证书 ……………… 175
第二节　出口货物原产地认证的业务流程 ……… 180
一、（海关）申办原产地证书 …… 180
二、（贸促会）申办原产地证书 ………… 181
模拟练习题 ………………………… 182

第十二章　商检与报关 ……………… 184
第一节　出境货物报检 ……………… 184
一、出口报检概述 ………………… 185
二、出口报检的申报方式 ………… 187
三、出口报检的申报系统——E-CIQ 系统 ……………… 187
四、检验检疫证书 ………………… 189
第二节　出口报关 …………………… 192
一、报关的基本概念和基本流程 … 192
二、报关单的概念和分类 ………… 193
三、出口货物报关单填制的一般要求 …… 195
四、出口报关单的内容及具体填制要求 …… 197
模拟练习题 ………………………… 210

第十三章　出口货物出运 …………… 212
第一节　货物出运的程序 …………… 212
第二节　海运提单 …………………… 212
一、海运提单的作用 ……………… 213
二、海运提单的种类 ……………… 213
三、海运提单的主要内容及填制要点 …… 214
四、信用证中的提单条款举例 …… 215
第三节　装运通知 …………………… 216
一、装运通知的概念 ……………… 216
二、装运通知的主要内容及其缮制要求 …… 217
三、信用证装运通知条款举例 …… 218
模拟练习题 ………………………… 220

第五篇　业务收尾阶段

第十四章　出口单据审核 …… 223
　第一节　单据审核的要求 …… 223
　　一、速审要点 …… 223
　　二、综合审单要点 …… 224
　　三、单据分类审核要点 …… 224
　第二节　单据的填制与审核 …… 232
　　一、汇票 …… 232
　　二、受益人证明 …… 237
　　三、船公司证明 …… 240
　　四、其他证明 …… 241
　模拟练习题 …… 241

第十五章　出口交单结汇 …… 247
　第一节　出口交单 …… 247
　　一、出口信用证项下交单所需资料 …… 247
　　二、交单的要求 …… 248
　第二节　出口结汇 …… 259
　　一、结汇概述 …… 259
　　二、出口结汇的做法 …… 259
　　三、处理单证不符情况的几种办法 …… 262
　模拟练习题 …… 263

第十六章　国际收支申报与出口退税 …… 267
　第一节　国际收支申报 …… 267
　　一、国际收支统计的发展和意义 …… 267
　　二、国际收支统计申报制度及原则 …… 268
　　三、国际收支网上申报 …… 269
　第二节　出口退税 …… 272
　　一、出口退税的含义及特点 …… 272
　　二、出口退税登记的一般程序 …… 273
　模拟练习题 …… 274

导　论

一、课程定位及要求

"出口业务综合实训"是国际贸易专业的一门综合性、实践性很强的课程。该课程以出口业务流程为主线，以"商务英语""进出口业务实务""国际结算"及"外贸单证制作"等课程为基础，理论结合实践，着重阐述出口贸易的基本程序、外贸单证的应用环境及缮制方法，突出动手能力的培养，注重将专业理论知识转化为职业技能。

本课程定位于培养具有良好的商务英语基础，具备一定的国际贸易专业理论知识及熟练的外贸制单技能，能够运用计算机熟练处理日常事务的高级外贸应用型人才。

课程依据《2010年国际贸易术语解释通则》《跟单信用证统一惯例》《联合国国际货物销售合同公约》《中华人民共和国海关法》以及国际货物运输、货物运输保险等国际通行的惯例与规则，利用仿真案例和市场环境，内容涵盖国际贸易实务的各个环节，从寻找业务机会、交易磋商、签订合同，到履行合同。通过接近真实的业务操作不断获得实践经验，让学习者掌握各种业务技巧，熟悉和体会客户、工厂、银行和政府机构的互动关系，真正了解国际贸易的物流、资金流和业务流的运作方式。通过不断进行的仿真交易，让学习者获得业务操作经验，通过其中的成功和失败、重复和变化来加强学习者的总结和记忆，从而达到全面提高国际贸易从业技能的最终目标。

二、外贸单证知识概述

（一）单证工作的意义

1. 单证是国际贸易结算的基本工具，单证质量是结汇能否顺利完成的前提

实际业务中对如何实现货币的转移，怎样支付货款、如何收取货物都通过单据加以实现，因为国际贸易中常用的贸易条件为FOB、CFR、CIF等，而这些交易最重要的特点之一就是"象征性交货"（当事人买卖代表货物所有权的单据等于买卖货物）。而银行付款的依据就是单据，只有单证一致、单单相符，银行才会付款。

2. 单证是履行合同的必要手段和证明

在业务活动中提交相应单据是当事人履行合同的手段，也是当事人完成合同义务的证明。合同订立后，履行阶段可概括为"货、证、船、款"四环节，无论是哪个环节，进出口商及合同有关的相应各方只有在履行了约定义务的情况下才能取得相关单据，没有提交应交付的单据就意味着没有按规定履约。

3. 单证工作是企业经营管理的重要环节，直接影响国家、企业和个人的形象和利益

企业对整个贸易环节都应进行有效的监管，单证管理又是最后一个环节，即使洽谈、订合同、备货、报检、报关、保险、装运等环节没有任何问题，在制作、提交单证方面出了问题，也会致使业务前功尽弃。所以所有企业都应加强、重视单证工作，力争为每笔业务画上圆满的句号。做好国际贸易单证工作对整个国家、每个企业和每个从业员工的形象和利益都有重大影响。

4. 单证是避免和解决贸易争端的依据

因为国际贸易是单据贸易，所以在合同订立之前、之中和之后都要对相关单据严格把关，不然就可能造成因单据的不规范、不确切、存在授人以柄的漏洞而引发麻烦或者在发生有关争议时无法利用合法的手段（出示合格的单据）保护自己，更谈不上对对方的不合理要求据理力争。单证受国际法规和惯例的制约，具有法律效力。

（二）国际贸易单证的分类

1.《托收统一规则》（《URC522》）的分类

（1）金融单据，是指具有货币属性的单据，汇票、支票、本票或其他用于取得付款资金的类似凭证都是金融单据。

（2）商业单据，是指除了金融单据以外的所有单据。

1）基本单据：商业发票、海运提单、保险单等。

2）附属单据：进口国官方要求的单据，如领事发票、海关发票、原产地证明等；买方要求的单据，如装箱单、重量单、品质证书、寄单证明、寄样证明、装运通知、船龄证明等。

2.《跟单信用证统一惯例》（《UCP600》）的分类

（1）运输单据——海运提单，非转让海运单，租船合约提单，多式联运单据，空运单据，公路、铁路和内陆水运单据，快递和邮包收据，运输代理人的运输单据等。

（2）保险单据——保险单、保险凭证、承保证明、预保单等。

（3）商业发票。

（4）其他单据——装箱单、重量单和各种证明书。

3. UN/EDIFACT 的分类

UN/EDIFACT 国际通用标准将国际贸易单证分为九大类：生产单证、订购单证、销售单证、银行单证、保险单证、货运代理服务单证、运输单证、出口单证、进口和转口单证。

4. 根据单证在贸易工作中的作用划分

（1）资金单据：主要是本票、支票和汇票。

（2）货运单据：由托运人或承运人出具，包括海运提单、航空运单、铁路运单、国际多式联运单据等。

（3）商业单据：由出口商签发，常见的有商业发票、包装单据等。

（4）保险单据：由承保人签发，包括保险单和保险凭证等。

（5）官方单据：由政府职能部门或使馆签发的单据，例如海关发票、领事馆发票、各类检验检疫证书等。

（6）随附单据：由进口方或进口要求的其他单据，例如受益人证明、船公司证明等。

5. 根据结汇时所需要的单据类型划分

（1）结汇单证。

（2）非结汇单证。

（三）国际贸易单证工作的内容

国际贸易单证工作的基本环节包括制单、审单、交单和归档。信用证支付方式下，在制单环节前还有审证环节。

三、外贸业务流程

履约流程如图 0-1 所示：

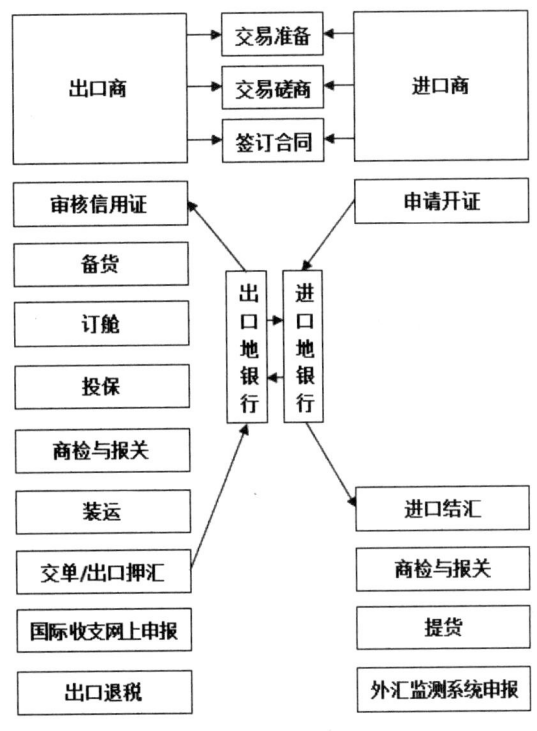

图 0-1 履约流程

（一）交易准备

交易准备主要是指买卖双方在交易合同签订之前进行的一系列准备活动的总称。在进出口贸易的各种工作环节中，交易前的准备是一项最基础的前期工作。不论是出口贸易还是进口贸易，准备工作是否充分细致，将直接影响到国际贸易的进程和国际贸易的效益。通常交易前的准备工作主要包括国际市场调研、寻找贸易伙伴并建立贸易关系，做好广告宣传等。

（二）交易磋商

交易磋商是指买卖双方就交易条件进行协商，协调双方的经济利益，求得一致，达成交易。在国际贸易中，交易磋商有明确的内容和规范的程序，一般可分成询盘、发盘、还盘和接受四个环节。

（三）签订合同

买卖双方经过交易磋商，通过出口报价与进口核算，对交易的条件或条款取得一致意见后，即可签订书面合同。

（四）申请开证

信用证方式下，合同签订后，进口商应填具"不可撤销信用证开证申请书"（Irrevocable Documentary Credit Application），向其有往来的外汇银行申请开立信用证。

（五）审核信用证

进口地银行开立信用证，并通过出口地通知行将信用证通知出口商后，出口商应认真审核信用证。信用证审核无误，即可开始备货、装运等事宜；如信用证有误，可要求进口商及时修改信用证。

（六）备货

出口商与进口商签订合同后（如果合同的支付方式为信用证，通常会等出口商接到信用证，审核无误后），即应开始准备货物，并依约定日期（信用证规定的最后装船期限之前）将货品装船出运。货物的生产过程往往要花一段时间，因此出口商应配合装运期限，事先做好妥善的安排。

（七）订舱

完成备货后，出口商即应根据相应的船期，配合装运期限进行订舱（在 FOB/FCA 术语下，应由进口商先指定外运公司），经外运公司接受后发给配舱通知（海运）或进仓通知单（空运），凭以填制其他单据，办理出口报关及装运手续。

（八）投保

在 CIF 术语下，保险由出口商办理，出口商须填写"货物运输保险投保单"（Cargo Transportation Insurance Application），并附商业发票向保险公司投保。保险公司承保后，签发"货物运输保险投保单"（Cargo Transportation Insurance Policy）给出口商。在 FOB/FCA 或 CFR/CPT 术语下，则应由进口商办理保险。

（九）商检与报关

出口商通过"互联网+海关"及"单一窗口"报关报检合一界面录入报关报检数据向海关一次申报。关检融合后，海关出口货物实行整合申报，报关单、报检单合并为一张报关单。海关审核单据无误后即办理出口通关手续。

（十）装运

通关手续完成后，货物即装船出运，出口商应及时向进口商发送装运通知。

（十一）交单/出口押汇

货物装运出口后，出口商备妥相关文件，并签发以进口商为付款人的汇票（Bill of Exchange），向出口地银行交单（Negotiation）。除此之外，在远期信用证或托收方式下，还可以出口单据作为质押，向银行申请出口押汇，以便提前收汇，取得融资。

（十二）国际收支网上申报

国家外汇管理局、海关总署、国家税务总局决定，自 2012 年 8 月 1 日起在全国实施货物贸易外汇管理制度改革。取消出口收汇核销单，企业不再办理出口收汇核销手续，只需进行网上申报。国家外汇管理局分支局对企业的贸易外汇管理方式由现场逐笔核销改变为非现场总量核查。

（十三）出口退税

国际收支网上申报完成后，出口商再凭报关单（出口退税联）与商业发票前往国税局办理出口退税。

（十四）进口结汇

进口商收到银行发来的单据到达通知，即应在规定期限内前往银行付款或承兑，并领取货运单据。由于支付方式不同，进口结汇的程序也有所不同。

（十五）进口报检与报关

关检融合后，进口货物实行整合申报，报关单、报检单合并为一张报关单。新版入境货物报关单融合了检务的项目。

（十六）提货

海关放行后，进口商可至码头或货物存放地提领货物，提货完成即可销货。

（十七）外汇监测系统网上申报

国家外汇管理局、海关总署、国家税务总局决定，自 2012 年 8 月 1 日起在全国实施货物贸易外汇管理制度改革。外汇局通过货物贸易外汇监测系统，全面采集企业货物进出口和贸易外汇收支逐笔数据，定期比对、评估企业货物流与资金流总体匹配情况，便利合规企业贸易外汇收支；对存在异常的企业进行重点监测，必要时实施现场核查。

第一篇　交易准备阶段

交易准备主要是指买卖双方在交易合同签订之前进行的一系列准备活动的总称。在进出口贸易的各种工作环节中，交易前的准备是一项最基础的前期工作。不论是出口贸易还是进口贸易，准备工作是否充分细致，将直接影响到国际贸易的进程和国际贸易的效益。通常交易前的准备工作主要包括国际市场调研、寻找贸易伙伴并建立贸易关系，做好广告宣传等。

第一章　国际市场调研

 教学目标

通过本章的学习，了解国际市场调研的目的和内容，掌握进行国际市场调研的基本方法和程序，能够设计符合具体需求的国际市场调研方案。

 教学要求

知识要点	能力要求	相关知识
国际市场调研的基础知识	（1）掌握国际市场调研的概念和目的 （2）熟悉国际市场调研的基本内容	国际市场调研的四大要素、国际市场调研的内容
国际市场调研的程序	（1）了解常见的调研方法 （2）根据需求制定调研方案	一手资料、二手资料

第一节　国际市场调研的概念

国际市场调研是指运用科学的调研方法与手段，系统地搜集、记录、整理、分析有关国际市场的各种国际市场的各种基本状况及其影响因素，以帮助企业制定有效的市场营销决策，实现企业经营目标。在现代营销观念指导下，以满足消费者需求为中心，研究产品从生产领域拓展到包括消费领域的全过程。

国际市场调研的四大要素如下所述。

一、新的参数

（1）如关税、外币及其币值的变化、不同的运输方式和各种国际单证。

（2）国际化经营的不同模式产生新的参数。如进行进出口业务、实行产品许可经营制度、建立合资企业或者从事外国直接投资等。

二、新的环境要素

企业一旦进入国际市场,必然面对陌生的环境,所以必须了解和熟悉当地诸如政治、经济、文化、法律等方面情况,特别要关注商业活动中的各种风险和机遇。

三、所涉及要素的数量

进入国际环境的企业,一定会遇到各种各样的新的变化,所涉及要素大量增加,如何适应和协调与有关方面的关系对企业国际商务的成败至关重要。

四、竞争的广泛性

在国际市场上,企业面临着比国内市场上更多的竞争对手、更多的竞争和挑战。因此,企业必须决定竞争的范围和宽度,对竞争性活动进行跟踪,评价这些活动对公司经营的实际和潜在的影响。

第二节 国际市场调研的目的

进行国际市场调研的目的在于了解某一商品在其他国家的消费状况,以便有效地推销其产品。从一般情况看,调研的目的表现为以下几点。

一、掌握国际市场总体趋势

由于各国的社会、政治、经济、文化等存在着较大的差异性,进行调研可借此比较和评估各国市场的潜力,以作为销售的借鉴和参考,从而确立目标市场。

(一)经济发展信息

这是企业确定国际市场发展方向和目标的重要依据。包括经济环境特征、经济增长速度、通货膨胀率、工商业周期趋势等一般信息和与之相关的价格、税收、外贸等方面政策的资料。

(二)社会或政治气候信息

社会或政治气候信息包括影响企业海外业务经营的种种非经济性环境条件的一般信息,如法律体系、语言文字、政治稳定性、社会风俗习惯、有关文化方式、宗教和道德背景等。

(三)市场条件信息

市场条件信息包括有关国家市场结构与容量、交通运输条件等。还包括对本部门产品的获利能力分析、主要进出口国的需求总量、某商品进出口量在其国内消费或生产的比重等。

二、了解目标市场的主要需求

不同的目标市场因各种因素的制约,其需求有所不同。通过市场调研可以发现当地消费者是否对其所推销的产品有所需求、需求量有多大、需求的变化趋势等,以便制定销售策略。

三、比较外来产品与当地产品的差别和竞争状况

一国的同类产品常常有国内与国外多家生产者与销售者同时竞争,作为外国销售者,进行市场调研的目的之一,就是要找到其产品与当地同类产品有哪些差别,同类产品之间的竞争程度如何,以此为基础才有可能制定比较科学的营销方案。

竞争者包括国内、当地及第三国的竞争者。调查的信息一般有市场竞争结构和垄断程度、主要

竞争对手企业的占有率、当地供货商利用政治影响提高关税和非关税壁垒的可能性等。

四、了解目标市场的其他因素

一国市场的销售状况,除销售者本身的因素外,还与该国的其他因素有关,特别是该国对外国商品的相关政策与法律规定,应对此有所认识和重视,否则有可能导致事倍功半。

第三节 国际市场调研的内容

不同的出口商可能因其推销的产品不同,而对调研内容的侧重点有所不同,如化工产品的出口商可能对进口国的宗教信仰不太关注,但食品出口商可能对此极为重视,否则有可能导致巨额损失。尽管各有侧重,但总体而言,调研内容主要为以下几个方面。

一、国际市场环境调研

国际市场环境调研指对某一个国家(地区)的一般情况做广泛了解,尤其要对同贸易有关的情况做重点调查研究,一般包括以下方面。

(一)经济环境因素

这一类环境因素不仅包括宏观上的,也包括微观上的。如国民生产总值、人均国民生产值、价格水平、收入分配,以及竞争产品的服务的价格。经济因素对绝大多数消费购买决策产生影响。由于各国收入水平的差异,理性消费者追求效用最大化的含义也不同。即使收入水平相同,不同的物价水平也会改变顾客的购买行为。

(二)国外政治和法律环境因素

国外政治和法律环境因素包括政府结构的重要经济政策,政府对贸易实行的鼓励、限制措施,特别是有关外贸方面的法律法规,如关税、配额、国内税收、外汇限制、卫生检疫、安全条例等。

法律法规不会直接刺激对某一类产品、服务的需求,它们只是表示:"可以或不可以"。公司必须清楚地了解与营销决策有关的法律,这在国与国之间可能差别很大,将直接影响公司的营销决策。法律环境对营销的影响在麦当劳的案例中也可得到证实。例如,麦当劳对儿童的电视广告促成了它的成功。但在许多其他国家,尤其在欧洲一些国家(如德国),此类广告是完全被禁止的。

(三)社会环境因素

社会环境因素涉及与市场环境中社会、人文有关的因素,包括文化背景(种族、宗教、习俗和语言)、教育体制和社会结构(个人角色、家庭结构、社会阶层和参考群体)。社会环境对购买者的期望有重要的影响,它不以自然环境的不同而有所区别。

例如,美国文化中有一种很重要的价值观:时间价值观念。快餐正是迎合了这种在户外能随时随地、方便用餐的需求。另一个文化社会因素便是美国普遍的家庭结构和主要以年轻人作为导向的文化趋势。由于孩子们常常是户外就餐的决定者,所以麦当劳的广告为顺应这种潮流而主要以儿童和青少年为主要目标。美国典型家庭主妇的社会角色也发生了变化,她们越来越多地出去工作,这种变化也增加了在户外用餐的市场。

(四)自然环境因素

自然环境因素包括人口、人口密度、地理位置、气候,以及产品使用的自然条件(环境、空间等)。人口变量直接影响绝对市场容量,它和气候一样会随时间而发生变化;产品使用条件涉及产品在各种环境下的功能。

（五）贸易环境因素

贸易环境因素包括进出口商品结构、数量、金额、贸易对象、外汇管制、关税和商检情况以及与我国的贸易关系等贸易情况。

二、商品市场调研

商品市场调研主要是调研相关商品在国际市场的生产、销售、价格等情况，以便掌握商品的价格及其他的交易条件。一般包括拟销商品在当地的生产量、消费量及厂商数量等；拟销商品在当地的进出口状况，如进出口量、贸易商、贸易渠道与方式等；当地潜在竞争对手的状况，如商品质量、规格、价格；厂商数量、规模、两者的差异等；当地企业的组织结构及与外资企业合资、合作的可能性；当地常用的付款方式及资信程度；当地习惯使用的广告媒体及其效果等。

三、商品供求调研

国际商品市场的供求关系是经常变化的，影响供求关系变化的因素很多，如生产周期、产品销售周期、消费习惯、消费水平、质量要求等，应该结合我国市场对商品的供需，选择适宜的市场，获取供给信息、需求信息和价格信息。

第四节　国际市场调研的方法

国际市场调研是复杂细致的工作，须有严格、科学的程序和方法。企业对国际市场调研获取的资料，按其取得的途径不同，一般分为两类：一类是通过自己亲自观察、询问、登记取得的，称为原始资料；另一类是别人搜集到的，调查者根据自己研究的需要，将其取来为己所用，称为二手资料。人们又把它分为案头调研法和实地调研法。

一、一手资料调研

一手资料调研指委托有关机构到目标市场进行实地考察，以获得第一手资料作为决策依据。但通过这种渠道获取相关资料的成本较高，对中小出口商来说不太现实，而且需要较长时间。因此，这种方式不是首选，通常只有跨国大企业或政府采购选择这一渠道。

比如，企业进行国外市场环境、商品及营销情况调查，一般可通过下列渠道、方法进行：

（1）派出国推销小组深入国外市场以销售、问卷、谈话等形式进行调查（一手资料）。

（2）通过各种媒体（报刊、杂志、新闻广播、计算机数据库等）寻找信息资料（二手资料）。

（3）委托国外驻华或我驻外商务机构进行调查。

通过以上调查，企业基本上可以解决应选择哪个国家或地区为自己的目标市场、企业应该出口（进口）哪些产品以及以什么样的价格或方法进出口等问题。

二、二手资料调研

二手资料调研指利用他人已获得的第一手资料，经过分析整理后据以作出决策，而不再进行实地考察或委托相关机构实地考察。他人资料来源较多，进行国际市场调研时，只要针对调查目的，尽力收集相关资料加以整理，一般可获得所需的资讯，且其时间快、成本低、效率高，是大多数出口商选用的渠道。通过二手资料可以方便快捷地得到通过一手资料不易或无法得到的信息，如官方数据。二手资料可以辅助进行一手资料调研，通过掌握的二手资料，调研人员可以初步判断他们的问题是否能够得到解决。当所需二手资料不存在或现有二手资料不完全和不可靠的时候，调研人员再去进行一手资料的收集工作。

二手资料的来源主要包括：各政府机构的定期刊物、各国驻我国办事处的资料、进出口商会或贸易发展协会的刊物、金融或征信机构的期刊、国内外报纸杂志的广告或研究报告、我国驻外单位的研究报告、联合国或国际组织的年鉴资料等。

第五节　国际市场调研的程序

在国际市场销售活动中，多数企业都是在对众多的市场进行评估的基础上，选择最有获利潜力的市场，采用集中型市场经营策略来经营，而评估则主要依赖于国际市场调研。

一、在国内进行的案头调研

国际营销市场调研首先要确定调研的任务是什么。因为任务不同调研方法也不同。在国内进行的案头调研工作主要有三项：

（1）进入市场的可行性分析。即在进入国际市场可行性分析中，首先列出所有的潜在市场，然后分析研究该国必要的信息情报资料。

（2）获利的可能性分析。即对国际市场价格、市场需求量等进行了解，以便和有关竞争者的产品成本作出比较。

（3）市场规模分析。即对市场规模和潜力进行大致估测。

二、在国外进行实地调研

在国外进行的实地调研，指在国外市场的所在地，向消费者、用户和各种工商企事业进行直接调研，取得第一手的市场和商情资料。

在国外市场调研中，对于出口初创阶段的市场、发展潜力大的市场以及售后服务要求高的市场，企业可派出人员或小组到国外当地市场做实地调查，获得真实可靠的第一手材料。

在国外进行实地调研的初期阶段只在某些特定市场上对几个关键问题进行调研，然后就需要进入主要实地调研。这种调研只在少数几个能提供最大成功机会的市场上进行。

※应用案例分析 1-1

厦门易通科技有限公司（XIAMEN YITONG TECHNOLOGY CO.，LTD）成立于 1999 年，是一家在 IT 科技领域集开发、加工、销售为一体的整合公司。拥有业界优秀的专业工程技术开发团队，专注影像数码研发与生产近 20 年。主要经营范围：各类摄像机、数码相机、智能穿戴产品及数码配件等。公司最近研发 FD-C84 系列摄像机新品（商品名称：GM85S 1080P CAMERA），采用新升级的传感器和高速影像处理器，具有双重光学防抖功能，同时外观设计更引领世界潮流。公司地址：厦门思明路 163 号（NO.163 SIMING ROAD,XIAMEN,FUJIAN,CHINA 361000）。

公司产品已有俄罗斯、美国等海外市场，2018 年公司准备进入葡萄牙时，根据对市场的初步了解，公司产品最主要优势与在其他欧洲市场类似，即保证技术品质但价格更低的优质优价产品。但公司仍然需要收集的信息有目标市场价格、关税及相关政策和数据、主要竞争对手及进口商信息。信息收集思路前期主要通过前期合作伙伴（他国客户、经销商、使馆等）获得当地信息，后期计划借欧洲参展或其他项目进行实地调研，以确定最终进入葡萄牙市场的产品组合方案与具体的营销计划。

模拟练习题

1. 思考国际市场调研与国内市场调研的区别与联系。
2. 在上述应用案例中,易通科技还需要做哪些市场环境分析?

第二章　建立业务关系

 教学目标

通过本章的学习，了解寻找和选择国外贸易伙伴的基本思路和方法，掌握正确选择国外客户、有效联系贸易伙伴的途径。懂得在什么时候发出建立业务关系函，掌握建立业务关系函的写作要求和写作要点，能够用英文写出一封内容正确、表达清晰、能引起客户兴趣的建立业务关系函。

 教学要求

知识要点	能力要求	相关知识
客户调研	（1）掌握选择国外贸易伙伴的基本思路 （2）熟悉国外客户调研的基本内容	资信调查函
建立业务关系函的主要内容	（1）建交函的作用 （2）熟悉一封规范建交函的必备内容	建交函的概念
信息来源的英文表述	（1）了解常见的信息来源情况有哪些 （2）准确用英文表述信息来源	主要跨境电商平台、商务参赞处、驻外大使馆、国际知名银行的英文表述
公司介绍的英文表述	准确用英文介绍公司情况	公司成就、主要业务经营范围的典型英文表述
产品介绍的英文表述	（1）准确用英文介绍产品 （2）不同的贸易情形产品介绍的侧重点	常见产品类型的主要特征、产品册子、产品目录、价格清单等的英文表述

第一节　寻找贸易伙伴

一、选择贸易伙伴

（一）对客户进行调查研究

每个商品都有自己的销售（进货）渠道。销售（进货）渠道是由不同客户所组成的。企业进出口商品必须选择合适的销售（进货）渠道与客户，做好国外客户的调查研究。选择贸易伙伴时，应通过与客户的直接接触，或通过政府机构、银行、商会、咨询公司等多种渠道全面了解客户的政治背景、政治态度、资信情况及其经营范围、经营能力、经营作风、商业信誉，从而选择政治上友好、资信状况良好、经营能力较强的客户作为交易对象。一般说来，商务企业对国外客户的调查研究主要包括以下内容。

1. 客户政治情况

主要了解客户的政治背景、与政界的关系、公司企业负责人参加的党派及对我国的政治态度。

2. 客户资信情况

客户资信情况包括客户拥有的资本和信誉两个方面。资本指企业的注册资本、实有资本、公积金、其他财产以及资产负债等情况。信誉指企业的经营作风。

资信调查的渠道主要是通过银行。资信调查信的内容一般主要包括：①说明写信原因；②提出具体资信调查要求；③必要承诺；④表示感谢。调查的具体内容主要包括以下几点：

（1）贵公司与该公司业务往来有多久。（How long have you been in business relations with the firm?）

（2）贵公司给该公司的信贷额有多大。（What credit limit have you placed on their account?）

（3）该公司还账是否及时。（How promptly are terms met?）

（4）目前该公司欠账有多少。（What amount is currently outstanding?）

（5）如能对上述公司的财务状况和可靠性提出你方的意见，将不胜感激。（We shall be obliged if you would furnish us with your opinion on the financial status and reliability of the above company.）

示例 2-1　资信调查函

ABC 国际贸易有限公司在过去的十年中曾与我公司做过大量交易，他们会向你方提供有关我们资信状况的任何信息。（The ABC International Trade Co.,Ltd.,with whom we have had considerable transactions for the past ten years, would provide you with any information relative to our credit standing.）

资信调查函如下：

Credit Inquiry Letter:

Gentlemen:

We have recently received a sudden order from ABC Company, with which you are doing business and the firm gives us your name as a reference.

We shall appreciate it if you could supply us the following information:

（1）How long have you been in business relations with the firm?

（2）What credit limit have you placed on their account?

（3）How promptly are terms met?

（4）What amount is currently outstanding?

Any information you may furnish will be greatly valued and treated in confidence.

Yours truly,

A Reply to the Above:

Dear Sirs,

Re.:Your Inquiry No.110 of March 1

Regarding ABC Company

In reply to your Inquiry No.110 of March 1, we are pleased to send you with enclosure a copy of the Report on ABC Company. Please note that the information is supplied at your request without any responsibility whatsoever on the part of this Bank or on any of its officers.

It is a condition of this letter that the name of this Bank will not be disclosed in the event of our report being passed on to your clients.

Yours faithfully,

3. 客户经营业务范围

客户经营业务范围主要指客户的公司企业经营的商品及其品种。

4. 客户公司、企业业务

客户公司、企业业务指客户的公司企业是中间商还是使用户或专营商或兼营商等。

5. 客户经营能力

客户经营能力指客户业务活动能力、资金融通能力、贸易关系、经营方式和销售渠道等。

（二）建立广泛的客户群

正确选择和利用客户，建立客户档案，对不同类型的客户进行分类，并与之建立稳定的贸易关系，同时还要注意不断扩大客户的数量，以避免对少数客户的过分依赖，争取在国际市场上建立一个广泛、稳定的客户群。

二、联系贸易伙伴的途径

（1）自我介绍。通过查阅国外出版的企业名录、报刊杂志的广告，以函电或发送资料的方式，自我介绍建立关系。

（2）通过国外银行介绍客户。

（3）通过国内外的贸易促进机构或友好协会介绍关系，如我国的贸促会也办理介绍客户的业务。

（4）通过我驻外使馆商务处或外国驻华使馆介绍合作对象。一般来讲我驻外使馆对当地主要厂商的经营范围、能力和资信较为熟悉了解。

（5）通过参加国内外展览会、交易会建立关系。这类活动的优点是能和客户直接见面，联系的范围广。

（6）利用国内外的专业咨询公司介绍客户。国内外都有许多专业咨询公司接受委托代办介绍客户，他们的业务关系中有许多具有一定影响、专业经验和能力的各种类型的客户，请他们介绍客户，一般效果较好。

※应用案例分析 2-1

易通科技有限公司在调研完成后，开始广泛地收集客户信息，包括最终用户需求及可选择的当地经销商信息。已收集信息主要来源有：老客户介绍、往年参加广交会等展会收集信息时整理的葡萄牙客户信息、网上询价获取的潜在客户信息。公司计划寻找当地经销商进行合作，通过经销商参加欧洲展会并借助经销商销售网络进入葡萄牙市场。

第二节　建立业务关系函

选定贸易伙伴后，就应当及时与对方建立贸易关系，向其推销的主要方式通常是发出招揽函、价目表、目录、样品等资料。在国际贸易中，买卖双方业务关系的建立，往往是由交易一方通过主动向对方自我介绍并以信件、传真或 E-mail 的形式完成的。建立业务关系的函件有自荐信、他荐信和转移贸易关系信，一般包括下列内容。

一、说明信息来源

即如何获得对方的资料，比如通过他人介绍、报纸杂志、网上信息等。如：

We learned from the Commercial Counselor's office in your country that you are interested in Chinese handicraft.

We have obtained your name and address from the Internet. Your name and address have been introduced to us by ABC Company.

Your firm has been kindly recommended to us by your sister firm.

二、说明写信的目的

比如想扩大交易量或商品销售地区、建立长期业务关系等。如：

In order to extend our business to South America, we are writing to you to seek possibilities of cooperation.

We are writing to you to establish long-term trade relations with you.

The purpose of this letter is to explore the possibilities of developing trade with you.

We take the liberty of writing you with a view to building up business relations with your firm.

三、自我介绍

自我介绍包括公司性质、业务范围、宗旨、公司经营优势等。如：

We are a leading company with many years' experience in this line.

We enjoy a good reputation in the world market.

We are exporters of long-standing and high reputation, engaged in exportation of chinaware.

We are glad to send this introductory letter, hoping that it will be the prelude to mutually beneficial relations between us.

四、产品介绍

产品介绍分两种情况：其一，当明确对方需求时，宜选取某类特定产品，进行具体的推荐；其二，当不明确对方需求时，宜对企业产品整体情况作笼统介绍（可能的情况下，附上商品目录、报价单或另寄样品供对方参考）。如：

Art. No. 76 is our newly launched one with super quality, fashionable design, and competitive price. To give you a general idea of our products, we are airmailing you under separate cover our catalogue for your reference.

In order to facilitate your work in pushing the sales of this item, we are sending you by airmail a small sample. A copy of the relevant descriptive leaflet is enclosed.

五、激励性结束语

即希望对方能给予答复或采取相应的行动。如：

Your comments on our products or any information on your market demand will be really appreciated.

We are looking forward to your specific inquiries.

We await your further news with keen interest.

Looking forward to your early reply.

Thank you in advance for your close cooperation.

We shall be pleased to assist you in every way we can.

示例 2-2 建立业务关系函

Dear Sirs,

　　Your company has kindly been introduced to us by Messrs. Freeman & Co., Ltd., Lagos, Nigeria, as a prospective buyer of Chinese cotton piece goods. As this item falls within our business scope, we'll be pleased to enter into direct business relations with you at an early date.

　　To give you a general idea of the various kinds of cotton piece goods available for export, we enclose a brochure and a price list. Quotations and sample books will be airmailed to you upon receipt of your specific inquiry.

　　We look forward to your favorable reply.

　　Yours faithfully,

※应用案例分析 2-2

　　2018 年 6 月 20 日，易通科技公司业务员张国从阿里巴巴国际站上看到葡萄牙一进口商发布摄像机的采购信息，进口商基本信息如下：

DYNASTY DEVELOPMENT CAMPANY

R. Xavier Cordieiro 63-6

LISBON, PORTUGAL

TEL:00351-21-7904860　　FAX: 00351-21-7904835

E-mail: Lettow@gmail.com

Contact person: Paul Von Lettow

　　2018 年 6 月 20 日，厦门易通科技有限公司向 DYNASTY DEVELOPMENT CAMPANY 发出建立业务关系函。

XIAMEN YITONG TECHNOLOGY CO., LTD

NO.163 SIMING ROAD, XIAMEN, FUJIAN, CHINA
TEL: (0592)24588666
FAX: (0592)24588999
ZIP CODE: 361000

Jun. 20, 2018

DYNASTY DEVELOPMENT CAMPANY

R. Xavier Cordieiro 63-6

LISBON, PORTUGAL

TEL:00351-21-7904860

FAX: 00351-21-7904835

E-mail: Lettow@gmail.com

Dear Mr. Lettow,

　　We have learned that you are in the market for camera from the Alibaba, which just falls within our business scope. We are now writing you in the hope of entering into business relations with you.

As a leading company of image digital in Fujian, and backed by nearly 20 years of export experience, we have a good R&D group and sufficient supplies and on-time delivery are guaranteed.

Attached please find some latest leaflets for our products, which may meet with your demand.You'll see they have various uses and strong performance. We are sure you will find a ready sale for our products in Portugal as have other retailers throughout Europe.

In particular, we could like to inform you that we have a new line that may be most suitable for your requirements—FD-C84 series. They are all made of newly upgraded sensors and high speed image processor.And the appearances are fashionable.

As to our financial standing,you may refer to the Bank of China, Xiamen Branch(No.40 Hubinbei Road,Xiamen, China,Tel: +86 0592-5317566 Fax: +86 0592-5066417).We will be appreciated if you could inform us of your bank reference.

Please let us know if we may be of further assistance, and we are looking forward to your specific inquiry.

Yours faithfully,
XIAMEN YITONG TECHNOLOGY CO., LTD
Zhang guo

模拟练习题

1. 不同渠道获得的客户开展资信调研的重点有何不同？

2. 在上述应用案例中，易通科技针对各类不同渠道获得的客户信息如何开展针对性的信息跟踪？

3. 试根据以下资料撰写一封建立业务关系函。

厦门艺陶贸易公司（XIAMEN YITAO TRADING CO.,LTD.）成立于 1987 年，是一家拥有进出口经营权的外贸公司。公司经营范围广泛，与多家供应商有固定的业务往来，信誉良好。同时公司也极为重视新产品开发，2017 年的新产品 DR 系列瓷器选用上等瓷土（First-class Porcelain）烧制，包装精美，质量上乘，非常具有竞争力。2017 年 10 月 12 日公司业务员赵欣从网上看到加拿大 TESO TRADING CO., LTD 公司求购瓷器（chinaware）的信息，想与他们建立业务关系。TESO 公司的具体资料如下：

MR. BRWON

TESO TRADING CO., LTD

47　JALAN STREET, TORONTO, CANADA

TEL NO.: (+001)4168824

FAX NO.: (+001)4161257

E-MAIL:brown@gmail.com

请以厦门艺陶贸易公司业务员赵欣的名义，给加拿大 TESO TRADING CO., LTD 公司写一封与他们建立业务关系的信函，要求用英文书写，表达清楚、内容完整。

第二篇　交易磋商阶段

　　交易磋商在形式上可分口头和书面两种。口头磋商主要是指在谈判桌上面对面的谈判，如参加各种交易会、洽谈会，以及贸易小组出访、邀请客户来华洽谈交易等。此外，还包括双方通过国际长途电话进行的交易磋商。口头磋商方式是直接交流，便于了解对方的态度、采取相应的对策，并根据进展情况及时调整策略，因此比较适合谈判内容复杂、涉及问题较多的业务，如大型成套设备交易谈判。书面磋商是指通过信件、电子邮件等通信方式来洽谈交易。目前，多数企业使用传真、电子邮件磋商交易。随着现代化通信技术的发展，书面洽谈越来越简便易行，成本费用低廉。国际贸易中，买卖双方通常采用书面方式磋商交易。

　　交易磋商的内容涉及拟签订的买卖合同的各项条款，包括品名、品质、数量、包装、价格、装运、支付、保险以及商品检验、索赔、仲裁和不可抗力等，其中以前七项为主要内容或主要交易条件。买卖双方欲达成交易、订立合同，至少必须就这七项交易条件进行磋商并取得一致意见（特殊情况可以例外）。至于其他交易条件，特别是检验、索赔、不可抗力和仲裁，它们虽非成立合同不可缺少的内容，但是为了提高合同质量，防止或减少争议的发生以及便于解决可能发生的争议，在买卖双方交易磋商时也不容忽视。

第三章　交易磋商的一般环节

教学目标

　　通过本章的学习，在熟悉交易磋商的主要环节，特别是发盘和接受的主要要求的基础上，了解交易磋商各个环节涉及的商务函电的内容，包括询盘函、发盘函、还盘函和接受函的特点和写作要求。能够结合相关贸易背景，准确撰写交易磋商各环节的商务函电。

教学要求

知识要点	能力要求	相关知识
交易磋商的基本程序	熟悉交易磋商的基本流程	交易磋商信函
询盘的过程	（1）熟悉询盘的内容 （2）熟悉询盘的应用案例分析 （3）掌握询盘函的撰写要求	（1）询盘的种类 （2）询盘的内容
发盘的过程	（1）熟悉发盘的内容 （2）熟悉发盘的应用案例分析 （3）掌握发盘函的撰写要求	（1）发盘的要点 （2）发盘的内容
还盘的过程	（1）熟悉还盘的内容 （2）熟悉还盘的应用案例分析 （3）掌握还盘函的撰写要求	（1）还盘的特点 （2）还盘的主要内容
接受的过程	（1）熟悉接受的法律意义和内容 （2）熟悉接受的应用案例分析	接受的要件

交易磋商的程序一般分为询盘、发盘、还盘、接受四个环节。其中，发盘和接受是达成交易的基本环节，是合同成立的必要条件。国际贸易中，买卖双方无论采用口头或书面方式磋商，均需通过发盘和接受达成交易。

第一节　询盘（Inquiry）

一、询盘的基本概念

询盘又称询价，是指交易的一方为购买或出售某种商品，向对方口头或书面发出的探询交易条件的过程。它是交易磋商的过程之一。询盘的内容涉及价格、规格、品质、数量、包装、装运以及索取样品等，而多数只是询问价格。所以，业务上常把询盘称作询价。

询盘不是每笔交易必经的程序，如交易双方彼此都了解情况，不需要向对方探询成交条件或交易的可能性，则不必使用询盘，可直接向对方发盘。

询盘的法律效力：在实际业务中，询盘只是探寻买或卖的可能性，所以不具备法律上的约束力，询盘的一方对能否达成协议不负任何责任。由于询盘不具有法律效力，所以可作为与对方的试探性接触，询盘人可以同时向若干个交易对象发出询盘。但合同订立后，询盘的内容成为磋商文件中不可分割的部分，若发生争议，也可作为处理争议的依据。

二、询盘的分类

询盘可由买方发出，也可由卖方发出；可采用口头方式，亦可采用书面方式；写信人泛泛地询问为一般性的询盘，写信人针对某一商品具体的询问为具体询盘。

（一）买方询盘

买方询盘是买方主动发出的向国外厂商询购所需货物的函电。在实际业务中，询盘一般多由买方向卖方发出。询盘的通常要点如下：

（1）对多数大路货商品，应同时向不同地区、国家和厂商分别询盘，以了解国际市场行情，争取最佳贸易条件。

（2）对规格复杂或项目繁多的商品，不仅要询问价格，而且要求对方告之详细规格、数量等，以免往返磋商、浪费时间。

（3）询盘对发出人虽无法律约束力，但要尽量避免询盘而无购买诚意的做法，否则容易丧失信誉。

（4）对垄断性较强的商品，应提出较多品种，要求对方一一报价，以防对方趁机抬价。

（二）卖方询盘

卖方询盘是卖方向买方发出的征询其购买意见的函电。卖方对国外客户发出询盘大多是在市场处于动荡变化及供求关系反常的情况下，探听市场虚实、选择成交时机，主动寻找有利的交易条件。

（三）一般性询盘信

一般性询盘信（General Inquiry）的内容主要包括下列要点：①说明写信原因；②提出询盘的要求（指出感兴趣的商品，索要目录册等）；③结束语。

一般性询盘信函示例如下。

示例 3-1　一般询盘函

Dear Sirs,

　　On the recommendation of Osaka Chamber of Commerce, we have learned that you are manufacturers of sports wear. Now we are interested in importing various kinds of sports wear. If the quality and the price of the goods come up to our expectation and delivery date is acceptable, we intend to let you have our regular orders. With this in mind, we think it would be helpful if you can supply us some illustrated catalogues and your latest price lists.

　　Your early reply will be highly appreciated.

　　Faithfully yours,

（四）具体询盘信

具体询盘信（Specific Inquiry）的内容主要包括下列要点：①说明写信原因；②提出具体的询盘要求；③暗示交易的重要条件（价格、交货期或支付条件等）；④结束语。

具体询盘信函示例如下。

示例 3-2　具体询盘函

Dear Sirs,

　　We are one of the leading importers of TV sets in the city and are willing to establish business relations with your corporation. For the time being, we are interested in your TV sets, details as per our Inquiry Note No. 5678 attached, and will be glad to receive your keenest quotation as soon as possible.

　　We would like to say that if your price is attractive and delivery date is acceptable, we are ready to place a large order with you immediately.

　　Yours faithfully,

※应用案例分析 3-1

2018 年 6 月 23 日，厦门易通科技有限公司收到 DYNASTY 公司的询盘函。

DYNASTY DEVELOPMENT CAMPANY	R. Xavier Cordieiro 63-6 Lisbon, Portugal TEL:00351-21-7904860　FAX: 00351-21-7904835

Jun. 23, 2018

XIAMEN YITONG TECHNOLOGY CO., LTD.

NO.163 SIMING ROAD, XIAMEN,

FUJIAN, CHINA 361000

Dear Mr. Zhang,

We are pleased to receive your mail of Jun. 20 and your leaflets.

After studying your leaflets, we are particularly interested in your FD-C84 series, especially FD-C84-R1 and FD-C84-R2.

It would be appreciated if you could quote us your best price on FOBC5% Fuzhou, CFRC5% Lisbon and CIFC5% Lisbon for the above-mentioned items all on 20' FCL and LCL basis, as well as your terms of shipment, payment and insurance.

For your information, our banker is Banco Comercial Português(RUA ACTOR ANTONIO SILVA N7 1600-321 LISBON, PORTUGAL, TEL:00351-21-7903682　FAX: 00351-21-7903825).

We are looking forward to your early reply.
Yours faithfully,
DYNASTY DEVELOPMENT CAMPANY
Paul Von Lettow

第二节　发盘（Offer）

一、发盘的基本概念

在国际贸易实务中，发盘也称报盘、发价、报价，法律上称之为"要约"。它是交易磋商的过程之一。发盘可以是应对方询盘的要求发出，也可以是在没有询盘的情况下，直接向对方发出。发盘一般是由卖方发出的，但也可以由买方发出，业务称其为"递盘"。

《联合国国际货物销售合同公约》第14条第1款对发盘的解释为："向一个或一个以上特定的人提出的订立合同的建议，如果十分确定并且表明发盘人在得到接受时随约束的意旨，即构成发盘。一个建议如果写明货物并且明示或暗示地规定数量和价格或规定如何确定数量和价格，即为十分确定"。

二、发盘的种类

（一）根据发盘人不同分

1. 购买发盘（Buying Offer）
由买方主动向卖方发盘，此种发盘极其少见。

2. 销售发盘（Selling Offer）
由卖方主动向买方发盘，这是在贸易中最常使用的发盘。

（二）根据发盘条件是否确定分

1. 实盘（Firm Offer）
实盘是发盘人承诺在一定期限内，受发盘内容约束，非经接盘人同意，不得撤回和变更；如接盘人在有效期限内表示接受，则交易达成，实盘内容即成为买卖合同的组成部分。一个完整的实盘应包括明确肯定的交易条件，如商品名称、规格、数量、价格、支付方式、装运期等，还应有实盘的有效期限并应明确发盘为实盘。

2. 虚盘（Non-firm Offer）
虚盘是发盘人有保留地表示愿意按一定条件达成交易，不受发盘内容约束，不作任何承诺，通常使用"须经我最后确认方有效"等语以示保留。

（三）其他发盘方式

1. 联合发盘（Combined Offer）
即发盘人将两种以上货物同时发盘，被发盘人只能全部接受或全部拒绝。

2. 特别发盘（Special Offer）

通常是为了推销库存货物，而同时向各地客户发盘，以先买先售为条件的方式。

三、构成发盘的条件

一项法律上有效的发盘，须具备以下四个条件。

（一）向一个或一个以上的特定受盘人提出

发盘必须指定可以表示接受的受盘人。受盘人可以是一个，也可以指定多个。不指定受盘人的发盘，仅应视为发盘的邀请，或称邀请做出发盘。

（二）表明订立合同的意思

发盘必须表明严肃的订约意思，即发盘应该表明发盘人在得到接受时，将按发盘条件承担与受盘人订立合同的法律责任。这种意思可以用"发盘""递盘"等术语加以表明，也可不使用上述或类似上述的术语和语句，而按照当时的谈判情形，或当事人之间以往的业务交往情况或双方已经确立的习惯做法来确定。

（三）发盘内容必须十分确定

发盘内容的确定性体现在发盘中列的条件是否是完整的、明确的和终局的。

（四）送达受盘人

根据《联合国国际货物销售合同公约》规定，发盘于送达受盘人时生效。如发盘由于在传递中遗失以致受盘人未能收到，则该发盘无效。

四、发盘函的内容

发盘因撰写情况或背景不同，在内容、要求上也有所不同。但从总的情况看，其结构一般包括下列内容。

（一）感谢对方来函，明确答复对方来函询问事项

如：Thank you for your inquiry for…

（二）阐明交易的条件（品名、品质、数量、包装、价格、装运、支付、保险等）

如：For the Butterfly Brand sewing machine, the best price is USD79.00 per set FOB Tianjin.

（三）声明发盘有效期或约束条件

如：In reply we would like to offer, subject to your reply reaching us before…

（四）鼓励对方订货

如：We hope that you place a trial order with us.

※应用案例分析 3-2

2018年6月24日，厦门易通科技有限公司向DYNASTY公司发出发盘。

XIAMEN YITONG TECHNOLOGY CO., LTD	NO.163 SIMING ROAD, XIAMEN, FUJIAN, CHINA TEL: (0592)24588666　　FAX: (0592)24588999 ZIP CODE: 361000

Jun. 24, 2018

DYNASTY DEVELOPMENT CAMPANY
R. Xavier Cordieiro 63-6
LISBON PORTUGAL

TEL:00351-21-7904860
FAX: 00351-21-7904835
E-mail: Lettow@gmail.com

Dear Mr. Lettow,

We are pleased to receive your inquiry of Jun. 23, 2018 and to hear that you are interested in our FD-C84 series. We would like to quote our favorable prices as follows:

Commodity	Article No.	LCL			20'FCL		
		FOBC5 XIAMEN per set	CFRC5 LISBON per set	CIFC5 LISBON per set	FOBC5 XIAMEN per set	CFRC5 LISBON per set	CIFC5 LISBON per set
GM85S 1080P CAMERA	FD-C84-R1	USD 17.45	USD 20.35	USD 20.59	USD 17.24	USD 19.57	USD 19.80
	FD-C84-R2	USD 32.07	USD 34.96	USD 35.38	USD 31.86	USD 34.19	USD 34.59

Packing: FD-C84-R1& FD-C84-R2: 6 PCS / CTN, 828 PCS/ 20'FCL.
Payment: By L/C at 30 days after sight.
Shipment: To be effected within 30 days from receipt of the relevant L/C.
Insurance: For 110% invoice value covering All Risks and Strike Risks.
Because of fluctuating exchange rates, we can only hold these prices for 7 days.
We believe you will find a ready sale for our products in Portugal as have other retailers through Europe, and we do hope we can reach an agreement on the terms quoted.
Thank you for your interest.We look forward to hearing from you soon.
Yours faithfully,
XIAMEN YITONG TECHNOLOGY CO., LTD
Zhang guo

第三节 还盘（Counter Offer）

还盘又称还价、反要约等，是受盘人对发盘内容不完全同意而提出修改或变更的表示。它是交易磋商的过程之一。还盘中的任何一点改动，都意味着对原发盘的拒绝。还盘可以是改变价格，也可以是改变其他交易条件，如改变支付条件、改变贸易术语、提高佣金和折扣等，使各种交易条件对我方更有利。

还盘实际上是受盘人以发盘人的地位发出的一个新盘。原发盘人成为新盘的受盘人。还盘又是受盘人对发盘的拒绝，发盘因对方还盘而失效，原发盘人不再受其约束。还盘只能由受盘人在原发盘的有效期内做出，其他任何人无还盘权力。发盘人对于受盘人的还盘，要仔细分析，弄清实质性变动和对方的真实意图，并做出相应答复。

还盘可以在双方之间反复进行，还盘的内容通常仅陈述需变更或增添的条件，对双方同意的交易条件无须重复。若原发盘人对还盘内容和条件又作出新的修改，则成为再还盘，有时又构成新的发盘。一笔交易的成立，往往要经过多次还盘和再还盘的过程。

一般来说，双方争议最大的通常是货物的价格，因此，需要认真做好出口报价与进口核算，以保证双方的利润。

示例 3-3　买方要求降价的常见表述

1. Information indicates that other competitors are selling similar goods at a price 10% lower than yours.
   迹象表明，其他竞争者正以比你方低 10%的价格出售同类产品。

2. We hope to cooperate with you in the long term and place regular orders in the future, so we'd like you to give us a discount/ to give us the best offer/ to offer us the lowest price / to quote us the most favorable price.
   我方希望与你方有长期合作而且将来有稳定的订单，因此我方希望你方能打个折扣/给我们最优的报价/报最低价格/报最优惠价格。

3. We sincerely hope to conclude the business at a price 10% lower than your quotation.
   我们希望能按比你们现在所报价格低 10%的价格成交。

4. If you can reduce your offer by 2%, we'll accept it.

5. We regret to say that the price you offered is completely out of line with our market level.
   我们遗憾地说，你方报来的价格完全与我地市场行情不一致。

※应用案例分析 3-3

2018 年 6 月 26 日，厦门易通科技有限公司收到 DYNASTY 公司的还盘函。

DYNASTY DEVELOPMENT CAMPANY

R. Xavier Cordieiro 63-6 Lisbon, Portugal
TEL:00351-21-7904860　FAX: 00351-21-7904835

Jun. 26, 2018

XIAMEN YITONG TECHNOLOGY CO., LTD.

NO.163 SIMING ROAD,XIAMEN,

FUJIAN, CHINA 361000

Dear Mr. Zhang,
We are pleased to receive your offer of　Jun. 24.

After careful examining and comparison with similar products of other makers, we find your quotation is really much higher. Unless the prices could match with the market level, it is difficult to persuade customers to purchase from you.

To set up the trade, may we suggest you give a special discount as follows:

Article No.	Unit Price	Packing	Carton per 20'FCL
FD-C84-R1	USD 18.95 / PC CIFC5 Lisbon	6PCS/CTN	138CTNS
FD-C84-R2	USD 32.25 / PC CIFC5 Lisbon	6PCS/CTN	138CTMS

Meanwhile, we usually deal with our clients on D/P terms, which is easier and cost-saving than L/C. We hope that method of payment will be acceptable to you also.

Actually, competitive prices for a trial order can often lead to a high market share with enormous profits in future.

We hope you will consider our counter-offer favorably and wait for your early reply.

Yours faithfully,

DYNASTY DEVELOPMENT CAMPANY

Paul Von Lettow

2018 年 6 月 28 日，厦门易通科技有限公司通过一系列严谨的还价核算，重新向 DYNASTY 公司还盘。

XIAMEN YITONG TECHNOLOGY CO., LTD

NO.163 SIMING ROAD, XIAMEN, FUJIAN, CHINA
TEL: (0592)24588666　　FAX: (0592)24588999
ZIP CODE: 361000

Jun. 28, 2018

DYNASTY DEVELOPMENT CAMPANY

R. Xavier Cordieiro 63-6

LISBON, PORTUGAL

TEL: 00351-21-7904860

FAX: 00351-21-7904835

E-mail: Lettow@gmail.com

Dear Mr. Lettow,

Thank you for your mail of Jun. 26.

Much to our regret, we find it impossible to comply with your request. As you might be aware, materials and wages have risen considerably these days. The prices we quoted on Jun.24 were very favorable if you take the quality and performance into consideration.

However, in order to develop our market in your area, we have decided to give you an exceptional offer as follows:

Article No.	Unit Price	Packing	Carton per 20'FCL	Quantity
FD-C84-R1	USD19.21/PC CIFC5 Lisbon	6PCS/CTN	138CTNS	828PCS
FD-C84-R2	USD33.22/PC CIFC5 Lisbon	6PCS/CTN	138CTMS	828PCS

As to the payment terms, although we have considered in your integrity, our usual terms of payment by L/C remain unchanged in all cases with new clients. So we insist on payment by L/C at 30 days after sight.

Other conditions remained unchanged. This offer is valid for 7 days.

Your early reply will be highly appreciated.

Yours faithfully,

XIAMEN YITONG TECHNOLOGY CO., LTD

Zhang guo

第四节 接受（Acceptance）

一、接受的基本概念

接受是受盘人在发盘的有效期内，无条件地同意发盘中提出的各项交易条件，愿意按这些条件和对方达成交易的一种表示。它是交易磋商的过程之一。接受（Acceptance）在法律上称为"承诺"，接受一经送达发盘人，合同即告成立，双方均应履行合同所规定的义务并拥有相应的权利。如交易条件简单，接受中无须复述全部条件。如双方多次互相还盘，条件变化较大，还盘中仅涉及需变更的交易条件，则在接受时宜复述全部条件，以免疏漏和误解。

二、构成接受的条件

《联合国国际货物销售合同公约》（简称《公约》）规定："被发盘人声明或作出其他行为表示同意一项发盘，即是接受；缄默或不行动本身不等于接受。"据此，构成一项法律上有效的接受，必须具备以下四个条件：

（1）接受必须由指定的受盘人作出。

（2）接受必须以一定的形式表示出来，缄默或不行动不构成接受。接受可以口头或书面，或用行动表示。如接到老客户发盘后立即发货或开立信用证。

（3）接受应当是无条件的。如果受盘人在答复中使用了"接受"字眼，但是又对发盘的内容作了增加、限制或修改。这在法律上是有条件的接受，不能成为有效的接受，应当叫作还盘。如果所作的添加或变更的条件属于非实质性的交易条件，则除非当事人及时对这些变更或添加提出异议，否则该接受有效。

（4）接受的通知要在发盘的有效期内送达发盘人才有效。

三、接受的生效时间

在接受生效的时间上，英美法采用投邮生效的原则，即接受通知书一经投邮或发出，立即生效；而大陆法采用到达生效的原则，即接受通知书必须到达发盘人时才生效。《公约》明确规定，接受送达发盘人时生效。

接受生效时合同成立。接受生效的时间以到达要约人时确定。所谓到达，指接受的通知到达要约人支配的范围内，要约人是否实际阅读或了解接受通知不影响接受的效力。若接受不需要通知，则根据交易习惯或者要约的要求，当受要约人作出接受的行为时接受生效。

接受迟延和接受撤回一般不发生接受生效的效果。接受迟延是指要约人未在接受期限（要约人规定；未规定期限在合理期限内）内作出接受。超过接受期限发出接受的，要约人可承认其有效，但要约人应及时通知受要约人。若受要约人不承认其接受，迟到的接受为新发起的要约。

四、逾期接受

超过发盘的有效期才到达的接受，为逾期接受，一般情况下无效，应视为一项发盘。但《公约》规定，如果发盘人毫不迟延地用口头或书面通知受盘人，确认该接受有效，则该逾期接受仍有接受的效力，也就是合同于接受通知书到达时生效，而不是受盘人收到确认通知后才生效。

如果接受的逾期是由于传递不正常而造成的,从载有接受的信件和其他书面文件表明,如果传递正常,它本应在有效期内送达。对于这种逾期接受,除非发盘人毫不迟延地通知受盘人,发盘因逾期而失效,否则该接受有效,合同于该接受到达时成立。

五、接受的撤回和修改

在接受送达发盘人之前,受盘人将撤回或修改接受的通知送达发盘人,或两者同时送达,则接受可以撤回或修改。接受一旦送达,即告生效,合同成立,受盘人无权单方面撤销或修改其内容。

而在英美法系中,由于采用"投邮生效"原则,接受一经投邮立即生效,合同就此成立,也就不存在接受的撤回了。

※应用案例分析 3-4

2018 年 6 月 29 日,厦门易通科技有限公司收到 DYNASTY 公司的接受函电及订单。

DYNASTY DEVELOPMENT CAMPANY　　R. Xavier Cordieiro 63-6 Lisbon, Portugal
　　　　　　　　　　　　　　　　　　　TEL:00351-21-7904860　FAX: 00351-21-7904835

Jun. 29, 2018

XIAMEN YITONG TECHNOLOGY CO., LTD.
NO.163 SIMING ROAD, XIAMEN,
FUJIAN, CHINA 361000

Dear Mr. Zhang,

Your letter of Jun. 28 convinced us to place at least a trial order for your camera. Therefore, please find enclosed our order No. DDC-CP2018SH136.

We have decided to accept your prices and terms of payment viz. L/C at 30 days after sight, but would like these terms to be reviewed in the near future.

We look forward to receiving your Sales Confirmation.

Yours faithfully,
DYNASTY DEVELOPMENT CAMPANY
Paul Von Lettow

DYNASTY DEVELOPMENT CAMPANY　　R. Xavier Cordieiro 63-6 Lisbon, Portugal
　　　　　　　　　　　　　　　　　　　TEL:00351-21-7904860　FAX: 00351-21-7904835

PURCHASE ORDER

No.: DDC-CP2018SH136
Date: Jun.29,2018

To: XIAMEN YITONG TECHNOLOGY CO., LTD.
NO.163 SIMING ROAD, XIAMEN,

FUJIAN, CHINA 361000

Description of goods		Quantity	Unit Price
GM85S 1080P CAMERA	FD-C84-R1	828PCS	USD 19.21/PC CIFC5 Lisbon
GM85S 1080P CAMERA	FD-C84-R2	828PCS	USD33.22/PC CIFC5 Lisbon

Total Amount: USD43412.04.
Packing: FD-C84-R1& FD-C84-R2: 6 PCS / CTN, 828 PCS/ 20'FCL each.
Payment: By L/C at 30 days after sight.
Shipment: By the end of July 2018 with partial shipment and transshipment allowed.
Insurance: For 110% invoice value covering All Risks and Strike Risks.

For and on behalf of
DYNASTY   DEVELOPMENT CAMPANY
Paul Von Lettow

模拟练习题

1. 试着根据以下资料和客户来函撰写一封询盘函。

假设你是加拿大 TESO TRADING CO., LTD 的业务员 BROWN，你的公司正在大量求购瓷器（chinaware）。一位客户从网上了解到你的公司的情况并给你的公司发来邮件，希望建立业务关系。请根据该邮件给你的客户回信，就客户信中提到的 LG 系列中的 LG101, LG102, LG201, LG202 等型号商品进行询盘并索要样品以供检验评判，写信时间为 2017 年 10 月 14 日。

客户来函如下：

HUAXIN TADING CO., LTD

29TH FLOOR KINGSTAR MANSION, 623JINLIN RD., XIAMEN, CHINA
TEL: (0592)82588666   FAX: (0592)82588999

Oct. 12, 2017

TESO TRADING CO., LTD
47 JALAN STREET, TORONTO, CANADA
TEL NO.: (+001)4168824
FAX NO.: (+001)4161257

Dear Mr. Brown

From the Internet we have learned that you are in the market for chinaware, which just falls within our business scope. We are now writing you in the hope of entering into business relations with you.

As a leading trading company in Xiamen and backed by nearly 20 years of export experience, we have good connections with some reputable ceramics factories and sufficient supplies and on-time delivery are guaranteed.

To give you a general idea of our products, we enclose a complete set of leaflets showing various products being handled by this corporation with detailed specifications and means of packing. Quotations and samples will be sent upon receipt of your specific enquiry.

In particular, we could like to inform you that we have a new line that may be most suitable for your requirements —LG series. They are all made of first-class porcelain, decorated with hand-painted patterns, and packed in eye-catching gift cases. Most of articles are available from stock.

We are sure you will find a ready sale for our products in Canada as have other retailers throughout Europe and USA.

Please let us know if we may be of further assistance, and we are looking forward to your specific inquiry.

Yours faithfully,
TESO TRADING CO., LTD
Xin Zhao

2. 还盘函的拟定

Directions: You are required to write a counter-offer for a reduction in price based on the following offer with correct format, smooth and idiomatic expressions.

Situation: Suppose you are Linda, working at American International Foreign Trade Co., Ltd (importer), you received the following offer from Susan Tan, the junior assistant of Shanghai Textiles Import and Export Co. (exporter). You find the prices are beyond your expectation. You reply soon and ask if she can make a 8% reduction in price on an order of 1500 pcs. (You are required to state the reasons).

Jan.8, 2018

Dear Alicia,

Thanks for your inquiry for our Pillowcases. According to your special requirements, we'd like to offer you as follows: USD1.90/pc FOB Shanghai, the finished size is 80cm width×52cm height with 3.5cm flange, and the min qty is 1000 pcs. The logo "Shield" will be printed on the front side as you required and the sample has been airmailed to you under separate cover.

If you have any query, please feel free to contact us.

Thanks & Best Regards!

Susan
Susan Tan
Junior Assistant
Shanghai Textiles Import and Export Co.

第四章 出口报价核算

教学目标

通过本章的学习,了解出口贸易价格的表示方式及要求,熟悉不同贸易背景和不同贸易术语项下出口报价的要素构成,熟练掌握成本核算、相关费用核算的要点,能够结合具体的贸易背景准确进行出口报价核算。

教学要求

知识要点	能力要求	相关知识
出口贸易价格的表示方法	(1)掌握单价的构成要素 (2)掌握常见的计价货币、计量单位的英文缩写	(1)单价的表示方式 (2)计价货币 (3)计量单位
成本核算	(1)熟悉出口贸易中的成本情形 (2)掌握出口退税收入的计算公式	(1)采购成本 (2)出口退税收入 (3)实际成本
费用核算	(1)熟悉出口贸易中常见的费用项目 (2)明确不同贸易背景下的费用构成的不同情形 (3)掌握集装箱装箱数量的计算方法 (4)掌握海运运费、包干费、保险费、垫款利息、公司定额费、银行费用等的计算要求	(1)集装箱装箱数量 (2)海运运费 (3)保险费 (4)包干费 (5)垫款利息 (6)公司定额费 (7)银行费用
利润核算	掌握利润核算的基本要求	(1)成本利润率 (2)销售利润率
出口报价核算	(1)明确出口报价的构成要素 (2)掌握 FOB、CFR、CIF 以及各自含佣价的计算原理	(1)价格的构成要素 (2)出口报价

第一节 价格表示方法

出口商品的价格可以用单价和总额来表示,单价由计价货币、单价金额、计量单位和价格术语四个部分构成,总额是单价和数量的乘积。

常见的单价表示方式如下:

USD 180 PER PIECE CFR NEWYORK(每台 180 美元 CFR 纽约)。

一、出口贸易中常用的计价货币

常见货币代码见表 4-1。

表 4-1 常见货币代码

货币代码	货币中文名称	货币英文名称
USD	美元	United States Dollar
EUR	欧元	European Dollar
GBP	英镑	Great Britain Pound
JPY	日元	Japanese Yen
AUD	澳大利亚元	Australian Dollar
CHF	瑞士法郎	Swiss Franc
CNY	人民币	Chinese Yuan

二、出口贸易中常用的计量单位

常用计量单位见表 4-2。

表 4-2 常用计量单位

类别	单位中英文及缩写
重量	metric ton（M/T）公吨，short ton（S/T）短吨，long ton（L/T）长吨，kilogram（kg.）千克，pound（lb.）磅，ounce（oz.）盎司
个数	piece（pc.）件/只，pair（pr.）对/双，set 套，dozen（doz.）打，gross（gr.）罗，carton（ctn.）纸箱，ream（rm.）令，unit 辆，bag 袋，package（pkg.）件
长度	meter（m.）米/公尺，厘米 centimeter（cm.），foot（ft.）英尺，yard（yd.）码
面积	square meter（sq.m）平方米，square foot（sq.ft.）平方英尺，square yard（sq.yd）平方码
体积	cubic meter（cbm）立方米，cubic foot（cu.ft）立方英尺，cubic yard（cu.yd）立方码
容积	litre（l.）升，gallon（gal.）加仑，bushel（bu.）蒲式耳

三、国际贸易价格术语

《2010 年国际贸易术语解释通则》两组术语见表 4-3。

表 4-3 《2010 年国际贸易术语解释通则》两组术语

适用于各种运输方式的术语	EXW（ex works）	工厂交货
	FCA（free carrier）	货交承运人
	CPT（carriage paid to）	运费付至目的地
	CIP（carriage and insurance paid to）	运费、保险费付至目的地
	DAT（delivered at terminal）	目的地或目的港的集散站交货（运输终端交货）
	DAP（delivered at place）	目的地交货
	DDP（delivered duty paid）	完税后交货
适用于水上运输方式的术语	FAS（free alongside ship）	装运港船边交货
	FOB（free on board）	装运港船上交货

续表

适用于水上运输方式的术语	CFR（cost and freight）	成本加运费
	CIF（cost insurance and freight）	成本、保险费加运费

《2010年国际贸易术语解释通则》中十一个贸易术语最常见的有三个，即FOB、CFR和CIF。价格术语的重要作用是表明了价格的组成部分。例如，CIF就清楚地表明该价格中除了货物本身的价值外，还包括货物由装运港到目的地的运输费用和保险费用。

第二节　价格的构成

出口商品的价格包括成本、费用和利润。以价格术语为例：
FOB=实际成本+国内费用+预期利润
CFR=实际成本+国内费用+出口运费+预期利润
CIF=实际成本+国内费用+出口运费+出口保险费+预期利润

一、成本（COST）

出口商品的成本有生产成本、加工成本和采购成本。生产成本是指制造企业生产某一产品所投入的成本。加工成本是指加工企业对成品或半成品进行加工、装配所需的成本。采购成本是指贸易商向供应商（制造企业、加工企业等）采购商品的价格、也称为进货价格、进货成本。对于从事进出口业务的商人来说，需要了解的主要是采购成本。

二、费用（EXPENSES/CHARGES）

在出口商品价格中，费用的内容繁多，且计算方法不尽相同，因而成为价格核算较为复杂的一个方面。出口业务中常见的费用有：

（1）包装费（PACKING CHARGES）：通常包括在采购成本中，如果客户对于货物包装有特殊要求，由此产生的费用为附加的包装费，应该另外计算。

（2）仓储费（WAREHOUSING CHARGES）：在出口发运之前，需要另外存仓的货物，会产生仓储费用。

（3）国内运输费（INLAND TRANSPORT CHARGES）：在装运前所发生的内陆运输费用，通常有卡车运输费、内河运输费、路桥费、过境费、装卸费等。

（4）认证费（CERTIFICATION CHARGES）：出口商办理许可证、配额、产地证明以及其他证明所支付的费用。

（5）港区港杂费（PORT CHARGES）：出口货物在装运前在港区码头所需支付的各种费用。

（6）商检费（INSPECTION CHARGES）：出口商品检验机构根据国家有关规定或出口商的请求对货物进行检验所发生的费用。

（7）捐税（DUTIES AND TAXES）：国家对出口商品征收、代收或退还有关税费，通常有出口关税、增值税。

（8）垫款利息（INTEREST）：出口商自国内采购至收到国外进口商付款期间因产生或购买出口商品垫付资金所产生的利息。

（9）业务费用（OPERATING CHARGES）：出口商在经营中发生的有关费用，如通信费、交通费、交际费等。

（10）银行费用（BANKING CHARGES）：出口商委托银行向国外客户收取货款，进行资信调查等业务所支出的费用。

（11）出口运费（FREIGHT CHARGES）：货物出口时支付的海运、陆运或空运费用。

（12）保险费（INSURANCE PREMIUM）：出口商向保险公司投保货物运输保险或者出口信用险等所支付的费用。

（13）佣金（COMMISSION）：出口商为了出口商品向中间商所支付的报酬。

三、利润（EXPECTED PROFIT/INTERESTS）

利润是出口价格必要的组成部分之一，出口价格所包含利润的大小由出口企业自行决定。

第三节　报价核算步骤

一、成本核算

一般来说，人们掌握的成本是采购成本或含税成本，即包含增殖税。但很多国家为了降低出口商品的成本，增强其商品在国际市场的竞争能力，往往对出口商品采取增值税全部或部分退往的做法。在实施出口退税制度的情况下，在核算出口商品价格时，就应该将含税的采购成本中的税收部分根据出口退税比率予以扣除，从而得出实际成本。所以，要得到实际成本，应该先算出口退税额。

📖 知识链接

2018年4月4日，财政部和税务总局联合发布财税〔2018〕32号和财税〔2018〕33号。《关于调整增值税税率的通知》（财税〔2018〕32号）：一、纳税人发生增值税应税销售行为或者进口货物，原适用17%和11%税率的，税率分别调整为16%、10%；二、纳税人购进农产品，原适用11%扣除率的，扣除率调整为10%；三、纳税人购进用于生产销售或委托加工16%税率货物的农产品，按照12%的扣除率计算进项税额；四、原适用17%税率且出口退税率为17%的出口货物，出口退税率调整至16%。原适用11%税率且出口退税率为11%的出口货物、跨境应税行为，出口退税率调整至10%。该通知自2018年5月1日起执行。因此，2018年5月1日后出口报价核算时一般商品的增值税率调整为16%。

（一）出口退税额

由于采购成本中包括了16%的增值税，而增值税的征收及退还均应根据货物本身的价格，即货价（不含税的价格）而不是采购成本。货价和采购成本之间关系如下：

采购成本 = 货价+增值税额（增值税额=货价×增值税率）
　　　　＝货价+货价×增值税率
　　　　＝货价×(1+增值税率)

货价=采购成本/(1+增值税率)

出口退税额=货价×出口退税率

出口退税额=采购成本/(1+增值税率)×出口退税率

（二）实际成本

（1）实际成本=采购成本−出口退税额

　　实际成本=采购成本−采购成本/(1+增值税率)×出口退税率

（2）实际成本=货价×(1+增值税率)—货价×出口退税率

$\qquad$ =货价×(1+增值税率—出口退税率)

$\qquad$ =采购成本/(1+增值税率)×(1+增值税率–出口退税率)

例如：毛绒玩具的海关编码是 95030021（玩具动物）。可查出出口退税率为 15%。已从供应商处得知采购成本为每只 6 元（含增值税 16%）。

试算：（1）9120 只毛绒玩具熊的出口退税收入。

解：退税收入=采购成本÷(1+增值税率)×出口退税率

$\qquad$ =6×9120÷(1+16%)×15%

$\qquad$ =7075.86 元

（2）每只毛绒玩具熊的实际成本。

解：实际成本=采购成本–采购成本/(1+增值税率)×出口退税率

$\qquad$ =6–6/(1+16%)×15%=6–0.7759=5.2241 元

二、费用核算

（一）海运运费核算

海洋运输是国际贸易最常用的运输方式。目前，集装箱货物海上运价体系较为成熟。基本上分为两个大类：一类是袭用件杂货运费计算方法，即以每运费吨为单位（俗称散货价）；另一类是以每个集装箱为计费单位（俗称包箱价）。出口交易中，采用 CFR、CIF 贸易术语成交的条件下，出口商需核算海运费。

1. 件杂货物运费核算

件杂货物运费由基本运费和附加运费两部分构成。基本运费的计算标准主要有以下几种：按货物毛重来计算（费率表上以"W"表示）；按货物尺码或体积来计算（费率表上以"M"表示）；按货物重量或尺码，选择其中收取运费较高者计算运费（费率表上以"W/M"表示）；按重量吨或尺码吨计收运费外，再加收从价运费（即 W&AD VAL、M&AD VAL）；按货物 FOB 价收取一定百分比作为费，称为从价运费（费率表上以"AD VAL"表示）；按每件为一单位计收；由船货双方临时议定价格收取运费，称为议价（OPEN RATE）。

附加费名目繁多，种类多样，主要有：燃油附加费（BUNKER SURCHARGE OR BUNKER ADJUSTMENT FACTOR—B.A.F.），在燃油价格突然上涨时加收；货币贬值附加费（DEVALUATION SURCHARGE OR CURRENCY ADJUSTMENT FACTOR—C.A.F.），在货币贬值时，船方为实际收入不致减少，按基本运价的一定百分比加收的附加费；转船附加费（TRANSHIPMENT SURCHARGE），凡运往非基本港的货物，需转船运往目的港，船方收取的附加费，其中包括转船费和二程运费；直航附加费（DIRECT ADDITIONAL），当运往非基本港的货物达到一定的货量，船公司可安排直航该港而不转船时所加收的附加费；超重附加费（HEAVY LIFT ADDITIONAL）超长附加费（LONG LENGTH ADDITIONAL）和超大附加费（SURCHARGE OF BULKY CARGO），当一件货物的毛重、长度或体积超过或达到运价本规定的数值时加收的附加费；港口附加费（PORT ADDITIONAL OR PORT SURCHARGE），有些港口由于设备条件差或装卸效率低，以及其他原因，船公司加收的附加费；港口拥挤附加费（PORT CONGESTION SURCHARGE），有些港口由于拥挤，船舶停泊时间增加而加收的附加费；选港附加费（OPTIONAL SURCHARGE），货方托运时尚不能确定具体卸港，要求在预先提出的两个或两个以上港口中选一港卸货，船方加收的附加费；变更卸货港附加费（ALTERNATIONAL OF DESTINATION CHARGE），货主要求改变货物原来规定的卸货港，在有关当局（如海关）准许，船方又同意的情况下所加收的附加费；绕航附加费（DEVIATION SURCHARGE），由于正常航道受阻不能通行，船舶必须绕道才能将货物运至目的港时，船方所加收的附加费。

件杂货物海运运费计算的步骤：

（1）根据货物名称，在货物分级表中查到运费计算标准（BASIS）和等级（CLASS）。

（2）根据，启运港和目的港，找到相应的航线，按等级查到基本运价。

（3）查出该航线和港口所有应收（付）的附加费项目和数额（或百分比）及货币种类。

（4）根据基本运价和附加费算出实际运价。

（5）运费=运价×运费吨。

2. 集装箱货物运费核算

（1）集装箱的规格。

通用的国际标准集装箱分为 A、B、C、D 四个系列。国际标准集装箱的尺寸可分为"外部尺寸"和"最小内部尺寸"。A、B、C、D 四个系列的外部尺寸如下：

1）A 系列集装箱。

这类集装箱长度均为 40 ft，宽度均为 8 ft，根据高度的不同可以分为四种：

IAAA 高度为 9 ft 6 in。

IAA 高度为 8 ft 6 in。

IA 高度为 8 ft。

IAX 高度小于 8 ft。

2）B 系列集装箱。

这类集装箱长度均为 30 ft（实际小于 30 ft），宽度均为 8 fl，根据高度不同可以分为四种：

IBBB 高度为 9 ft 6 in。

IBB 高度为 8 ft 6 in。

IB 高度为 8 ft。

IBX 高度小于 8 ft。

3）C 系列集装箱。

这类集装箱长度均为 20 ft（实际小于 20 ft），宽度均为 8 ft，根据高度不同可以分为三种：

ICC 高度为 8 ft 6 in。

IC 高度为 8 ft。

ICX 高度小于 8 ft。

4）D 系列集装箱。

这类集装箱长度均为 10 ft（实际小于 10 ft），宽度均为 8 ft，根据高度不同可以分为两种：

ID 高度为 8 ft。

IDX 高度小于 8 ft。

国际海运和陆运最常用的集装箱是 C 系列中的 ICC 型和 A 系列中的 IAA 型两种，以及近年来使用较多的 A 系列中的 IAAA 型。具体尺寸如下：

ICC 型外尺寸为 20ft×8×8ft 6in，简称 20 尺货柜；

IAA 型外尺寸为 40ft×8×8ft 6in，简称 40 尺货柜；

IAAA 型外尺寸为 40ft×8×9ft 6in，简称 40 尺高柜。

📖 知识链接

表4-4 杂货集装箱参数表

参数		20英尺箱		20英尺箱		20英尺箱		40英尺箱		40英尺箱	
材质		A（铝制）		B（铝制）		C（钢制）		A（铝制）		B（铝制）	
单位		mm	ft-in	mm	ft-in	mm	ft-in	mm	ft-in	mm	ft-in
外部尺寸	长	6058	19-10.5	6058	10-10.5	6058	19-10.5	12192	40	12192	40
	宽	2438	8	2438	8	2438	8	3438	8	2438	8
	高	2438	8	2438	8	2438	8	2591	8-6	2591	8-6
内部尺寸	长	5930	19-5.44	5884	19-3.65	5888	19-3.81	12062	39-6.87	12052	39-6.5
	宽	2350	7-8.5	2345	7-8.94	2331	7-7.76	2350	7-8.5	2342	7-8.18
名义高度		2260	7-4.94	2240	7-4.18	2255	7-7.45	2380	7-9.86	2367	7-0.37
净空高度		2180	7-1.8	2180	7-1.8			2305	7-6.68		
门框尺寸	宽	2350	7-8.5	2342	7-8.18	2340	7-8.12	2035	7-8.5	2347	7-8.37
	高	2154	7-0.81	2135	7-0.16	2143	7-0.37	2284	7-5.68	2265	7-5.27
单位		m³	ft³	m³	ft³	m³	ft³	m³	ft³	m³	ft³
容积		31.5	1112	30.9	1091	31	1095	67.6	2386	66.5	2348
单位		kg	lb	kg	lb	kg	lb	kg	lb	kg	lb
自重		1600	3530	1700	3570	2230	4920	2990	6600	3410	7500
总重		24000	52913	24000	52913	24000	52913	30480	67200	30480	67200
载重		22400	49383	22300	49163	21770	47993	27490	60600	27070	59700

（2）集装箱货物海运运费的计算方法。

集装箱货物根据货运量的大小，可以分为拼箱货（LCL：LESS THAN CONTAINER LOAD）和整箱货（FCL：FULL CONTAINER LOAD）。而拼箱货和整箱货海运运费计算方法是不同的。

1）拼箱货运费的计算。

拼箱货运费一般以运费吨为计费单位，除了按照传统的件杂货等级费率收取基本运费外，还要加收一定的附加费。其计算过程和步骤与件杂货物运费计算的原理一样。

例如：上海某公司出口一批全棉细布（Cotton Piece Goods），共350件，每件体积为0.43立方米，毛重为462.73千克，进口要求用散装运往OSAKA，试计算出口运费。

首先，依据《货物分级表》得知棉布及棉纱的运费计算标准为M，等级为10。

其次，依据《航线费率表》得知日本的基本港，10等级的商品对应的基本运费为US$52.00/FT。

最后，根据《附加费率表》得知商品COTTON GOODS & PIECE GOODS到日本的基本港所交纳的附加费有：30%的燃油附加费。

因此，我们可以计算如下：

350 件货物的体积吨为 350×0.43=151 立方米=151 运费吨（按 M 计算）。

货物运往 OSAKA 所应交纳的基本运费为 52.00×151=7852 美元。

货物运往 OSAKA 所应交纳的燃油附加费为 7852×30%=2356 美元。

货物运往 OSAKA 所应交纳的运费为 7852+2356=10208 美元。

2）整箱货运费的计算。

整箱货以每个集装箱为计量单位，收取包厢费率。整箱货的运费计算步骤为：

首先，确定一个集装箱所容纳的货物数量，也就是装箱的数量。

其次，根据货物的装运港、目的港，找到相应航线的包厢费率，也就是一个集装箱的运费额。

最后，包厢费率除以商品装箱总数量，就可以得到集装箱单位商品的运费。

要计算单位商品的运费，就必须先确定一个集装箱内商品的装箱数量，这是计算整箱货运费的关键。在出口交易中，集装箱类型的选用、货物的装箱方法对于出口商减少运费开支起着很大的作用。货物外包装箱的尺码、重量，货物在集装箱内的配装、排放以及堆叠都有一定的讲究，需要在实践中摸索。我们知道，不同系列和种类的集装箱其额定质量和有效容积都不一样。理论上，以 20 尺货柜和 40 尺货柜为例，绝大多数教材都用以下理论限额来测算集装箱的装箱数量：

20 尺货柜的最大配货毛重为 17500 千克，有效容积为 25 立方米；

40 尺货柜的最大配货毛重为 24500 千克，有效容积为 55 立方米。

注意，货物的装箱数量不能超过最大配货毛重，又必须在有效容积范围内。因此我们在计量装箱数量时，要分别按重量和体积来算，算出的结果应取较小者。

例如，出口商品（蓝莓罐头）的包装单位是 CARTON（纸箱），销售单位是 CARTON（纸箱），每箱体积为 0.0095 立方米，每箱的毛重为 12 千克。试分别计算该商品用 20 英尺、40 英尺集装箱运输出口时的最大装箱数量。

解：每 20 英尺集装箱：

按体积计算：装箱数量=25÷0.0095=2631.5789，取整 2631 箱。

按重量计算：装箱数量=17500÷0.012=1458.3333，取整 1458 箱。

取较小者，因此 20 英尺集装箱可以装 1458 箱。

每 40 英尺集装箱：

按体积计算：装箱数量=55÷0.0095=5789.4737，取整 5789 箱。

按重量计算：装箱数量=24500÷0.012=2041.6667，取整 2041 箱。

取较小者，因此 40 英尺集装箱可以装 2041 箱。

注意，这里的装箱数量取整，应该是取小数点前的整数，而不是"四舍五入"取整。

明确了装箱数量之后，将每一个集装箱的运费额（包厢费率）除以装箱数量，就可以算出商品的单位海运运费。由于包厢费率都以美元显示，在核算完海运运费后，应根据当天汇率换算成人民币。

例如，出口一个 20 英尺集装箱的商品 01006（蓝莓罐头），包装单位是 CARTON（纸箱），销售单位是 CARTON（纸箱），每箱体积为 0.0095 立方米，每箱的毛重为 12 千克。一个 20 英尺集装箱的包厢费率为 1600 美元，1 美元=6.8381 人民币，试计算出口每箱（CARTON）蓝莓的海运运费是多少元人民币。

解：上例已经算出一个 20 英尺集装箱可以装 1458 箱（CARTON）蓝莓。

每箱蓝莓的海运运费为 1600×6.8381÷1458=7.5041 元。

所以，每箱蓝莓的海运运费是 7.5 元人民币。

在核算海运运费时，出口商要根据报价数量算出产品体积和毛重，与货代核实该批货物目的港的运费。如果报价数量正好够装整箱（20 英尺或 40 英尺），则直接取包厢费率作为海运运费；如果不够装整箱，则用拼箱的价格来算出海运运费。

（二）保险费核算

出口交易中，在以 CIF 术语成交的情况下，报价核算时就核算保险费。公式如下：

保险费=保险金额×保险费率

保险金额=CIF 价×（1+保险加成率）

在国际贸易中，根据有关的国际惯例，保险加成率通常为 10%。出口商也可根据进口商的要求与保险公司约定不同的保险加成率。

特别要注意，保险费的计算是以 CIF 价为计价基础的，而且要在 CIF 价的基础上进行加成。

例如：出口商品（蓝莓罐头）的 CIF 总值为 USD18937.60，进口商要求按成交价格的 110% 投保一切险（保险费率 0.8%）和战争险（保险费率 0.08%），试计算出口商应付给保险公司的保险费用。

解：保险金额=18937.60×110%=20831.36 美元

保险费=20831.36×(0.8%＋0.08%)=183.3160 美元

在我国出口业务中，CFR 和 CIF 是两种常用的术语。鉴于保险费是按 CIF 货价为基础的保险额计算的，两种术语价格应按下述方式换算：

由 CIF 换算成 CFR 价：CFR=CIF×[1－（1+保险加成率）×保险费率]

由 CFR 换算成 CIF 价：CIF=CFR÷[1－（1+保险加成率）×保险费率]

（三）包干费核算

包干费主要和起运港和目的港、货柜的数量、是整箱还是拼箱等多种因素有关。整箱的包干费基本包含 THC 费用、报关报检费用、单证费、港建港杂费等。拼箱的包干费基本包含 THC 费用、报关报检费用、单证费、港建港杂费、拆箱费、换单费等费用。包干费的计算标准和计算方法与海运运费类似。

（四）捐税核算

出口关税，是出口国海关根据关税税则对出口商品所征课的关税。我国针对矿产品等资源性产品以及特定货物是征收出口关税的，涉及的货物有 200 多个税则号。因此，出口这些税则号的商品时，在报价核算的时候要计算出口关税。

计算公式如下：

FOB 价格：出口关税=FOB/(1+出口关税税率)×出口关税税率

CFR 价格：出口关税=(CFR–运费)/(1+出口关税税率)×出口关税

CIF 价格：出口关税=(CIF–保险费–运费)/(1+出口关税税率)×出口关税

（五）垫款利息核算

出口业务中，有时企业由于周转资金短缺，而无法向国内供应商采购货物，此时企业会向银行提出融资申请，这样就会出现银行给企业垫款的情况，而企业就必须向银行支付垫款利息。由于垫款是用于出口商向国内供应商采购货物而发生的，所以垫款利息的计算是按照采购总成本来核算的。

例如，某商品的采购总成本为人民币 12000 元，银行贷款的年利率为 4.35%，预计垫款周期为 3 个月，那么该商品的垫款利息为 12000×4.35%×3÷12=135 元。

(六)银行费用核算

银行费用包括出口议付费用、通知行费用、电报费等。其计算方式有两种:一是按交易笔数收取一定金额,例如每笔交易的银行手续费为 50 元,那么在进行报价核算的时候,银行费用应该平均分摊到单位商品上;二是按委托收款金额的一定百分比收取,例如 1.25‰,这种情况下,银行费用应按照报价来计算,即银行费用=报价总金额×银行费率。

(七)出口定额费核算

定额费用一般包括银行利息、工资支出、邮电通信费用、交通费用、仓储费用、码头费用以及其他一些管理费用。各外贸公司会按不同出口商品的实际经营情况自行核定定额费用率。定额费用的计价基础是含税的采购成本,计算公式为:出口定额费=采购成本×定额费用率。

(八)佣金核算

佣金是代理人(中间商)为委托人(买方或卖方)进行交易而收取的报酬。通常为价款的 1%~5%。包含佣金的价格即为含佣价,价格中不包含佣金则该价格为净价。例如,CFRC3%纽约即指包含 3%佣金的含佣价。中间商都希望自己能收取更多的佣金,因此在国际贸易中涉及佣金时基本上都采用以含佣价为基数的计佣方法。含佣价与净价之间的关系如下:

佣金=含拥价×佣金率

含拥价=净价+佣金

含拥价=净价/(1−佣金率)

净价=含佣价×(1−佣金率)

三、利润核算

出口商计算利润的方法主要有两种:一是规定某一固定的数额作为利润;二是按照一定利润率来核算利润。然而,在利用利润率来核算利润额时,要注意计算的基数,有些出口商会以采购成本作为基数来计算,那么该利润率就称为成本利润率;有些出口商会以销售价格为基数,那么该利润率称为销售利润率。

第四节 报价核算实例

※应用案例分析 4-1

2018 年 6 月 23 日,厦门易通科技有限公司收到 DYNASTY 公司的询盘函。

2018 年 6 月 24 日,厦门易通科技有限公司进行报价核算,以便及时向 DYNASTY 公司发盘。根据客户的询盘函,结合下面报价信息,要分别计算 FOBC5%、CFRC5%和 CIFC5%价格。

基本信息如下:

商品名称:GM85S 1080P CAMERA

货号	采购成本	包装	纸箱大小	毛重	净重
FD-C84-R1	106.80 元/台	6PCS/CTN	40CM×50CM×90CM	2.74KGS/CTN	2.32 KGS/CTN
FD-C84-R2	198.50 元/台	6PCS/CTN	40CM×50CM×90CM	3.52 KGS/CTN	2.80 KGS/CTN

增值税率:16%

出口退税率:16%(税则号:85258013)

起订数量：各货号的最低起订量均为 400 台

公司定额费率：3.5%

贷款年利率：4.5%（一年按 360 天计），预计垫款时间 60 天

银行手续费：0.15%

海运运费：从厦门港到里斯本港

拼箱（LCL）：USD80/FT，计费标准为 W/M

整箱（FCL）：USD1600/20'FCL

国内包干费：

拼箱（LCL）：每运费吨人民币 80 元，计费标准为 W/M

整箱（FCL）：每个 20 英尺集装箱为人民币 1000 元

保险费：CIF 价加 10% 投保一切险和罢工险，保险费率分别为 0.8% 和 0.08%

预期利润：报价 × 12%

外汇汇率：1 美元=6.8488 元人民币

- 货号 FD-C84-R1 的报价核算过程

成本核算

退税收入=采购成本/(1+增值税率)×出口退税率=106.80÷(1+16%)×16%=14.7310 元/台

实际成本=采购成本−退税收入=106.80−14.7310=92.069 元/台

费用核算

公司定额费=采购成本×公司定额费率=106.80×3.5%=3.738 元/台

垫款利息=采购成本×贷款年利率×垫款天数÷360
　　　　=106.80 × 4.5% × 60÷360=0.801 元/台

银行手续费：报价×0.15%

海运运费：拼箱（LCL）。

W：2.74 千克=0.00274 公吨

M：40×50×90=180000 立方厘米=0.18 立方米

因为 M＞W，所以按照尺码吨计算运费

80×0.18×6.8488÷6=16.4371 元/台

整箱（20'FCL）：

按体积计算装箱数量：25÷0.18=138.8889，取整为 138 箱

按重量计算装箱数量：17500÷2.74=6386.8613，取整为 6386 箱

因此 20 英尺整箱可装箱数量为 138 箱，138×6=828 台

每台的海运运费=1600×6.8488÷828=13.2344 元

国内包干费：

拼箱（LCL）：因为尺码吨 0.18＞重量吨 0.00274，所以按尺码吨算包干费 80×0.18÷6=2.4 元/台

整箱（20'FCL）：因为 20 英尺整箱可装 828 台，所以每台包干费 1000÷828=1.2077 元

保险费：CIF 价×(1+10%)×(0.8%+0.08%)

客户佣金：含佣价×佣金率= FOBC5×5%、CFRC5×5% 或 CIFC5×5%

利润核算

预期利润=报价 × 12%

LCL 报价

FOBC5=采购成本−退税收入+公司定额费+垫款利息+银行手续费+国内包干费+客户佣金
+预期利润=106.80−14.7310+3.738+0.801+ FOBC5×0.15%+2.4 元
+ FOBC5×5%+ FOBC5×12%

FOBC5×(1−0.15%−5%−12%)=106.80−14.7310+3.738+0.801+2.4 元

FOBC5×82.85%=99.008

FOBC5=119.5027 元/台÷6.8488=17.4487≈17.45 美元/台

CFRC5=采购成本−退税收入+公司定额费+垫款利息+银行手续费+**海运运费**+国内包干费
+客户佣金+预期利润=106.80−14.7310+3.738+0.801+ CFRC5×0.15%+**16.4371**
+2.4 + CFRC5×5%+ CFRC5×12%

CFRC5×(1−0.15%−5%−12%)=106.80−14.7310+3.738+0.801+**16.4371**+2.4

CFRC5×82.85%=115.4451

CFRC5=139.3423 元/台÷6.8488=20.3455≈20.35 美元/台

CIFC5=采购成本−退税收入+公司定额费+垫款利息+银行手续费+**海运运费**+国内包干费
+**保险费**+客户佣金+预期利润=106.80−14.7310+3.738+0.801+ CIFC5×0.15%+**16.4371**
+2.4 + CIFC5×(1+10%)×(0.8%+0.08%)+ CIFC5×5%
+ CIFC5×12%

CIFC5×(1−0.15%−110%×0.88%−5%−12%)=106.80−14.7310+3.738+0.801+**16.4371**+2.4

CIFC5×81.882%=115.4451

CIFC5=141.0018 元/台÷6.8488=20.5878≈20.59 美元/台

20'FCL 报价

FOBC5=采购成本−退税收入+公司定额费+垫款利息+银行手续费+国内包干费+客户佣金
+预期利润=106.80−14.7310+3.738+0.801+ FOBC5×0.15%+**1.2077** + FOBC5×5%
+FOBC5×12%

FOBC5×(1−0.15%−5%−12%)=106.80−14.7310+3.738+0.801+**1.2077**

FOBC5×82.85%=97.8157

FOBC5=118.0636 元/台÷6.8488=17.2386≈17.24 美元/台

CFRC5=采购成本−退税收入+公司定额费+垫款利息+银行手续费+**海运运费**+国内包干费
+客户佣金+预期利润=106.80−14.7310+3.738+0.801+ CFRC5×0.15%+**13.2344**+**1.2077**
+ CFRC5×5%+ CFRC5×12%

CFRC5×(1−0.15%−5%−12%)=106.80−14.7310+3.738+0.801+**13.2344**+**1.2077**

CFRC5×82.85%=111.0501

CFRC5=134.0375 元/台÷6.8488=19.5709≈19.57 美元/台

CIFC5=采购成本−退税收入+公司定额费+垫款利息+银行手续费+**海运运费**+国内包干费
+**保险费**+客户佣金+预期利润=106.80−14.7310+3.738+0.801+ CIFC5×0.15%+**13.2344**
+**1.2077** + CIFC5×(1+10%)×(0.8%+0.08%)+ CIFC5×5%+ CIFC5×12%

CIFC5×(1−0.15%−110%×0.88%−5%−12%)=106.80−14.7310+3.738+0.801+**13.2344**+**1.2077**

CIFC5×81.882%=111.0501

CIFC5=135.6221 元/台÷6.8488=19.8023≈19.80 美元/台

- 货号 FD-C84-R2 的报价核算过程

成本核算

退税收入=采购成本/(1+增值税率)×出口退税率=198.50÷(1+16%)×16%=27.3793 元/台

实际成本=采购成本−退税收入=198.50−27.3793=171.1207 元/台

费用核算

公司定额费=采购成本×公司定额费率=198.50×3.5%=6.9475 元/台

垫款利息=采购成本×贷款年利率×垫款天数÷360=198.50×4.5%×60÷360=1.4888 元/台

银行手续费：报价×0.15%

海运运费：拼箱（LCL）。

W：3.52 千克=0.00352 公吨

M：40×50×90=180000 立方厘米=0.18 立方米

因为 M＞W，所以按照尺码吨计算运费

80×0.18×6.8488÷6=16.4371 元/台

整箱（20'FCL）：

按体积计算装箱数量：25÷0.18=138.8889，取整为 138 箱

按重量计算装箱数量：17500÷3.52=4971.5909，取整为 4971 箱

因此 20 英尺整箱可装箱数量为 138 箱，138×6=828 台

每台的海运运费=1600×6.8488÷828=13.2344 元

国内包干费：

拼箱（LCL）：因为尺码吨 0.18＞重量吨 0.00352，所以按尺码吨算包干费 80×0.18÷6=2.4 元/台

整箱（20'FCL）：因为 20 英尺整箱可装 828 台，所以每台包干费 1000÷828=1.2077 元

保险费：CIF 价×(1+10%)×(0.8%+0.08%)

客户佣金：含佣价×佣金率= FOBC5×5%、CFRC5×5%或 CIFC5×5%

利润核算

预期利润=报价× 12%

LCL 报价

FOBC5=**采购成本−退税收入+公司定额费+垫款利息**+银行手续费+国内包干费+客户佣金
　　　+预期利润=**198.50−27.3793+6.9475+1.4888**+ FOBC5×0.15%+2.4 + FOBC5×5%
　　　+ FOBC5×12%

FOBC5×(1−0.15%−5%−12%)=198.50−27.3793+**6.9475+1.4888**+2.4

FOBC5×82.85%=181.957

FOBC5=219.6222 元/台÷6.8488=32.0673≈32.07 美元/台

CFRC5=**采购成本−退税收入+公司定额费+垫款利息**+银行手续费+**海运运费**+国内包干费
　　　+客户佣金+预期利润=**198.50−27.3793+6.9475+1.4888**+ CFRC5×0.15%+16.4371+2.4
　　　+CFRC5×5%+ CFRC5×12%

CFRC5×(1−0.15%−5%−12%)=198.50−27.3793+6.9475+1.4888+16.4371+2.4

CFRC5×82.85%=198.3941

CFRC5=239.4618 元/台÷6.8488=34.9641≈34.96 美元/台

CIFC5=采购成本−退税收入+公司定额费+垫款利息+银行手续费+海运运费+国内包干费
　　　+保险费+客户佣金+预期利润=**198.50−27.3793+6.9475+1.4888**+ CIFC5×0.15%+

16.4371+2.4 + CIFC5×(1+10%)×(0.8%+0.08%)+ CIFC5×5%+ CIFC5×12%

CIFC5×(1–0.15%–110%×0.88%–5%–12%)=198.50–**27.3793**+6.9475+1.4888+16.4371+2.4

CIFC5×81.882%=198.3941

CIFC5=242.2927 元/台÷6.8488=35.3774≈35.38 美元/台

20'FCL 报价

FOBC5＝采购成本–退税收入+公司定额费+垫款利息+银行手续费+**国内包干费**+客户佣金
+预期利润=198.50–27.3793+6.9475+1.4888+ FOBC5×0.15%+**1.2077** + FOBC5×5%
+ FOBC5×12%

FOBC5×(1–0.15%–5%–12%)=198.50–27.3793+6.9475+1.4888+**1.2077**

FOBC5×82.85%=180.7647

FOBC5=218.1831 元/台÷6.8488=31.8571≈31.86 美元/台

CFRC5＝采购成本–退税收入+公司定额费+垫款利息+银行手续费+**海运运费**+**国内包干费**
+客户佣金+预期利润=198.50–27.3793+6.9475+1.4888+ CFRC5×0.15%+13.2344+**1.2077**
+ CFRC5×5%+ CFRC5×12%

CFRC5×(1–0.15%–5%–12%)=198.50–27.3793+6.9475+1.4888 +13.2344+**1.2077**

CFRC5×82.85%=193.9991

CFRC5=234.1570 元/台÷6.8488=34.1895≈34.19 美元/台

CIFC5＝采购成本－退税收入+公司定额费+垫款利息+银行手续费+**海运运费**+**国内包干费**
+**保险费**+客户佣金+预期利润=198.50–27.3793+6.9475+1.4888+ CIFC5×0.15%
+13.2344+**1.2077**+ CIFC5×(1+10%)×(0.8%+0.08%)+ CIFC5×5%+ CIFC5×12%

CIFC5×(1–0.15%–110%×0.88%–5%–12%)=198.50–27.37933+6.9475+1.4888+13.2344+**1.2077**

CIFC5×81.882%=193.9991

CIFC5=236.9252 元/台÷6.8488=34.5937≈34.59 美元/台

表 4-5 报价情况汇总表

货号	LCL			20'FCL		
	FOBC5	CFRC5	CIFC5	FOBC5	CFRC5	CIFC5
FD-C84-R1	USD17.45	USD20.35	USD20.59	USD17.24	USD19.57	USD19.80
FD-C84-R2	USD32.07	USD34.96	USD35.38	USD31.86	USD34.19	USD34.59

模拟练习题

1. 商品名称：塑料底运动鞋

包装方式：9 双装一个纸箱

纸箱尺码：66cm×48cm×52cm（长×宽×高）

纸箱重量：21/18kg（毛重/净重）

国内采购成本：每双 240 元（含增值税率 16%）

出口退税率：15%

各项出口退税费用如下：

出口商的定额费用率为 3%；

国内包干费为每运费吨 55 元，每个 20 英尺集装箱 800 元，每个 40 英尺集装箱 1300 元；

海运运费：件杂货物或拼箱货物为每运费吨 62 美元（计费标准为"W/M"），每个 20 英尺集装箱的海运包厢费率为 1000 美元，40 英尺集装箱的包厢费率为 1600 美元；

该笔交易预计垫款周期为 1 个月，银行贷款的年利率 4.5%；

海运出口的保险费率为 0.3%，投保加成率为 10%；

银行手续费率为 0.25%（按结算金额计）；

国外客户要求在报价中包含 3% 的佣金；

出口商的预期利润为出口报价的 10%；

汇率按 1 美元换 6.8739 元人民币计。

根据上述报价核算资料，试分别计算出口 300 双、1 个 20 英尺整箱和 1 个 40 英尺整箱时的 FOB、CFR 和 CIF 美元出口单价。

（计算过程中包就 4 位小数，小于 1 的数值保留 5 位小数，最终美元报价保留 2 位小数。）

2. 商品信息如下：

品名：GENO 牌自行车　货号：G17-A1

计量单位：辆

包装：纸箱

包装方式：1 辆/纸箱

每个纸箱尺码：48cm×40cm×80cm

每个纸箱毛/净重：15/13kg

报价数量/起订量：100 辆

核算信息

采购成本：185 元人民币/辆（含增值税）

出口费用：单位商品出口的包干费为：每辆 5.50 元

　　　　　20 英尺集装箱的包干费率为：800 元

　　　　　40 英尺集装箱的包干费率为：1400 元

　　　　　件杂货/拼箱海运运费率为：每运费吨 USD60.00

　　　　　20 英尺集装箱的海运包厢费率为：USD1200.00

　　　　　40 英尺集装箱的海运包厢费率为：USD2100.00

　　　　　出口定额费率为：4%

　　　　　银行贷款年利率为（1 年按 360 天计）：4.5%

　　　　　垫款时间为：30 天

　　　　　银行手续费为（按每笔交易计）：USD80.00

　　　　　海运货物保险费率为：0.8%

　　　　　投保加成率为：10%

　　　　　增值税率为：16%

　　　　　出口退税率为：15%

　　　　　国外客户的佣金率为：3%

　　　　　汇率为（1 美元兑换人民币元）：6.8642

预期利润率：成本利润率为 10%

根据上述报价核算资料,试分别计算出口拼箱、1个20英尺整箱和1个40英尺整箱时的FOB、CFR和CIF美元出口单价。

3. 商品：Bright Brand Drawing Machine 制图机　　货号：BDM-177

包装方式：1台/纸箱　　包装尺码：80cm×60cm×30cm　　包装重量（毛/净）：25/23kgs

含税采购成本780元/台，已知制图机出口退税为9%，增值税率16%。

订购数量：1个20英尺集装箱

国内费用：出口包装费10元每台

此外，每个20英尺集装箱的费用如下：

海运费：到Singapore的出口海运费为人民币2035元

仓储费500元，国内运杂费1000元，商检费350元

报关费50元，港口费1000元，业务费2000元，其他费用1000元。

保险：按发票金额加10%投保一切险及战争险，费率分别为0.6%和0.3%。

公司要求预期利润为报价的15%，即期信用证付款。报价汇率：6.8559元人民币兑换1美元。

请根据上述条件计算每台制图机FOB Xiamen，CFR Singapore和CIFC5% Singapore的美元价格，并列出详尽的计算过程（注意：计算过程中的数据保留四位小数，报价结果保留两位小数）。

第五章　出口还价核算

 教学目标

通过本章的学习，能够对客户的还价进行合理的分析，熟悉还价利润核算的基本原理和还价成本核算的基本要求，在还价利润核算和还价成本核算基础上，重新向客户进行合理的报价。能够结合不同贸易背景合理进行出口还价核算。

 教学要求

知识要点	能力要求	相关知识
还价利润核算	（1）熟悉还价利润核算的基本原理 （2）掌握不同贸易术语下还价利润核算的方法 （3）熟悉还价利润核算的应用案例分析	（1）利润总额 （2）利润率
还价成本核算	（1）熟悉还价成本核算的基本原理 （2）掌握不同贸易术语下还价成本核算的方法 （3）熟悉还价成本核算的应用案例分析	还价采购成本

在对外报价后，出口商当然希望收到客户的接受通知。但是，实际交易经常会出现讨价还价的情形。一旦遭到客户还价，出口商应如何处理呢？首先，应依据还价进行必要的核算，以便了解如果接受客户还价对自己的预期利润会受到多大影响，是否还有利润，该利润自己能否接受？其次，还可以对价格的构成要素进行分析，哪些要素可以进行调整，例如哪些费用可以压缩，采购成本能否减低等，从而保证自身的利益。最后，根据调整后的价格构成要素，重新向客户还价。

第一节　还价利润核算

一、还价利润核算的原理

根据进口商对于商品价格的各项要求，包括贸易术语、购货数量等，出口商要来核算如果按对方还价进行交易是否还有利润，利润总额与利润率分别是多少，从而确定究竟是接受客户的还价，还是进一步磋商。

还价利润核算的基本原理是：利润=收入–支出。

其中，收入应包括销售收入（此时的销售收入应按照客户还价进行核算）和退税收入两部分，而支出主要是采购成本的指出及各项费用的支出。因此，还价利润核算的公式可具体为：

利润额=销售收入+退税收入–采购成本–各项费用

还价利润核算中，重点是各项费用的核算要准确。

利润率=利润额/销售收入×100%

二、还价利润核算实例

详见下例。
※应用案例分析 5-1

2018 年 6 月 27 日，厦门易通科技有限公司根据 DYNASTY 公司的还盘函进行还价利润核算。基本信息如下：

商品名称：GM85S 1080P CAMERA

货号	采购成本	包装	客户还价	购货数量
FD-C84-R1	106.80 元/台	6PCS/CTN	USD 18.95 / PC CIFC5 Lisbon	828PCS
FD-C84-R2	198.50 元/台	6PCS/CTN	USD 32.25 / PC CIFC5 Lisbon	828PCS

增值税率：16%
出口退税率：16%（税则号：85258013）
公司定额费率：3.5%
贷款年利率：4.5%（一年按 360 天计），预计垫款时间 60 天
银行手续费：0.15%
海运运费：从厦门港到里斯本港整箱运费为 USD1600/20'FCL
国内包干费：每个 20 英尺集装箱为人民币 1000 元
保险费：CIF 价加 10% 投保一切险和罢工险，保险费率分别为 0.8% 和 0.08%
外汇汇率：1 美元=6.8488 元人民币

还价利润核算过程：

货号 FD-C84-R1

收入核算

销售收入=18.95×6.8488×828=107461.7813 元

退税收入=106.80×828÷(1+16%)×16%=12197.2966 元

支出核算

采购成本=106.80×828=88430.4 元

公司定额费=106.80×828×3.5%=3095.064 元

垫款利息=106.80×828×4.5%×60÷360=663.228 元

银行费用=18.95×6.8488×828×0.15%=161.1927 元

海运运费=1600×6.8488=10958.08 元

国内包干费=1000 元

保险费=18.95×6.8488×828×(1+10%)×(0.8%+0.08%)=1040.23 元

客户佣金=18.95×6.8488×828×5%=5373.0891 元

利润核算

利润=销售收入+退税收入−采购成本−公司定额费−垫款利息−银行费用−海运运费−国内包干费
　　−保险费−客户佣金=107461.7813+12197.2966−88430.4−3095.064−663.228−161.1927
　　−10958.08−1000−1040.23−5373.0891=8937.7941 元

销售利润率=利润/销售收入=8937.7941÷107461.7813×100%=8.32%

货号 FD-C84-R2

收入核算

销售收入=32.25×6.8488×828=182883.5064 元

退税收入=198.50×828÷(1+16%)×16%=22670.0690 元

支出核算

采购成本=198.50×828=164358 元

公司定额费=198.50×828×3.5%=5752.53 元

垫款利息=198.50×828×4.5%×60÷360=1232.685 元

银行费用=32.25×6.8488×828×0.15%=274.3253 元

海运运费=1600×6.8488=10958.08 元

国内包干费=1000 元

保险费=32.25×6.8488×828×(1+10%)×(0.8%+0.08%)=1770.3123 元

客户佣金=32.25×6.8488×828×5%=9144.1753 元

利润核算

利润=销售收入+退税收入−采购成本−公司定额费−垫款利息−银行费用−海运运费−国内包干费−保险费−客户佣金=182883.5064+22670.0690−164358−5752.53−1232.685−274.3253−10958.08−1000−1770.3123−9144.1753=11063.4675 元

销售利润率=利润/销售收入=11063.4675÷182883.5064×100%=6.05%

还价利润核算情况汇总表见表 5-1。

表 5-1 还价利润核算情况汇总表

货号	客户还价	还价后利润额	还价后利润率
FD-C84-R1	USD 18.95 / PC CIFC5 Lisbon	8937.79 元	8.32%
FD-C84-R2	USD 32.25 / PC CIFC5 Lisbon	11063.47 元	6.05%

第二节 还价成本核算

一、还价成本核算的原理

在接到客户还价后，为了达成出口交易，出口商会通过跟供货商进一步洽谈，而降低成本的幅度则需要通过还价核算来明确。还价核算是出口商在与供应商谈判前的先期工作。

还价成本核算的基本原理：

成本=销售价格−费用−利润

注意，在还价成本核算时应该核算单位成本。销售价格为客户还价。同时，这里的成本还要考虑到出口退税，我们在计算价格时成本是扣除了退税收入后的成本，即成本=采购成本−退税收入。那么，我们在进行还价成本核算时应该核算采购成本。假设按照对方的还价，出口商想要保持原利润不变情况下，采购成本应该多少，以此作为跟供应商谈判时争取的最有利的采购成本。

采购成本=还价价格+退税收入−各项费用−利润

二、还价成本核算实例

详见应用案例分析 5-2。

※应用案例分析 5-2

2018 年 6 月 27 日，厦门易通科技有限公司根据 DYNASTY 公司的还盘函进行还价成本核算。
基本信息（参看应用案例分析 4-1）
商品名称：GM85S 1080P CAMERA

货号	包装	客户还价	购货数量
FD-C84-R1	6PCS/CTN	USD 18.95 / PC CIFC5 Lisbon	828PCS
FD-C84-R2	6PCS/CTN	USD 32.25 / PC CIFC5 Lisbon	828PCS

增值税率：16%

出口退税率：16%（税则号：85258013）

公司定额费率：3.5%

贷款年利率：4.5%（一年按 360 天计），预计垫款时间 60 天

银行手续费：0.15%

海运运费：从厦门港到里斯本港整箱运费为 USD1600/20'FCL

国内包干费：每个 20 英尺集装箱为人民币 1000 元

保险费：CIF 价加 10%投保一切险和罢工险，保险费率分别为 0.8%和 0.08%

预期利润率：12%

外汇汇率：1 美元=6.8488 元人民币

还价成本核算过程如下：

货号 FD-C84-R1

价格

18.95×6.8488=129.7848 元

费用

公司定额费=采购成本×3.5%

垫款利息=采购成本×4.5%×60÷360

银行费用=18.95×6.8488×0.15%=0.19468 元

海运运费=1600×6.8488÷828=13.2344 元

国内包干费=1000÷828=1.2077 元

保险费=18.95×6.8488×(1+10%)×(0.8%+0.08%)=1.2563 元

客户佣金=18.95×6.8381×5%=6.4892 元

利润

利润=18.95×6.8381×12%=15.5742 元

成本

采购成本=价格+退税收入–公司定额费–垫款利息–银行费用–海运运费–国内包干费–保险费
　　　　–客户佣金–利润=129.7848+采购成本÷(1+16%)×16%–采购成本×3.5%
　　　　–采购成本×4.5%×60÷360–0.19468–13.2344–1.2077–1.2563–6.4892–15.5742

采购成本×(1–16%/116%+3.5%+4.5%×60÷360)=129.7848–0.19468–13.2344–1.2077
–1.2563–6.4892–15.5742

采购成本×0.90457=91.8283

采购成本=101.5160 元

货号 FD-C84-R2

价格

32.25×6.8488=220.8738 元

费用

公司定额费=采购成本×3.5%

垫款利息=采购成本×4.5%×60÷360

银行费用=32.25×6.8488×0.15%=0.3313 元

海运运费=1600×6.8488÷828=13.2344 元

国内包干费=1000÷828=1.2077 元

保险费=32.25×6.8488×(1+10%)×(0.8%+0.08%)=2.1381 元

客户佣金=32.25×6.8488×5%=11.0437 元

利润

利润=32.25×6.8381×12%=26.5049 元

成本

采购成本=价格+退税收入–公司定额费–垫款利息–银行费用–海运运费–国内包干费–保险费
–客户佣金–利润=220.8738+采购成本÷(1+17%)×16%–采购成本×3.5%
–采购成本×4.5%×60÷360–0.3313–13.2344–1.2077–2.1381–11.0437–26.5049

采购成本×(1–16%/116%+3.5%+4.5%×60÷360)=166.4137

采购成本×0.90457=166.4137

采购成本=183.97 元

还价成本核算情况汇总表见表 5-2。

表 5-2 还价成本核算情况汇总表

货号	客户还价	原采购成本	还价核算后采购成本
FD-C84-R1	USD 18.95 / PC CIFC5 Lisbon	106.80 元/台	101.52 元/台
FD-C84-R2	USD 32.25 / PC CIFC5 Lisbon	198.50 元/台	183.97 元/台

第三节 重新向客户报价

通过还价利润核算，出口商往往会发现，按客户还价来交易所得利润太低，而根据核算出的采购成本去跟供应商谈判几乎不可能达成，当然最终争取到的采购成本往往会比原采购成本更低些。由于费用繁多且情况复杂，我们这里假设费用固定无法调整。为了更顺利地与进口商达成交易，我方自身可以适当做出让步，稍微降低预期利润，同时按新的采购成本重新向客户进行报价。那么所报价格将更易为客户接受。

注意，此时报价核算一定要清楚哪些要素已经发生了变化，应按变化后的要素数据进行核算，而不能直接用之前报价的数据。

※应用案例分析 5-3

2018 年 6 月 27 日下午,厦门易通科技有限公司根据自身进行的还价核算情况,考虑到客户未来的潜力,公司决定降低自身预期利润率,欲以 11%的利润率与该客户交易。同时,通过跟国内供应商的谈判,我方最终争取到最优惠的采购成本:FD-C84-R1 为 104.60 元/台,FD-C84-R2 为 192.50 元/台。其他费用和交易条件不变。于是公司业务员立即着手进行新的报价核算。

货号 FD-C84-R1

CIFC5=采购成本－退税收入+公司定额费+垫款利息+银行手续费+海运运费+国内包干费+保险费+客户佣金+预期利润=104.60–104.60/(1+16%)×16%+104.60×3.5%+104.60×4.5%×60÷360+CIFC5×0.15%+13.2344+1.2077+CIFC5×(1+10%)×(0.8%+0.08%)+CIFC5×5%+ CIFC5×11%

CIFC5×(1–0.15%–110%×0.88%–5%–11%)=104.60–14.4276+3.661+0.7845+13.2344+1.2077

CIFC5×82.882%=109.06

CIFC5=131.5847 元÷6.8488=19.2128 美元≈19.21 美元/台

货号 FD-C84-R2

CIFC5=采购成本－退税收入+公司定额费+垫款利息+银行手续费+海运运费+国内包干费+保险费+客户佣金+预期利润=192.50–192.50/(1+16%)×16%+192.50×3.5%+192.50×4.5%×60÷360+CIFC5×0.15%+13.2344+1.2077+CIFC5×(1+10%)×(0.8%+0.08%)+CIFC5×5%+ CIFC5×11%

CIFC5×(1–0.15%–110%×0.88%–5%–11%)=192.50–26.5517+6.7375+1.4438+13.2344+1.2077

CIFC5×82.882%=188.5717

CIFC5=227.5183 元÷6.8488=33.2202 美元≈33.22 美元/台

重新报价情况汇总表见表 5-3。

表 5-3　重新报价情况汇总表

货号	贸易术语	原报价	客户还价	新采购价格	重新报价
FD-C84-R1	CIFC5 Lisbon	USD19.85/PC	USD 18.95 / PC	104.60 元	USD19.21/PC
FD-C84-R2	CIFC5 Lisbon	USD34.69/PC	USD 32.25 / PC	192.50 元	USD33.22/PC

模拟练习题

1. 商品:Boys jacket 男童夹克

货号:BPJ5123;包装方式:20 件/纸箱。

含税采购成本为 72 元/件,已知该产品出口退税率为 13%,增值税率 16%。

汇率 USD1=6.8488 元人民币。

客户订购数量:5000 件(要求装一个 20 英尺集装箱)

国内费用:国内运费 2000 元,相关认证费为 1200 元,每箱包装费 7 元,其他国内费用为 1500 元,银行贷款年利息率为采购成本的 6.12%,估计垫款时间为 3 个月,检验费为出口报价的 0.15%,银行费用率为出口报价的 0.3%。

此外,每个 20 英尺集装箱的费用如下:

海运费:到迪拜的一个 20 英尺集装箱出口海运费为 750 美元。

保险：按发票金额加 10%投保一切险及战争险，费率分别为 0.4%和 0.03%。
佣金：佣金率为 5%。

我公司发盘后，外商还价为 USD10.60/件。同时外商要求的付款方式是 L/C at 60 days after sight，估计垫款时间为 3 个月。

请根据上述条件计算出（注意：计算过程中的数据保留四位小数，报价结果保留两位小数）：
（1）核算我方如若按客户还价成交的话，出口企业的利润额及利润率为多少。
（2）接受对方的还价，并保持我方 10%利润不变，国内采购价格应该调整到什么价位。

2. 商品名称：陶瓷餐具

| 采购成本：HX1115 | HX2012 | HX4405 | HX4510 |
| 152 元/套 | 132 元/套 | 144 元/套 | 165 元/套 |

（注：价格中均包括 16%的增值税，出口退税率为 9%。）

包装方式：1 套/纸箱　　　　　　　　　　2 套/纸箱
　　　　　1 套/纸箱　　　　　　　　　　1 套/纸箱
包装尺码：40 厘米×32 厘米×36 厘米　　44 厘米×40 厘米×35.5 厘米
　　　　　54 厘米×29 厘米×36 厘米　　75 厘米×41 厘米×32 厘米

出口一个 20 英尺集装箱需发生的国内费用包括运杂费 800 元、商检费 150 元、报关费 50 元、港区港杂费 650 元、公司业务费 1200 元、其他费用 900 元。

海洋运费从上海至加拿大多伦多一个 20 英尺集装箱的包箱费率为 1750 美元。

保险按 CIF 成交金额加 10%投保中国人民保险公司海运货物保险条款中的水渍险、碰损破碎险和战争险，费率分别为 0.5%、0.3%、和 0.16%。

出口商的报价利润率为 10%。

成交价格为 CIFC5%。

汇率是 1 美元兑换 6.8488 元人民币。

项目	HX1115	HX2012	HX4405	HX4510
出口报价	USD25.11/SET	USD20.88/SET	USD25.12/SET	USD32.33/SET
客户还价	USD23.00/SET	USD19.20/SET	USD22.90/SET	USD29.40/SET

（1）经客户还价后，华信公司每个货号陶瓷餐具出口（以一个 20 英尺集装箱为计算单位）可获人民币利润额为多少？利润率是多少？

（2）在其他费用不变的情况下，华信公司利润率调整为 8%，那么华信公司应当掌握的各货号陶瓷餐具的国内采购价格分别是多少？

第三篇　签订合同阶段

买卖双方经过交易磋商，对交易的条件或条款取得一致意见后，即可签订书面合同。书面合同在国际贸易上并不是合同有效成立的必要条件，只要双方互相遵守诚信原则，一方交货另一方付款，贸易过程就已结束。但是由于国际货物买卖合同一般金额大，内容繁杂，有效期长，因此许多国家的法律要求采用书面形式。买卖双方在交易磋商过程中的往来函电即为双方买卖合同的书面证明。但为了明确，买卖双方一般还要在交易磋商的基础上，签订书面合同或确认书将双方的责任、权利、义务及各项交易条件明文规定下来，经买卖双方签字后，就成为约束双方的法律文件。

第六章　出口合同核算及合同的形式

教学目标

通过本章的学习，了解出口合同核算的意义，熟悉出口合同核算的方法，掌握书面合同的形式和内容。能够结合具体贸易背景正确进行出口合同核算，熟悉书面合同签订的程序。

教学要求

知识要点	能力要求	相关知识
出口合同核算	（1）熟悉出口成交核算的基本原理 （2）熟悉出口合同核算的应用案例分析 （3）能够结合不同贸易背景正确进行出口合同核算	出口合同核算表
书面合同的形式和内容	（1）熟悉书面合同的主要形式 （2）掌握书面合同的组成部分	（1）销售合同 （2）售货确认书

第一节　出口合同核算

合同核算也称为出口成交核算，其实际上和还价利润核算方法是一致的，只是意义不同。出口成交核算是根据最后成交的价格核算该笔交易所获得的利润和利润率，其是对交易磋商结果的总结。而还价利润核算的目的是分析客户的还价，根据核算的结果采取相应对策，决定是否调整预期利润率。

成交核算的原理是收入减去支出，得出的就是利润。

合同利润总额=(销售总收入+退税总收入)–(总采购成本+各项费用)

合同利润率=利润总额÷销售收入总额

※应用案例分析 6-1

2018 年 7 月 2 日，厦门易通科技有限公司业务员张国根据交易信息填制公司的合同核算表。

填表日期：2018 年 7 月 2 日　　　填表人：张国　　　编号：YTC1080P-205

出口方				进口方			
厦门易通科技有限公司				DYNASTY DEVELOPMENT CAMPANY			
货物名称	成交条件		装运港	目的港	集装箱数	单个集装箱运费（美元）	运费总额（美元）
GM85S 1080P CAMERA	CIFC5		XIAMEN	LISBON	2	1600	3200
货号	成交数量		毛重（kgs.）	净重（kgs.）	长（cm）	宽（cm）	高（cm）
FD-C84-R1	828PCS		2.74/CTN	2.32/CTN	90	50	40
FD-C84-R2	828PCS		3.52/CTN	2.80/CTN	90	50	40
合计	1656		863.88	706.56	总尺码：		50CBM
				采购成本		合同单价	
货号	计量单位	包装件数	包装方式	单价（元）	总额（元）	单价（USD）	总额（USD）
FD-C84-R1	CTN	138	6PCS/CTN	104.60	86608.80	19.21	15905.88
FD-C84-R2	CTN	138	6PCS/CTN	192.50	159390.00	33.22	27506.16
	合计	276		货款支出	245998.80	货款收入	43412.04
核算资料							
汇率	保险费率	加成保率	佣金率	20'包干费率	增值税率	退税率	定额费用率
6.8488	0.88%	110%	5%	1000 元	16%	16%	3.5%
合同核算							
收入：	销售收入		19.21×6.8488×828+33.22×6.8488×828=297320.3796 元				
	退税收入		104.60÷(1+16%)×16%×828+192.50÷(1+16%)×16%×828=33930.8690 元				
支出：	出口运费		1600×6.8488×2=21916.16 元				
	出口保险费		19.21×6.8488×110%×0.88%×828+33.22×6.8488×110%×0.88%×828=2878.0613 元				
	公司定额费		104.60×3.5%×828+192.50×3.5%×828=8609.958 元				
	垫款利息		104.60×4.5%×60÷360×828+192.50×4.5%×60÷360×828=1844.991 元				
	银行手续费		19.21×6.8488×0.15%×828+33.22×6.8488×0.15%×828=445.9806 元				
	国内包干费		1000×2=2000 元				
	客户佣金		19.21×6.8488×5%×828+33.22×6.8488×5%×828=14866.0190				
	采购成本		104.60×828+192.50×828=245998.8 元				
利润：	利润额		297320.3796+33930.8690−21916.16−2878.0613−8609.958−1844.991−445.9806−2000−14866.0190−245998.8= 32691.2787 元				
	利润率		32691.2787÷297320.3796×100%=10.995%				

第二节 合同的形式

国际贸易中,买卖双方使用的货物买卖合同的形式及名称,没有特定限制,只要双方当事人同意,可采用正式的合同(Contract)、确认书(Confirmation),也可采用协议(Agreement)、备忘录(Memorandum)等各种形式。我国的外贸实践中,主要采用的有合同和确认书这两种形式。

一、合同(Contract)

买卖合同是交易中一种非常正式的货物买卖协议。它的内容比较全面、详细,除了交易的主要条件如品名、品质、数量、包装、价格、总值、交货、支付方式外,还包括保险、商品检验、索赔、不可抗力、仲裁等合同的一般条件;此外,还对双方的权利和义务及发生争议的处理均有详细规定。由卖方根据磋商结果草拟的合同称"销售合同"(Sales Contract);由买方根据协商条件拟订的合同称"购货合同"(Purchase Contract)。合同适宜大宗交易或金额较大的交易。

二、确认书(Confirmation)

确认书是合同的简化形式,是一种内容比较简单的贸易合同。它与前面所说的合同相比,只包括买卖交易的主要条件,而不包括买卖交易的一般条件。其中,由卖方依据双方磋商条件草拟的确认书称"销售确认书"(Sales Confirmation);由买方依据双方磋商条件草拟的确认书称"购货确认书"(Purchase Confirmation)。确认书适用于成交额不大、批次较多的轻工业产品、土特产品,或有包销、代理等长期协议的交易。

寄送合同或确认书信函即成交函,其内容的构成主要有以下几点:
(1)确认交易的达成。
(2)要求对方处理随函所附的合同或确认书。
(3)激励性结束语。

寄送合同或确认书信函示例如下。

示例 6-1 成交函

Dear Sirs:

We have received your fax confirmation dated 10 Oct., for which we thank you.

Enclosed is our Sales Contract No. 2004 properly signed in duplicate, a copy of which please countersign and return to us for our file.

We are awaiting your further inquiries.

Yours truly,

货物买卖合同的形式和签订的方式,随着贸易的性质和交易条件的不同而异。合同名称的英文方式也因此不尽相同,大致有以下几种:

Agreement:协议书。
Sales Note:销售单,销售确认书。
Sales Agreement:销售协议书。
Sales Contract:销售合同。
Sales Confirmation /Acknowledgement of Sales:销售确认书。
Purchase Contract:购货合同。

Purchase Confirmation：购货确认书。
Confirmation Order：订货确认单。
Purchase Agreement：购货协议书。
Purchase Note：购货单。
Order Sheet/Purchase Order/Indent：订单。
Trade Agreement：贸易协议。
Bilateral Trade Agreement：双边贸易协议。
Import Contract：进口合同。
Export Contract：出口合同。
Agency Agreement：代理协议。
Agency Contract：代理合同。
Consignment Contract：寄售合同。

正式合同（Contract）和合同确认书（Confirmation），虽然其繁简不同，但具有同等法律效力，对买卖双方均有约束力。大宗商品或成交额较大的交易，多采用正式合同；而金额不大、批数较多的小土特产品或轻工产品，或者已订立代理、包销等长期协议的交易多采用合同确认书（亦称"简式合同"）。

无论采哪种形式，合同抬头应醒目注明 SALES CONTRACT 或 SALES CONFIRMATION（对销售合同或确认书而言）等字样。一般来说出口合同的格式都是由我方（出口公司）事先印制好的，因此有时在 SALES CONFIRMATION 之前加上出口公司名称或是公司的标志等（我外贸公司进口时也习惯由我方印制进口合同）。交易成立后，寄交买方签署（COUNTERSIGN），作为交易成立的书面凭据。

第三节 合同的内容

书面合同一般由三个部分组成，即合同的约首、正文和约尾，而这三个部分又各自包含不同的内容。

一、约首

即合同的首部，主要包括合同名称、编号、缔约日期及地点、缔约当事人的名称及地址等。

二、正文

正文是合同的主体，具体规定了买卖双方的权利和义务，又可分为主要条款和一般条款两部分。

1. 主要条款

合同的主要条款包括商品的标的物条款（品名条款、品质条款、数量条款、包装条款）、价格条款、运输条款、保险条款、支付条款等。

（1）标的物条款。这是对货物的说明，在具体合同中可以分别写成几个条款。主要订明货物的名称、质量或规格、数量、包装。标的物条款在法律上的重要意义在于，它是合同双方当事人履行货物交付与接受义务的主要依据，在实际履行中最容易发生争议，如卖方所交的货物短量、不符规格等问题都是最常见的争议问题。

（2）价格条款。在合同中，通常是以价格术语（贸易术语）为基础，加上一个特定的商品单价来表示合同价格的，如铝锭每吨640英镑FOB安特卫普港。将单价乘以货物的数量的总和即为总价。由于价格条款以贸易术语为基础，而贸易术语又是以简洁的符号代表了有关当事人权利和义务的广泛内容，因此，价格条款不仅起着明确价格的作用，还可对合同的交货、责任、风险划分方面予以补充。

（3）运输条款。由于贸易术语已经明确了由谁承担运输责任的问题，因此，运输条款主要是用几个条文将运输中的一些具体事项加以明确规定，使运输责任具体化。这些事项通常是装运时间、装运港（站）、目的港（站）等。

（4）保险条款。以贸易术语为基础，具体规定当事人的保险责任和险别，使保险责任具体化。

（5）支付条款。主要载明买方付款的方法和时间，以及付款时所使用的货币名称、卖方取得货款时应提供的单证。国际货物买卖合同经常采用跟单信用证的方式付款，在有些情况下也可采用托收的方式。

2. 一般条款

合同的一般条款包括商检、索赔、不可抗力、仲裁及法律适用等条款。

（1）商检条款。主要订明对出口交货或进口到货的商品进行检验的时间、地点、方法、标准以及检验机构等内容。商检条款中规定的商检证书是一个非常重要的单据，在一般情况下，出口口岸的商检证书是议付货款的依据，进口口岸的商检证书是索赔的依据。

（2）索赔条款。订明有关索赔的诸问题。索赔的主要依据之一是商检证书，所以有的合同也将索赔条款列入商检条款中。

（3）不可抗力条款。这一条款通常包括三方面的内容：规定构成不可抗力的条件、列举属于不可抗力的事项，如洪水、暴风雨、雪灾、地震、战争等；说明因不可抗力使当事人不能按合同规定履行义务，该当事人应不负责任；订明发生事故后通知对方的日期和方法以及有权出具不可抗力事故证明的机关。根据我国的实践，出具证明的中方机构，在国内为中国国际商会，在国外则经我驻外使馆批准，由商务参赞处出证，对方则由发生不可抗力地点的商会或登记的公证人出证。

（4）仲裁条款。对于可能发生的合同争议，如果当事人双方不愿诉诸司法程序，而愿意提交仲裁解决的，可以在合同中订立仲裁条款，订明仲裁地点、仲裁机构、仲裁程序、仲裁裁决的效力以及仲裁费用的负担等内容。有的合同还在仲裁条款中规定仲裁机构适用的准据法，这就是将法律适用条款并入仲裁条款中了。

（5）法律适用条款。合同中通常包含一个法律适用条款，如"本合同适用××国法律"。这意味着仲裁机构或法院将依据当事人共同选择的该国法律来解释合同内容，同时，对合同未尽事项也将适用该国的法律以作补充。当事人在选择合同所适用的法律时，既可以选择当事人的国内法，也可以选择第三国法律；可以是与合同有关的，也可是与合同没有联系的。当事人也可以选择使用国际公约，如《联合国国际货物销售合同公约》。当事人还可以选择适用其他的国际法律文件，如《国际商事合同通则》。

三、约尾

约尾即合同的尾部，通常写明合同使用的文字及其效力、合同正本的份数、附件及其效力，以及双方当事人或其授权人的签字。

书面合同的内容必须符合政策，做到内容完备、条款明确、文字严密，并与交易磋商的内容相一致。一经签订，即成为约束双方当事人的法律文件。

示例6-2 合同样本

合 同
CONTRACT

卖方（Sellers）:		
NANJING LANXING CO.,LTD	Contract No.:	18TG28711
ROOM 2501,JIAFA MANSTION, BEIJING WEST ROAD , NANJING	Date:	JULY,22,2018
	Signed at:	NANJING

买方（Buyers）:

EAST AGENT COMPANY

3-72,OHTAMACHI,NAKA-KU,YOKOHAMA,JAPAN231

买方同意购买，卖方同意出售下述商品，并按下列条款签订本合同：

This contract is made by and between the Buyers and the Sellers, whereby the Buyers agree to buy and the Sellers agree to sell the under-mentioned Commodity according to the terms and conditions stipulated below:

1. 品名、数据、价格

品名及规格 NAME OF COMMODITY & SPECIFICATION	单价 UNIT PRICE	数量 QUAN	金额及术语 AMOUNT & PRICE TERMS
H6-59940BS GOLF CAPS	CIF AKITA USD 8.10	1800DOZS	CIF AKITA USD 14580.00
10% more or less both in amount and quantity allowed		TOTAL	USD 14580.00

2. 生产国别和制造厂：

COUNTRY OF ORIGIN AND MANUFACTURERS：

3. 包装：包装必须坚固，并有防湿、防潮、防震、防锈等措施，适合于远程海运、陆运、空运和多次搬运。由于包装不良引起生锈、损坏、丢失，其损失责任应由卖方承担。

PACKING: To be packed solidly suitable for long distance ocean/land/air freight transportation multi-handing and well protected against dampness, moisture, shock, rust etc. The Sellers shall be liable for any rust, damage and loss attributable to inadequate packing by the Seller.

4. 唛头：卖方应在每件包装箱上用油漆刷上箱号、尺码、毛重、净重等字样和下列唛头：

SHIPPING MARKS: On the surface of each package, the package number, measurements, gross weight, net weight and the following shipping marks shall be stencilled with paint.

5. 装船时间：

TIME OF SHIPMENT:

6. 装船港口：

PORT OF SHIPMENT:

7. 目的港口：

PORT OF DESTINATION:

8. 保险：装船后由买方负担（FOB 条件、CFR 条件），由卖方负担（CIF 条件）。

INSURANCE: To be covered by the Buyers after shipment (FOB/CFR delivery term) / by the Sellers(CIF delivery term).

9. 支付条件：

（1）如以信用证支付：买方接到卖方装船通知后，在交货期15～20天前，由中国银行成都分行开立以卖方为受益人，金额为装货总值的不可撤销的信用证。该信用证凭汇票及本合同第 10 条所规定的各项单据在开证行付款。信用证有效期延至装船后 15 天。

（2）如以托收方式支付：交货后，卖方应开具汇票和本合同第 10 条所规定的各项单据一起经由卖方银行通过中国银行成都分行向买方收取货款。

（3）如以信汇或电汇方式支付：接到本合同第 10 条所规定的装船单据后于 7 天内付款。

PAYMENT: FOR/BY

(1) In case by L/C: The Buyers shall, upon receipt from the Sellers of the shipping advice, open an irrevocable Letter of Credit with The Bank of China, Chengdu, 15～20 days prior to the date of delivery in favour of the Sellers, for an amount equivalent to the total value of the shipment. The Credit shall be payable against the presentation of the draft and the documents stipulated in Clause 10 hereof in the opening bank. The L/C shall be valid until the 15th day after the shipment.

(2) In case by Collection: After delivery, the Sellers shall draw a draft and send the draft together with the documents stipulated in Clause 10 hereof from the Sellers' Bank, through The Bank of China, Chengdu, for collection from the Buyers.

(3) In case by M/T or T/T: Payment shall be effected within seven days after receipt of the shipping documents stipulated under Clause 10 of this Contract.

10. 付款单据：

为了议付货款，卖方应向付款银行呈交下列单据：

（1）全套清洁无疵，注明"运费到付""运费预付"、空白抬头、空白背书和通知目的港已装船的海运提单。

（2）发票一式五份：注明合同号和唛头（一个以上唛头应分别开发票）。

（3）装箱单一式五份。

（4）由制造厂出具的品质和数量证明书一式两份，如第 14 条第（1）项中规定。

（5）通知买方已装船的电报抄件一份。

卖方还需将上述（1）、（2）、（3）项单据副本各一份随船带交目的港的_____。开船后，卖方应立即将上述单据副本各一份（本条第（5）项除外）分别航空邮寄买方和在目的港的_____。

DOCUMENTS:

The Sellers shall present the following documents to the paying bank for negotiation:

(1) One full set of Clean on Board Ocean Bills of Lading marked "FREIGHT TO COLLECT"/ "FREIGHT PREPAID" and made out to order, blank endorsed, and notifying at the port of destination.

(2) Five copies of invoice, indicating contract number and shipping marks (in case of more than one shipping marks, the invoices shall be issued separately).

(3) Five copies of Packing List.

(4) Two copies of Certificate of Quality and Quantity issued by the manufacturers as specified in Item (1) of Clause 14.

(5) One copy of cable to the Buyers advising the shipment ready.

The Sellers shall deliver together with the shipment one copy each of the documents of the above-mentioned Items (1), (2) and (3) to _____ at the destination port. When sailing starts, the Sellers shall immediately send one copy each of the above-mentioned documents, with the exception of Item (5) of this Clause, to the Buyers and _____ at the port of destination by separate air-mail.

11．装船条件：

（1）FOB 交货条件：

①卖方应于本合同规定的装船期前四十天，以电报通知买方如下内容：合同号、品名、数量、价值、件数、毛重、尺码、港口备妥待运日期，以便买方洽订舱位。

②中国北京中国对外贸易运输公司（电报挂号：Zhongzu Beijing）将作为买方的船代理洽订舱位。

③买方应于船只预计抵港日期前十天，将船名、预计装货日期、合同号以电报通知卖方，以便卖方安排装船。当必须换船、船提前或推迟到港时，买方或其船代理应及时通知卖方。如船只不能在买方通知船期后三十天内到达港口，买方应担负三十一天起所带来的仓储费和保险费。

④船只按时抵达装船港口后，而卖方不能按时备货装船，由此产生的空仓费和滞期费应由卖方负担。

⑤货物越过船舷和脱钩前的全部费用、风险由卖方负担，货物越过船舷和脱钩以后的全部费用、风险由买方承担。

（2）CFR/CIF 交货条件：

①卖方在装船期内将货物运至目的港口。不许转换船只。本合同货物的运输船只不得挂买方不能接受的国家的旗帜。

②如果货物是由邮包或航空发送，卖方应按本合同第 5 条的规定，在发货日前三十天用电报或书信通知买方：到货预定期、合同号、商品名称和发票金额等。

③卖方在发货后立即用电报或书信告诉买方合同号、商品名称、数量、发票金额和发运日期，以便买方及时投保。

TERMS OF SHIPMENT

（1）FOB DELIVERY TERM:

①The Sellers shall, 40 days before the date of shipment stipulated in the contract, advise the Buyers by cable of the Contract number, commodity, quantity, value, number of packages, gross weight, measurement and date of readiness at the port of shipment for the Buyer to book shipping space.

②Booking of shipping space shall be attended by the Buyers Shipping Agents, China National Foreign Trade Transportation Corporation Beijing, China (Cable address: Zhongzu Beijing).

③The Buyers shall, 10 days before the expected date of arrival of the vessel at the port of shipment, notify the Sellers by cable of the name of vessel, expected date of loading, Contract number for the Sellers to arrange shipment. When it becomes necessary to change the carrying vessel, or in the event of the vessel's arrival having to be advanced or delayed, the Buyers or the Shipping Agents shall advise the Sellers in time. Should the vessel fail to arrive at the port of loading within 30 days after the arrival date advised by the Buyers, the Buyers shall bear the storage and insurance expenses incurred from the 31st day.

④The Sellers shall be liable for any dead freight of demurrage, should it happen that they have failed to have the commodity ready for loading after the carrying vessel has arrived at the port of shipment on time.

⑤The Sellers shall bear all expenses, risks of the commodity before it passes over the vessel's rail and is released from the tackle. After it has passed over the vessel's rail and been released from the tackle, all expenses, risks of the commodity shall be for the Buyers' account.

（2）CFR/CIF DELIVERY TERM:

①The Sellers shall ship the goods within the shipment time from the port of shipment to the port of destination. Transshipment is not allowed. The contracted goods shall not be carried by a vessel flying the flag of the country which the Buyers can not accept.

②In case the goods are to be despatched by parcel post/air-freight, the Sellers shall, 30 days before the time of delivery as stipulated in Clause 5, inform the Buyers by cable/letter of the estimated date of delivery, Contract number, commodity, invoiced value, etc.

③The Sellers shall, immediately after despatch of the goods, advise the Buyers by cable/letter of the Contract number, commodity quantity, invoiced value and date of despatch for the Buyers to arrange insurance in time.

12．装船通知：卖方应于货物装船完毕后，立即以电报通知买方合同号、货物名称、数量、毛重、发票金额、船名和起航日期。若由于卖方未及时以电报通知买方，或通知内容不全，而使买方不能按时办理保险时，由此产生的一切损失，均应由卖方承担。

SHIPPING ADVICE: The Sellers shall, immediately upon the completion of the loading of the commodity, notify by cable the Buyers of the Contract number, name of commodity, quantity, gross weight, invoiced value, name of carrying vessel and date of sailing. In case the Buyers fail to arrange insurance on time due to the cable not been given in time by the Sellers, or notification incomplete, all losses shall be borne by the Sellers.

13．质量保证：卖方保证货物是全新的，其质量、规格和性能与本合同规定相符，保证期为货物抵目的港卸离船后_____月。

GUARANTEE OF QUALITY: The Sellers shall guarantee that the commodity is completely new and in conformity to all respects with the quality, specifications and performances stipulated in this Contract. The guarantee period shall be _____ months counting from the date on which the commodity arrives and unloads at the port of destination.

14．检验和索赔：

（1）发货前，制造厂应对货物的质量、规格、性能和数量/重量做精密全面的检验，出具检验证明书，并说明检验的技术数据和结论。

（2）货到目的港后，买方将申请中国商品检验局（以下简称"商检局"）对货物的规格和数量/重量进行复验，如发现货物残损、规格或/和数量与合同规定不符，除保险公司或轮船公司的责任外，买方得在货物到达目的_____日内凭商检局出具的检验证明书向卖方索赔或拒收该货物。

（3）在保证期限内，如货物由于设计或制造上的缺陷而发生损坏或/和品质、性能与合同规定不符时，买方将委托中国商检局进行检验，并凭其检验证明书向卖方提出索赔（包括换货），由此产生的全部费用应由卖方承担。

（4）若卖方收到上述索赔后三十天内未予答复，则认为卖方已接受上述索赔。

INSPECTION AND CLAIMS:

（1）The manufacturers shall, before delivery, make a precise and comprehensive inspection of goods in regard to the quality, specifications, performance and quantity/weight, and issue inspection certificates certifying the technical data and conclusion of the inspection.

（2）After arrival of the goods at the port of destination the Buyers shall apply to the China Commodity Inspection Bureau (hereinafter referred to as CCIB) for a further inspection in respect of the specifications and quantity/weight of the goods, if damages of the goods are found, or the specifications and/or quantity are not in conformity with the stipulations of this Contract, except when the responsibilities lie with Insurance Company or Shipping Company, the Buyers shall, within_____ days after arrival of the goods at the port of destination, claim against the Sellers, or reject the goods according to the inspection certificates issued by CCIB.

（3）In case of damages of the goods incurred due to the design or manufacture defects and/or the quality and performance are not in conformity with the Contract, the Buyers shall, during the guarantee period, request CCIB to make a survey and shall make a claim against the Sellers (including replacement of the goods) and all the expenses incurred, therefrom shall be borne by the Seller.

（4）The claims mentioned above shall be regarded as being accepted if the Sellers fail to reply within 30 days after the Sellers receive the Buyer's claim.

15. 人力不可抗拒：凡在制造或装船运输过程中，因人力不可抗拒的事故，致使卖方推迟交货或不能交货时，卖方可不负责任。但发生上述事故时，卖方应立即通知买方，并在十四天内，给买方航寄一份由主管政府当局颁发的事故证明书。在此情况下，卖方仍有责任采取一切必要措施加快交货。如事故延续十周以上，买方有权撤销合同。

FORCE MAJEURE: The Sellers shall not be held responsible for the delay in shipment or non-delivery of the goods due to Force Majeure, which might occur during the process of manufacturing or in the course of loading or transit. The Sellers shall advise the Buyers immediately of the accident issued by the competent Government Authorities where the accident occurs as thereof. Under such circumstances the Sellers, however, are still under the obligation to take all necessary measures to hasten the delivery of the goods. In case the accident lasts for more than ten weeks the Buyers shall have the right to cancel the Contract.

16. 迟交货罚金：除本合同第 15 条规定的人力不可抗拒原因外，如卖方不能按合同规定的时间交货，买方同意在卖方付罚金的条件下延期交货。罚金可由支付银行在议付货款时扣除，罚金率按每七天收 0.5%，不足七天时以七天计算。但罚金不得超过迟交货物总价的 5%。如卖方延期交货超过合同规定的十周时，买方有权撤销合同。此时，卖方仍应不迟延地按上述规定向买方支付罚金。

LATE DELIVERY AND PENALTY: Should the sellers fail to make delivery on time as stipulated in the Contract, with exception of Force Majeure causes specified in Clause 15 of this Contract, the Buyers shall agree to postpone the delivery on the condition that the Sellers agree to pay a penalty which shall be deducted by the paying bank from the payment under negotiation. The rate of penalty is charged at 0.5% for every seven days, odd days less than seven days should be counted as seven days. But the penalty, however, shall not exceed 5% of the total value of the goods involved in the late delivery. In case the

Sellers fail to make delivery ten weeks later than the time of shipment stipulated in the Contract, the Buyers shall have the right to cancel the Contract and the Sellers, in spite of the cancellation, shall still pay the aforesaid penalty to the Buyers without delay.

17．仲裁：凡执行本合同所发生的或与本合同有关的一切争议，双方应通过友好协商解决；如果协商不能解决，应提交中国国际经济贸易仲裁委员会根据该会仲裁规则在北京进行仲裁。仲裁裁决是终局的，对双方都有约束力。仲裁费用由败诉方承担。

ARBITRATION: All disputes arising from the execution of, or in connection with this Contract, shall be settled amicably through friendly negotiation. In case no settlement can be reached through negotiation, the case shall then be submitted to the China International Economic and Trade Arbitration Commission, in Beijing, for arbitration in accordance with its Rules. The arbitral award shall be borne by the losing party.

18．补充条款：本合同正本共两份，采用中、英文书就，两种文字具有同等效力，签字后双方各执一份为凭。

SUPPLEMENTARY CONDITION: This contract is made out in two originals in both Chinese and English, each language being legally valid.

THE SELLER: THE BUYER:

第七章 合同主要条款的制定

教学目标

通过本章的学习，了解出口合同的主要条款，学会品质条款、数量条款、包装条款、装运条款、保险条款、支付条款及争议预防和处理条款的规范英文表述，以及这些主要合同条款的注意事项。掌握出口贸易合同的缮制要求，能够根据具体贸易背景正确缮制出口合同。

教学要求

知识要点	能力要求	相关知识
合同主要条款	（1）熟悉出口合同的主要条款 （2）学会品质条款、数量条款、价格条款、包装条款、装运条款、保险条款、支付条款及争议预防和处理条款的规范英文表述 （3）能够正确翻译主要合同条款 （4）掌握主要合同条款的注意事项	（1）《中华人民共和国合同法》 （2）《联合国国际货物销售合同公约》 （3）《跟单信用证统一惯例》（UCP600） （4）《2010年国际贸易术语解释通则》
出口合同的缮制	（1）熟悉书面合同的应用案例分析 （2）能够根据具体贸易背景正确缮制出口合同	（1）品质条款 （2）数量条款 （3）价格条款 （4）包装条款 （5）装运条款 （6）保险条款 （7）支付条款 （8）争议预防和处理条款

第一节 标的物条款的制定

国际货物买卖合同的标的物条款，一般都要订明合同标的物的品名、品质、数量与包装条款。标的物条款是对货物的说明，在具体合同中可分别写成几个条款。主要订明货物的名称、质量或规格、数量、包装。标的物条款在法律上的重要意义在于，它是合同双方当事人履行货物交付与接受义务的主要依据，在实际履行中最容易发生争议，如卖方所交的货物短量、不符规格等问题都是最常见的争议问题。

一、品名条款

国际货物买卖合同中必须明确规定品名。根据《联合国国际货物销售合同公约》的规定，卖方若交付货物不符合约定的品名或说明，买方有权提出损害赔偿要求，甚至拒收货物或撤销合同。

（一）品名条款的规定方法

（1）直接规定货物的品名，如大米、玉米等。

（2）为了明确起见，也可在品名前加列具体的品种、等级或型号等概述性描述词，如一级小米、5W 节能灯。

（二）规定品名条款的注意事项

1. 品名规定必须明确、具体，切忌空泛、笼统

如电视机不能简称为家用电器。如使用"All Wool"，依国际惯例须含有 90% 以上的"Wool"；使用"All New Wool"，依国际羊毛局规定，必须含有 97% 以上的 Virgin Wool（未加工的羊毛），否则违反国际惯例，可能导致违约纠纷。有些商品的名称虽同，但却是迥然不同的两种东西，因此应就其名称作具体明确的约定。如 Sweater（毛衣）若为 12 针数以上则称为 Shirt；Vest（背心）若针数（Gauge）为 7~8 针属于 Sweater and Cardigan 所属的 221 类，若针数为 12 针以上则又属于 Shirt 的 219 类。

2. 尽量使用国际通用名称

如"苹果酒"国际通用为"cider"，而不是"apple wine"。在使用品名时应当尽可能按国际公认的习惯处理。某些商品有多种称谓，如菠萝也叫凤梨，黄羊亦称蒙古羚。在众多不一致的名称前，签约时就得考虑选用国际上用得较多而又明确易懂的名称作为品名，如在"国际商品分类表"中已有正式名称的，就应当按照该表的统一叫法办理。这样做不仅符合国际惯例，而且为采用电子数据交换准备了条件。

3. 使用正确的译名

如"芳芳"牌牙膏，"芳芳"在汉语中是个好名称，若将其汉语拼音"fangfang"写在商品包袋上，销往英语国家的市场将会遭受灭顶之灾，因为 fang 在英语中含义为"毒牙、尖牙"，所以应忌讳使用"fangfang"，而应改为其他适当的英语名称；再如，我国某合资企业进口某种商品的英文名称为"Automatic Washer"，汉语本应译为"自动洗缩机"，若错译为"自动洗衣机"，海关将征收高额进口关税，因为"洗衣机"属"消费品"，而"洗缩机"为资本品，我国的《中华人民共和国中外合资经营企业法》鼓励引进国外先进的技术设备，对先进的"洗缩机"是免进口关税的。

4. 注意选用合适的品名，以利于减低关税、方便进口和节省运费开支

有些国家的海关税则和进出口限制的某些规定与进出口商品的名称有某种联系。选择恰当的品名，有时能降低关税，或能方便货物的进口和出口。如美国进口 Chain（本来是自行车的链条），如果是用于或名义上用于闸门开关滚辘的，进口关税为 5%；如果用作自行车的链条（Bicycle Chain），进口关税则高达 30%。因此，美国进口商就想钻这个空子，明明要买 Bicycle Chain，却只写 Chain，进口后照样用于自行车，还能少交进口关税。又如 Walkie-talkie（袖珍对讲机）改称为 Toy Telephone（玩具电话），税率便会降低。品名的选用还需要考虑与运费的关系。现时国际上的班轮运输收费是按商品等级规定其标准的。同一个商品，如果名称不同，其收费率可能也不一样。选用一个合适的名称，就有可能节省运费、降低成本。如铜挂锁（Brass Cylinder Padlock）的运费，比五金挂锁（Hardware Cylinder Padlock）贵很多。又如家具（Furniture）是木器（Wooden Ware）的一种，若出口合同用 Wooden Ware 而不用 Furniture，则运费就要贵多了。

二、品质条款

合同货物的品质是指商品所具有的内在质量与外观形态。进出口贸易中，货物的品质首先应符合合同的要求，对于某些由国家制定了品质标准的商品，如某些食品、药物的进出口，其品质还必须符合有关国家的规定。根据《联合国国际货物销售合同公约》的规定，若卖方的交货不符合约定的品质条件，买方有权要求赔偿损失，也可要求修理或交付替代货物，甚至拒收货物和撤销合同。

（一）品质的表示方法

1. 以实物表示

以实物表示商品质量通常包括凭成交商品的实际品质（Actual Quality）和凭样品（Sample）两种表示方法。前者为看货买卖，后者为凭样品买卖。

（1）看货买卖。若买卖双方根据成交商品的实际品质进行交易，通常是先由买方或其代理人在卖方所在地验看货物，达成交易后，卖方即应按验看过的商品交付货物。只要卖方交付的是验看过的商品，买方就不得对品质提出异议。这种做法多用于寄售、拍卖和展卖业务中。

（2）凭样品买卖。样品通常是指从一批商品中抽出来的或由生产、使用部门设计、加工出来的，足以反映和代表整批商品质量的少量实物。在国际贸易中，按样品提供者的不同，可分为下列几种：

1）卖方样品（Seller's Sample）。由卖方提供的样品称为"卖方样品"。凡凭卖方样品作为交货的品质依据者，称为"凭卖方样品买卖"。

2）买方样品（Buyer's Sample）。若卖方同意按买方提供的样品成交，称为"凭买方样品买卖"。

3）对等样品（Counter Sample）。卖方可根据买方提供的样品，加工复制出一个类似的样品交买方确认，这种经确认后的样品称为"对等样品"或"回样"，也有称为"确认样品"（Confirming Sample）的。日后卖方所交货物的品质必须以对等样品为准。

2. 以说明表示

凡以文字、图表、相片等方式来说明商品的质量者均属凭说明表示商品质量的范畴，具体包括下列几种：

（1）凭规格、等级、标准买卖。

1）商品规格（Specification of Goods）是指一些足以反映商品质量的主要指标，如化学成分、含量、纯度、性能、容量、长短、粗细等。

2）商品的等级（Grade of Goods）是指同一类商品，按其规格上的差异，分为品质优劣各不相同的若干等级。为了避免争议，在品质条款列明等级的同时，最好一并规定每一等级的具体规格。商品的等级，通常是由制造商或出口商根据其长期生产和了解该商品的经验，在掌握其品质规格的基础上制定出来的。这种表示品质的方法，对简化手续、促进成交和体现按质论价等方面都有一定的作用。

3）商品的标准是指将商品的规格和等级予以标准化。商品的标准，有的由国家或有关政府主管部门规定，也有的由同业公会、交易所或国际性的工商组织规定。在我国实际业务中，通常采用我国有关部门所规定的标准成交，也可根据需要和可能，酌情采用国外规定的品质标准。尤其是对国际上已被广泛采用的标准，一般可按该标准进行交易。在采用国外标准时，应载明所采用标准的年份和版本，以免引起争议。如在凭药典确定品质时，应明确规定以哪国的药典为依据，并同时注明该药典的出版年份。在国际货物买卖中，对于某些品质变化较大而难以规定统一标准的农副产品，往往采用"良好平均品质"（Fair Average Quality, FAQ）这一术语来表示其品质。"良好平均品质"指一定时期内某地出口货物的平均品质水平，一般是指中等货。

（2）凭说明书和图样买卖。

在国际货物买卖中，有些机器、电器和仪表等技术密集型产品，因其结构复杂，很难用几个简单的指标来表明其品质的全貌。因此，对这类商品的品质，通常是以说明书并附以图样、照片、设计、图纸、分析表及各种数据来说明其具体性能和结构特点。按此方式进行交易，称为凭说明书和图样买卖（Sale by Descriptions and Illustrations）。

（3）凭商标或品牌买卖。

商标或品牌本身实际上是一种品质象征，如果一种品牌的商品同时有许多种不同的型号或规格，为了明确起见，还必须在规定品牌的同时，明确规定型号或规格。该方法一般只适用于一些品质稳定的工业制成品或经过科学加工的初级产品。

（4）凭产地名称买卖。

在国际货物买卖中，有些产品，因产区的自然条件、传统加工工艺等因素的影响，在品质方面具有其他产区的产品所不具有的独特风格和特色。对于这类产品，可用产地名称（Name of Origin）来表示其品质。

（二）规定品质条款应注意的问题

1. 正确运用各种表示品质的方法

凡能用一种方法表示品质的，一般就不宜用两种或以上的方法来表示。

（1）凡能用科学指标说明品质的商品，适于凭规格、等级或标准买卖。

（2）质量好并有特色的名优产品，适于凭商标或品牌买卖。

（3）具有地方风味特色的商品，可凭产地名称买卖。

（4）性能复杂的机器、仪表，适于凭说明书和图样买卖。

（5）难以规格化和标准化的工艺品等商品，适于凭样品买卖。

（6）在寄售、拍卖和展卖业务中多适用看货买卖。

2. 品质公差与品质机动幅度

要在合同中订明品质公差限度与品质机动幅度，以作为交货品质与所订标准之间产生差别的补救措施。品质公差（Quality Tolerance）指国际上公认的产品品质的误差。在公差限度内，买方不得以品质不符拒收货物；品质机动幅度指允许卖方所交货物的品质指标在一定幅度内有灵活性。在交货物品质不符合指定标准时，仍可在一定范围内进行交割。条件是，由出口方按品质差别增减货价或用规格相近的同一产品机动更换。这样，应在合同中注明替换产品的规格、数量及作价方法。

【例】中国灰鸭绒，含绒量为 18%，允许 1%增减。

Chinese Grey Duck's Down with 18% down content, 1% more or less allowed.

【例】芝麻，水分（最高）8%，杂质（最高）6%，含油量（最低）48%（如实际装运货物的含油量高于或低于 1%，价格应相应增减 1%）。

Sesame seeds，Moisture(max.) 8%,Admixture(max.) 6%,Oil Content(min.) 48% (Should the oil content of the goods actually shipped be 1% higher or lower, the price will be accordingly increased or decreased by 1%).

三、数量条款

数量是指用一定的度量衡制度表示出的商品的重量、个数、长度、面积、容积等的量，数量条款的主要内容是交货数量、计量单位与计量方法。《联合国国际货物销售合同公约》第 52 条规定，如果卖方交货数量大于合同规定的数量，买方可以收取也可以拒收多交部分的货物。如果买方收取多交部分货物的全部或一部分，就必须按合同价格付款。《联合国国际货物销售合同公约》第 51 条规定，如果卖方交货数量少于约定的数量或交货数量中只有一部分符合合同规定，卖方应在规定的交货期届满前补交，但不得使买方遭受不合理的不便或承担不合理的开支，即使如此，买方也有保留要求损害赔偿的权利。

（一）计量单位

（1）按重量计算。公吨、长吨、短吨、公斤、克等；适用商品包括一般天然产品（如羊毛、谷物、矿产品），部分工业制成品（如钢材、塑料等）。

（2）按个数计算。件、双、套、打、令、罗等；适用商品包括一般杂货（如文具、纸张等），部分工业制成品（如成衣、玩具等）。

（3）按长度计算。米、英尺、码等；适用商品包括布匹、塑料布、电线电缆、绳索。

（4）按面积计算。平方米、平方英尺、平方码等；适用商品包括木板、玻璃、地毯等。

（5）按体积计算。立方米、立方英尺、立方码等；适用商品包括木材。

（6）按容积计算。蒲式耳、公升、加仑等；适用商品包括部分谷物（小麦、玉米）、液体（石油、汽油）、气体（天然气、天然瓦斯）。

注意：不同度量衡制度下同一计量单位所表示的数量不同。

1（英制）蒲式耳≈36.368升，1（美制）蒲式耳≈35.238升

1（英制）加仑≈4.546升，1（美制）加仑≈3.7853升

（二）计算重量的方法

（1）毛重（Gross Weight）。毛重指商品本身的重量加上包装的重量。

（2）净重（Net Weight）。净重指商品本身的重量，即商品的毛重减去包装重（皮重）的重量。

（3）以毛作净（Gross for Net）。以毛作净指以商品的毛重作为净重，即不必再扣除皮重，一般用于包装相对于货物而言重量很轻，或包装本身不便计量等情况。

（4）公量（Conditioned Weight）。对于纺织纤维，如棉、毛、丝等，因其含水率变化影响重量，在计量时引入公量的概念。公量是以商品的干态重加上标准含水率（公定含水率）时的水分的重量为计价重量。

①公量 = 干净重(1 + 公定回潮率)

②公量 = 净重×[(1 + 公定回潮率)/(1 + 实际回潮率)]

（三）合同数量条款的基本内容

合同数量条款的基本内容包括交货数量、计量单位与计量方法等。

（四）制定数量条款应注意的问题

1. 明确计量单位和度量衡制度

注意各国采用的度量衡制度不同而导致实际交货数量的差异。如重量要写明是公吨、长吨（英吨）还是短吨（美吨），毛重还是净重；长度是米还是英尺等。

2. 规定机动幅度

溢短装条款（More or Less Clause）是指在买卖合同的数量条款中明确规定可以增减的百分比，但增减幅度以不超过规定数量的百分比为限。

溢短装条款的内容包括：①可溢装或短装的百分比；②溢短装的选择权；③溢短装部分的作价。

溢短装部分作价方法有两种：一种是按合同价格计算；另一种是按装船时的市价计算，这种方法主要用来对付卖方，防止其在市价发生波动时，利用溢短装条款故意多装或少装。当合同未规定计价方法时，通常是按合同价格计算。

【例】中国大米 10000 公吨，5%上下由卖方决定。

CHINESE RICE 10000metric tons，5% more or less at seller's option.

【例】中国花生 1000 公吨，以毛作净，卖方可溢短装 5%，增减部分按合同价计算。

CHINESE PEANUT, gross for net, with 5% more or less at seller's option, such excess or deficiency to be at the contracted price.

3. 注意 UCP 600 有关交货数量增减的规定

（1）根据 UCP 600 规定，凡"约""大概""大约"或类似词语，用于信用证数量和单价时，应解释为有关金额、数量或单价不超过 10%的增减幅度。

（2）若合同和信用证中未明确规定可否溢短装，则对于散装货，可根据 UCP 600 中"除非信用证规定货物的数量不得有增减外，在所支付款项不超过信用证金额的条件下，货物数量准许有 5%的增减幅度，但是，当信用证规定数量以单位或个数计数时，此项增减幅度则不适用"的规定处理。

四、包装条款

包装是指为了有效地保护商品的数量完整和质量要求，把货物装进适当的容器。商品包装是确定货物是否与合同相符的内容之一。《联合国国际货物销售合同公约》第 35 条规定，卖方交付的货物必须与合同所规定的数量、质量和规格相符，并需按照合同规定的方式装箱或包装；除双方当事人另有协议外，货物应按照同类货物通用的方式装箱或包装，如果没有此种通用方式，则按照足以保全和保护货物的方式装箱或包装，否则，即为与合同不符。

（一）包装分类

根据包装在流通过程中所起作用的不同，可分为运输包装（即外包装）和销售包装（即内包装）两种类型。前者的主要作用在于保护商品和防止出现货损货差；后者除起保护商品的作用外，还有促销的功能。

（二）运输包装

1. 运输包装的分类

（1）按包装方式划分。按包装方式，可分为单件运输包装和集合运输包装。常见的集合运输包装有集装包和集装袋。也有人把集装箱和托盘当作运输包装。

（2）按包装造型划分。按包装造型不同，可分为箱、袋、包、桶和捆等不同形状的包装。

（3）按包装材料划分。按包装材料不同，可分为纸制包装、金属包装、木制包装、塑料包装、麻制品包装，竹、柳、草制品包装，玻璃制品包装和陶瓷包装等。

（4）按包装质地划分。按包装质地，可分为软性包装、半硬性包装和硬件包装。

（5）按包装程度划分。按包装程度不同，可分为全部包装（Full Packed）和局部包装（Part Packed）两种。

2. 运输包装的标志

（1）运输标志（唛头）（Shipping Mark）。

这种标志又称唛头，通常是由一个简单的几何图形和一些字母、数字及简单的文字组成。其主要内容包括：①收货人、发货人的代号；②参考号；③目的地的名称或代号；④件号、批号。此外，有的运输标志还包括原产地、合同号、许可证号和体积与重量等内容。其作用是用来辨识货物、防止错发错运。

（2）指示性标志（Indicative Mark）。

这种标志是提示人们在装卸、运输和保管过程中需要注意的事项，一般都是以简单醒目的图形和文字在包装上标出，故有人称其为注意标志。如"小心轻放""怕热""怕湿""禁用手钩"等。

（3）警告性标志（Warning Mark）。

警告性标志又称危险货物包装标志。凡在运输包装内装有爆炸品、易燃物品、有毒物品和放射性物资等危险货物时，都必须在运输包装上标打危险品的标志，以示警告。根据我国国家技术监督局发布的《危险货物包装标志》规定，在运输包装上应标打警告性标志。

此外，联合国政府间海事协商组织也规定了一套《国际海运危险标志》，这套规定在国际上已被许多国家采用。因此，在我国出口危险货物的运输包装上，要标打我国和国际海运所规定的两套危险品标志。

（三）销售包装

常见的销售包装有挂式包装、堆叠式包装、携带式包装、易开包装、喷雾包装、配套包装、礼品包装和复用包装等。

（四）中性包装和定牌

1. 中性包装

（1）无牌中性包装（"三无"即无产地、厂名、品牌）。无牌中性包装指包装上既无生产地名和厂商名称，又无商标、品牌。

（2）定牌中性包装（"二无一有"即无产地、厂名，有商标）。定牌中性包装指包装上仅有买方指定的商标或品牌，但无生产地名和出口厂商的名称。采用中性包装，是为了打破某些进口国家与地区的关税和非关税壁垒以及适应交易的特殊需要（如转口销售等）。

2. 定牌

定牌是指卖方按买方的要求在其出售的商品或包装上标明买方指定的商标或品牌，这种做法叫定牌生产。许多国家的出口厂商为了利用买主的经营能力及其商业信誉和品牌声誉，以提高商品售价和扩大销路，也愿意接受定牌生产。具体做法有下列几种。

（1）在定牌生产的商品和/或包装上，只用外商所指定的商标或品牌，而不标明生产国别和出口厂商名称，这属于采用定牌中性包装的做法。

（2）在定牌生产的商品和/或包装上，标明我国的商标或品牌，同时也加注国外商号名称或表示其商号的标记。

（3）在定牌生产的商品和/或包装上，采用买方所指定的商标或品牌的同时，在其商标或品牌下标示"中国制造"字样。

（五）买卖合同中包装条款的内容

买卖合同中包装条款的内容一般包括包装材料、包装方式、包装规格、包装标志和包装费用负担等内容。

【例】纸箱装，每箱净重 50 千克。

In cartons of 50 kilos net each.

【例】国际标准茶叶纸箱装，10 箱一托盘，10 托盘一集装箱。

In international standard tea cartons, 10 cartons on a pallet, 10 pallets in a FCL container.

【例】×××商品，木箱装，每箱 30 匹，每匹 40 码。

×××to be packed in Wooden Cases containing 30 pcs. of 40 yds. Each.

【例】用涤纶袋包装。25 英磅装一袋，4 袋装一箱。箱子需用以金属作衬里的木箱。包装费用由卖方承担。

To be packed in poly bags, 25 pounds in a bag, 4 bags in a sealed Wooden Case which is lined with metal. The cost of packing is for seller's account.

（六）制定包装条款应注意的问题

1. 要明确规定包装的具体要求

明确包装的材料、造型和规格。除传统商品其包装已为买卖双方所知晓外，不应使用"适合海运包装""标准出口包装"等含义不清的词句。

2. 要注意各国有关包装（包括唛头）的法律与禁忌，以及国际上对运输标志的惯常做法、要求及其变化

对于易碎货物，包装时应有衬垫物以保护货物，但有些国家为防止动植物传染病传播，禁止采用报纸、稻草、麻袋等作为衬垫物。不同的运输方式（如飞机、火车、轮船等），对所载货物的单件长度、重量等都有明确规定，否则无法装运。随着国际社会对环境问题的关注，包装材料应尽量采用可回收利用的或无污染的绿色包装。

3. 要明确规定包装费用负担及相关问题

包装费用一般包括在货价之内，不另行计收。若买方对包装有特殊要求，应明确包装材料由谁供应和包装费用由谁负担；如果买方要求特制包装，则应在合同中注明由买方自负费用；如在用托盘等集合包装运输时，应注明托盘费用的负担；当由买方提供包装、包装材料或运输标志时，应在合同中注明买方提供的时间，以保证备货，及时出运及结汇等。明确由此造成的延迟交货或拒付货款时，双方的责任分担。

第二节　价格条款的制定

一、价格条款的内容

商品价格包括单价和总值两部分。

（1）单价通常由计价货币、单位金额、计量单位和贸易术语四个部分组成。

例如：$\dfrac{USD}{\text{计价货币}}\quad \dfrac{200}{\text{单位金额}}\quad \dfrac{\text{per M/T}}{\text{计量单位}}\quad \dfrac{\text{CIF London}}{\text{贸易术语}}$

（2）总值是单价与成交数量的乘积，即货款的总金额。

示例 7-1　价格条款的拟订

请根据下列资料，用英文拟定正确的价格条款。

THE SELLER: SHANGHAI INTERNATIONAL TRADE CORPORATIOIN

THE BUYER: TOKYO TKAMLA CORPORATION, LTD

PORT OF LOADING: SHANGHAI

PORT OF DISCHARGE: JAPANESE PORT

COMMODITY: 100% COTTON BLANKET

TRADE TERM: CIF TOKYO PORT

UNIT PRICE: USD 10/PC

SIZE: 70IN×80IN

WEIGHT: 5LBS

QUANTITY: 1000PCS

单价条款为：USD 10.00 PER PIECE CIF TOKYO

（3）制定价格条款应注意的问题：

1）根据国际市场行情，合理确定商品的单价，防止偏高或偏低。
2）根据船源、货源等实际情况，选择适当的贸易术语。
3）争取选择有利的计价货币，必要时可加订保值条款。
4）灵活运用各种不同的作价办法，尽可能避免承担价格变动的风险。
5）参照国际贸易的习惯做法，注意佣金和折扣的合理运用。
6）如交货品质、交货数量有机动幅度或包装费另行计价，应订明机动部分的作价和包装费计价的具体方法。

二、主要贸易术语价格的换算

FOB、CFR 和 CIF 三种价格换算的总公式为

CIF=FOB+F(运费)+CIF(1+加成率)×R(保险费率)

1. 已知 FOB，改报为 CFR 价或 CIF 价

（1）CFR=FOB+F

（2）$CIF = \dfrac{FOB+F}{1-(1+投保加成率)\times R}$

2. 已知 CFR，改报 FOB 价或 CIF 价

（1）FOB=CIF−F

（2）$CIF = \dfrac{CFR}{1-(1+投保加成率)\times R}$

3. 已知 CIF，改报 FOB 价或 CFR 价

（1）FOB=CIF[1−(1+加成率)×R]−F

（2）CFR=CIF[1−(1+加成率)×R]

【例】出口某商品 100M/T，报价 USD1950 perM/T FOB 上海，客户要求改报 CFR 伦敦价。已知该货为 5 级，计费标准为 W，每运费吨运费 70 美元。若要保持外汇净收入不变，应如何报价？若还需征收燃油附加费 10%，港口附加费 10%，又应如何计算？

解：（1）CFR=FOB+F=1950+70=USD2020/M/T

（2）CFR=FOB+F=1950+70×(1+10%+10%)=USD2034/M/T

【例】某公司出口货物一批，单价为 USD1200perM/T CIF 纽约，按发票金额的 110%投保，投保一切险，保险费率为 0.8%，客户要求改报 CFR 价，请问应改报多少？

解：CFR=CIF[1−(1+加成率)×R]=1200(1−1.1×0.8%)=1189.44（美元）

【例】某商品单价 USD2000perM/TCIF 旧金山，按发票金额的 110%投保，费率合计为 0.6%，客户要求按发票金额的 130%投保，问应改报多少？

解：CIF=CFR/[1−(1+加成率)×R]

则：CFR=CIF[1−(1+加成率)×R]=2000(1−1.1×0.6%)=1986.8（美元）

CIF=CFR/[1−(1+加成率)×R]=1986.8/(1−1.3×0.6%)=2002.4（美元）

三、折扣和佣金

折扣和佣金是价格的构成因素之一，直接影响商品实际价格的高低和市场上的竞争能力，也关系到买卖双方以及可能涉及的中介人的经济收益。

（一）折扣

1. 折扣的概念

折扣（Discount）又称回折（Rebate）或折让（Allowance），由于这几个词从一般意思上来说无太大区别，因此我们常常把它们统称为"折扣"。折扣就是卖方在原价的基础上给买方以一定的减让。

在国际市场上，卖方实行价格减让往往出于多种原因，或是因产品质量较次，或是为了照顾老客户，或是因买方购买数量较大，或是产品长期积压难销，或是产品销售进入淡季，或是为了加强市场竞争能力等。总之，折扣就是减让价格，实质是对买方的一种优惠。

2. 折扣计算

（1）折扣额=含折扣价×折扣率

（2）净价=含折扣价–折扣额或含折扣价(1–折扣率)

（3）含折扣价=净价÷(1–折扣率)

（二）佣金

1. 佣金的概念

佣金（Commission）又称手续费（Brokerage）。这是买方或卖方付给介绍交易或代为买卖的第三者的报酬。这里的"第三者"因经营或代理的业务不同而有不同的名称，如中间商、佣金商、佣金代理商抑或经纪人等。佣金有"明佣"和"暗佣"之分。凡是在成交价格中表明含佣若干的即为明佣。凡是在成交价格中不表明，而实际上又由买方或卖方另外约定支付佣金若干的即为暗佣。有时在同一笔交易里，中介人从买卖双方都获取佣金，此种佣金习惯称"双头佣"。

2. 佣金计算

（1）佣金额=含佣价×佣金率

（2）净价=含佣价–佣金额或含佣价×(1–佣金率)

（3）含佣价=净价÷(1–佣金率)

1）含佣价改报净价。

【例】已知 CIFC3%价为 2000 美元，改报 CIF 净价。

解：CIF 净价=CIFC3%×(1–佣金率)=2000×(1–3%)=1940（美元）

2）净价改报含佣价。

【例】已知 CFR 价为 100000 美元，改报 CFRC5%价。

解：CFRC5%=100000÷(1–5%)=105263.16（美元）

3）调整含佣价的佣金率。

【例】已知 CIFC2%为 5000 美元，改报 CIFC5%价。

解：CIF 净价=CIFC2%×(1–佣金率)=5000×(1–2%)=4900（美元）

CIFC5%=CIF 净价÷(1–佣金率)=4900÷(1–5%)=5157.89（美元）

（4）兼有折扣和佣金的计算。此类计算应先除去折扣，再计算佣金，因含折扣的价格不是货物的实际交易价。

【例】某公司委托中间商推销库存品，并约定给予中间商 2%的佣金，同时该公司愿以原价 CIF 总值 150 000 美元的九折价达成交易。试求该公司应付折扣、佣金各为多少？实得货款为多少？

解：付折扣=150000–150000×90%=150000–135000=15000（美元）

付佣金=135000–135000×(1–2%)=135000–132300=2700（美元）

实得货款=150000–15000–2700=132300（美元）

第三节 运输条款的制定

装运条款的主要内容包括装运期、装运地（港）与目的地（港）、装运方式（分批装运、转运）及装运通知等。

一、装运期（Time of Shipment）

（一）区别装运期与交货期两个不同概念

在国际贸易中，交货时间（Time of Delivery）和装运时间（Time of Shipment）是两种不同的概念。在使用 FOB、CIF、CFR 以及 FCA、CIP、CPT 等贸易术语签订的买卖合同中，卖方在装运港或装运地将货物装上船只或交付给承运人监管就算已完成交货义务。因此，按照上述贸易术语订立的合同，交货和装运的概念是一致的，可以把二者当作同义语。

在国际贸易中，有关装运日期，过去一般是从狭义上理解，随着国际贸易和运输方式的发展，国际惯例的最新解释是：装船（Loading on Board Vessel）、发运（Despatch）、收妥待运（Accepted for Carriage）、邮局收据日期（Date of Post Receipt）、收货日期（Date of Pick-up）等，以及在多式联运方式下承运人的"接受监管"（Taking in Charge），均可理解为装运日期。

（二）装运期的规定方法

（1）规定明确的、具体的装运时间。这又可分为规定一段时间和规定最迟期限两种。如"7 月份装运"（Shipment during July）、"7/8/9 月份装运"（Shipment during July./Aug./Sep.）；又如"装运期不迟于 7 月 31 日"（Shipment not later than July 31st）、"9 月底或以前装运"（Shipment at or before the end of Sep.）。此种规定方法明确、具体，使用较为广泛。

（2）规定收到信用证后若干天装运。如规定"收到信用证后 30 天内装运"（Shipment within 30 days after receipt of L/C）。为防止买方不按时开证，一般还规定"买方必须不迟于某月某日将信用证开到卖方"（The relevant L/C must reach the seller not later than…）的限制性条款。对某些进口管制较严的国家或地区，或专为买方制造的特定商品，或对买方资信不够了解，为防止买方不履行合同而造成损失，可采用此种规定方法。

（3）规定近期装运术语。如规定"立即装运"（Immediate Shipment）、"即期装运"（Prompt Shipment）、"尽快装运"（Shipment As Soon As Possible）等。由于这些术语在各国、各行业中解释不一，不宜使用。国际商会制定的《跟单信用证统一惯例》也明确规定不宜使用此类词，如果使用，银行将不予置理。

（三）规定装运时间应注意的问题

（1）买卖合同中的装运时间的规定要明确、具体，装运期限应当适度。海运装运期限的长短，应视不同商品和租船订舱的实际情况而定，装运期限过短，势必给船货安排带来困难；装运期过长也不合适，特别是采用在收到信用证后多少天内装运的条件下，装运期过长会造成买方积压资金，影响资金周转，从而反过来影响卖方的售价。

（2）应注意货源情况、商品的性质和特点以及交货的季节性等。如雨季一般不宜装运烟叶，夏季一般不宜装运沥青、易腐性肉类及橡胶等。

（3）应结合考虑交货港、目的港的特殊季节因素。如北欧、加拿大东海沿岸港口冬季易封冻结冰，故装运时间不宜订在冰冻时期。反之，热带某些地区则不宜订在雨季装运等。

（4）在规定装运期的同时，应考虑开证日期的规定是否明确合理。装运期与开证日期是互相关联的，为保证按期装运，装运期和开证日期应该互相衔接起来。

二、装运地（港）(Port of Shipment)和目的地（港）(Port of Destination)

装运地（港）是指货物起始装运的港口。目的地（港）是指最终卸货的港口。在国际贸易中，装运地（港）一般由卖方提出，经买方同意后确认；目的地（港）一般由买方提出，经卖方同意后确认。

（一）装运地（港）和目的地（港）的规定方法

在买卖合同中，装运地（港）和目的地（港）的规定方法有以下几种：

（1）在一般情况下，装运地（港）和目的地（港）分别规定各为一个。如装运地（港）：上海（Port of Shipment：Shanghai）；目的地（港）：伦敦（Port of Destination：London）。

（2）有时按实际业务的需要，也可分别规定两个或两个以上的装运地（港）或目的地（港）。如装运地（港）：新港/上海（Xingang/Shanghai）；大连/青岛/上海（Dalian/Qingdao/Shanghai）。目的地（港）：伦敦/利物浦（London/Liverpool）。

（3）在磋商交易时，如明确规定装运地（港）或目的地（港）有困难，可以采用选择港（Optional Ports）办法。规定选择港有两种方式：一种是在两个或两个以上港口中选择一个，如 CIF 伦敦选择港汉堡或鹿特丹（CIF London, optional Hamburg/Rotterdam），或者 CIF 伦敦/汉堡/鹿特丹（CIF London/Hamburg/Rotterdam）；另一种是笼统地规定某一航区为装运地（港）或目的地（港），如"地中海主要港口"，即最后交货则选择地中海的一个主要港口为目的地（港）。

（二）确定国内外装运地（港）和目的地（港）的注意事项

1. 规定国外装运地（港）和目的地（港）应注意的问题

（1）对国外装运地（港）或目的地（港）的规定应力求具体明确。在磋商交易时，如国外的商人笼统地提出以"欧洲主要港口"或"非欧洲主要港口"为装运地（港）或目的地（港）时，不宜轻易接受。因为，欧洲或非欧洲的港口众多，究竟哪些港口为主要港口并无统一解释，而且各港口的距离远近不一，港口条件也有区别，运费和附加费相差很大，所以，我们应避免采用此种规定方法。

（2）不能接受内陆城市为装运地（港）或目的地（港）的条件。因为，接受这一条件，我方要承担从港口到内陆城市这段路程的运费和风险。

（3）必须注意装卸港的具体条件。装卸港的具体条件主要有：有无直达班轮航线、港口和装卸条件以及运费和附加费水平等。如果租船运输，还应进一步考虑码头泊位的深度，有无冰封期，冰封的具体时间以及对船舶国籍有无限制等港口制度。

（4）应注意国外港口有无重名问题。世界各国的港口重名的很多。如维多利亚（Victoria）港世界上有 12 个之多，波特兰（Portland）等也有数个。重名港举例见表 7-1。为防止发生差错而引起纠纷，在买卖合同中应明确注明装运地（港）或目的地（港）所在国家和地区的名称。

表 7-1 重名港举例

港口名称	所属国家	所属洲
Victoria	Canada（加拿大）	北美洲
Victoria	Cameroon（喀麦隆）	非洲
Victoria	Guinea（几内亚）	非洲
Victoria Point	Myanmar（缅甸）	亚洲
Victoria Harbour	Malaysia（马来西亚）	亚洲
Port Victoria	Seychelles（塞舌尔）	非洲

（5）如采用选择港规定，要注意各选择港不宜太多。选择港一般不超过3个，而且必须在同一航区、同一航线上。同时在国际货物买卖合同中应明确规定：如所选目的地（港）要增加运费、附加费，应由买方负担，同时要规定买方宣布最后目的地（港）的时间。

2. 规定国内装运地（港）或目的地（港）应注意的问题

在出口业务中，对国内装运地（港）的规定，一般以接近货源地的对外贸易港口为宜，同时考虑港口和国内运输的条件和费用水平。在进口业务中，对国内目的地（港）的规定，原则上应选择以接近用货单位或消费地区的对外贸易港口为最合理。但根据我国目前港口的条件，为避免港口到船集中而造成堵塞现象或签约时目的地（港）尚难确定，在进口合同中，也可酌情规定为"中国口岸"。总之，买卖双方在确定装运地（港）时，通常都是从本身利益和实际需要出发，根据产、销和运输等因素考虑的。为了使装运地（港）和目的地（港）条款订得合理，我们必须从多方面加以考虑，特别是国外港口很多，情况复杂，在确定国外装运地（港）和目的地（港）时更应格外谨慎。

三、装运方式

装运方式包括分批装运和转运。分批装运和转运都直接关系到买卖双方的利益，因此，买卖双方应根据需要和可能在合同中做出具体的规定。一般来说，国际货物买卖合同中如订明允许分批装运和转运，对卖方交货比较主动。

（一）分批装运

分批装运（Partial Shipment），又称分期装运（Shipment by Installments），是指一个合同项下的货物分若干批或若干期装运。在大宗货物或成交数量较大的交易中，买卖双方根据交货数量、运输条件和市场销售等因素，可在合同中规定分批装运条款。国际上对分批装运的解释和运用有所不同。按有些国家的合同法规定，如合同对分批装运不作规定，买卖双方事先对此也没有特别约定或习惯做法，则卖方交货不得分批装运；国际商会制定的《跟单信用证统一惯例》规定，除非信用证另有规定，允许分批装运。因此，为了避免不必要的争议，争取早出口、早收汇，防止交货时发生困难，除非买方坚持不允许分批装运，原则上应明确在出口合同中订入"允许分批装运"（Partial shipment to be allowed）。

根据《跟单信用证统一惯例》规定，运输单据表面上注明货物是使用同一运输工具装运并经同一路线运输的，即使每套运输单据注明的装运日期不同及/或装运港、接受监管地不同，只要运输单据注明的目的地相同，也不视为分批装运。该惯例对定期、定量分批装运还规定，信用证规定在指定时期内分期支款及/或装运，其中任何一期未按期支款及/或装运，除非信用证另有规定，则信用证对该期及以后各期均告失效。如合同和信用证中明确规定了分批数量，如"3—6月分4批每月平均装运"（Shipment during March/June in four equal monthly lots），以及类似的限批、限时、限量的条件，则卖方应严格履行约定的分批装运条款，只要其中任何一批没有按时、按量装运，则本批及以后各批均告失效。据此，在买卖合同和信用证中规定分批、定期、定量装运时，卖方必须重合同、守信用，严格按照合同和信用证的有关规定办理。

（二）转运（Transshipment）

卖方在交货时，如驶往目的港没有直达船、船期不定或航次间隔太长，为了便于装运，则应在国际货物买卖合同中订明"允许转船"（Transshipment to be allowed）。按《跟单信用证统一惯例》规定，"转运"一词在不同的运输方式下有不同的含义：在海运情况下，是指在装货港和卸货港之间的海运过程中，货物从一艘船卸下再装上另一艘船的运输；在航空运输的情况下，是指从起运机场至目的地机场的运输过程中，货物从一架飞机上卸下再装上另一架飞机的运输；在公路、铁路或内河运输情况下，则是指在装运地到目的地之间用不同的运输方式的运输过程中，货物从一种运输工具上卸下，再装上另一种运输工具的行为。

《跟单信用证统一惯例》规定，除非信用证另有规定，可准许转运。为了明确责任和便于安排装运，买卖双方是否同意转运以及有关转运的办法和转运费的负担等问题应在买卖合同中订明。

（三）国际货物买卖合同中的分批装运、转运条款

国际货物买卖合同中的分批装运、转运条款通常是与装运时间条款结合起来规定的。

国际货物买卖合同中分批装运、转运条款举例如下。

（1）5/6/7月份装运，允许分批和转运（Shipment during May/June/July, with partial shipments and transshipment allowed）。

（2）6/7月份分2批装运，禁止转运（During June/July in two shipments, transshipment is prohibited）。

（3）11/12月份分2次平均装运，由香港转运（During Nov./Dec. in two equal monthly shipment, to be transshipped at Hongkong）。

四、装运通知（Advice of Shipment）

买卖双方为了互相配合，共同搞好车、船、货的衔接和办理货运保险，不论采用何种贸易术语成交，交易双方都要承担互相通知的义务。因此，装运通知（Advice of Shipment）也是装运条款的一项重要内容。按照国际贸易的一般做法，在按FOB条件成交时，卖方应在约定的装运期开始以前，一般是30天或45天，向买方发出货物备妥通知，以便买方及时派船接货。买方接到卖方发出的备货通知后，应按约定的时间，将船名、船舶到港受载日期等通知卖方，以便卖方及时安排货物出运和准备装船。

如按FOB、CFR和CIF术语签订的合同，卖方应在货物装船后，按约定的时间，将合同、货物的品名、件数、重量、发票金额、船名及装船日期等项内容电告买方；如按FCA、CPT和CIP术语签订的合同，卖方应在把货物交付承运人接管后，将交付货物的具体情况及交付日期电告买方，以便买方办理保险并做好接卸货物的准备，及时办理进口报关手续。

应当特别强调的是，买卖双方按CFR或CPT条件成交时，卖方交货后，及时向买方发出装运通知，具有更为重要的意义。

五、制定运输条款应注意的问题

（1）装运日期应定得明确且留有余地。装运期的规定不应使用诸如"迅速""立即""尽快"之类的词语，如使用此类词语，按UCP 600第3条规定，银行将不予置理。在以收到L/C作为装运前提时，为避免买方拖延或拒绝开证，应在国际货物买卖合同中订明"买方最迟于×月×日前将信用证开抵卖方"。

（2）为避免重名港口，应注明港口所处国家或地区。

（3）国际货物买卖合同中如订有选择港，则应订明增加的运费、附加费用应当由谁承担。

（4）对于一次成交量大的国际货物买卖合同，或目的港是没有直达船挂靠或船期少而不固定的港口，或装卸、运输条件差的港口，应在国际货物买卖合同中订明"允许分批装运"或"允许转船"。

（5）装船通知的目的在于做好派船、装船、投保、接货四个环节的衔接工作。在FOB、CFR和CIF贸易术语中，关于装运通知问题都有明确的规定。

第四节 保险条款的制定

一、海上保险保障范围

海运中的货物易遭受海上各种风险的威胁,从而导致货物损失或同时产生有关的费用。因此,保障的范围为风险、损失和费用。在保险业务中,风险、损失、费用和险别之间有着密切的联系,即风险是导致损失和费用的原因,险别是具体规定保险人对风险、损失或费用予以保障的责任范围。要弄清各种险别的内容,首先必须对风险、损失或费用有正确的理解。

二、中国人民保险公司海运货物保险条款

为了适应我国对外经贸的需要,中国人民保险公司于1956年起陆续制定了各种涉外保险业务条款,总称为"中国保险条款"(China Insurance Clauses,CIC),运输货物保险条款(包括海上、陆上、航空及邮包等方式)是其中的重要组成部分。

(一)海运货物保险险种

根据2009年1月1日生效的《中国保险条款》的规定,海洋运输货物保险的险别可分为基本险和附加险两大类。基本险是保险人对承保货物承担最基本保险责任的险别,是投保人必须投保而且可以单独投保的险别。基本险包含平安险、水渍险和一切险三种。

(二)海运货物保险基本险的责任起讫与除外责任

1. 海运货物保险基本险的责任起讫
(1)原则上采用"仓至仓条款"(W/W),即发货人仓库至收货人仓库。
(2)保险货物没有进入收货人仓库,则从目的港卸离海轮时起算满60天。
(3)当被保险货物在运至目的地以前的某一仓库而发生分配、分派情况时,保险责任从运抵该仓库时为止。
(4)在上述保险期内若需转运至非保单所载目的地时,则从开始转运时终止。

2. 海运货物保险基本险的除外责任
海运货物保险对下列损失不负赔偿责任:
(1)被保险人的故意行为或过失所造成的损失。
(2)属于发货人责任所引起的损失。
(3)在保险责任开始前,被保险货物已存在品质不良或数量短差所造成的损失。
(4)被保险货物的自然损耗、本质缺陷、特性以及市价跌落、运输延迟所引起的损失或费用。
(5)战争险和罢工险条款规定的责任范围和除外责任。

三、伦敦保险业协会的《协会货物条款》

(一)英国海运货物保险条款的发展

英国的保险业历史悠久,长期以来,它所制定的各种保险规章制度,特别是海运保险单格式和保险条款,对世界各国的保险业有着广泛的影响。《协会货物条款》最早于1912年由伦敦保险业协会制定,保险单格式为古老的"船、货保险单(The S. G. Policy Form,1779)",旧的《协会货物条款》是该保单的主要组成部分。后于1963年修订和补充,但基本上仍维持1912年的内容,1981年再次修订,自1982年1月1日在伦敦保险市场开始使用。根据伦敦保险业协会的规定,

"S.G. Policy"和旧的《协会货物条款》于 1983 年 3 月 31 日在伦敦市场停止使用。2009 年 1 月 1 日推出了协会货物运输保险条款的最新版本。据统计，全世界有 2/3 的国家，其中发展中国家约有 3/4 都在采用《协会货物条款》。

（二）七种保险条款的承保范围与除外责任

伦敦保险业协会的《协会货物条款》，一直以劳氏船货保险单（Lloyd's S.G. Policy）为基础，不断附贴和补充、修改原保单的内容。1963 年正式形成一份完整的《协会货物条款》（Institute Cargo Clause，ICC.）。该条款将险别分为平安险、水渍险、一切险三个基本险别。2009 年 1 月 1 日起，协会开始推行新的《协会货物条款》。新条款不仅内容上有很大的变化，用语也更简洁明了。新条款将险别分为（A）险、（B）险、（C）险、战争险、罢工险、恶意损害险和偷窃提货不着险。（A）险、（B）险、（C）险都有自己的条款体系，即有三套独立的条款。

四、中英海运货物保险条款的主要区别

中国人民保险公司于 2009 年制定并公布修订了《海运货物保险条款》。我国的保险条款虽与英国 ICC 条款不完全相同，但由于我国的条款是参考英国"S.G. Policy"制定的，而英国的 ICC 条款又是以"S.G. Policy"为基础修订的。因此，主要内容基本相同，无原则上的区别。两者的主要区别包括：

第一，英国七种条款，除"恶意损害险"和"偷窃提货不着险"外都可独立投保，而我国只有基本险可独立投保，其他为附加险。

第二，ICC（A）类似我国的一切险，ICC（B）类似水渍险，ICC（C）类似我国的平安险，但比平安险责任范围要小一些。主要是 ICC（C）不保自然灾害风险，而我国的平安险仅有条件地不负责自然灾害引起的部分损失。

五、海运货物保险实务

（一）投保程序

1. 出口货物运输保险

凡按 CIF 和 CIP 条件成交的出口货物，由出口企业向当地保险公司逐笔办理投保手续。具体流程是：根据合同或信用证规定，在备妥货物，并确定装运日期和运输工具后（一般是在收到船公司有关配船的资料，如经船公司签署的配舱回单后），按约定的保险险别和保险金额，向保险公司投保。

投保时应填制"海运出口货物投保单"或"运输险投保申请单"（Application for Transportation Insurance）并支付保险费，保险公司凭此出具保险单或保险凭证。投保的日期应不迟于货物装船的日期。投保金额若合同没有明确规定，应按 CIF 或 CIP 价格加成 10%，如买方要求提高加成比率，一般情况下可以协商接受，但增加的保险费应由买方负担。

保险单证是主要的出口单据之一。保险单证所代表的保险权益经背书后可以转让。卖方在向买方（或银行）交单前，应先行背书。

2. 进口货物运输保险

按 FOB、CFR、FCA 和 CPT 条件成交的进口货物，由我国的进口企业自行办理保险。为简化投保手续和避免漏保，一般采用预约保险的做法，即被保险人（投保人）和保险人就保险标的物的范围、险别、责任、费率以及赔款处理等条款签订长期性的保险合同。投保人在获悉每批货物起运时，应将船名、开船日期及航线、货物品名及数量、保险金额等内容，书面定期通知保险公司。保

险公司对属于预约保险合同范围内的商品，一经起运，即自动承担保险责任。

未与保险公司签订预约保险合同的进口企业，则采用逐笔投保的方式，在接到国外出口方的装船通知或发货通知后，应立即填写"装货通知"或投保单，注明有关保险标的物的内容、装运情况、保险金额和险别等，交保险公司，保险公司接受投保后签发保险单。

（二）投保险别的选择

选择投保险别的总原则可归结为"安全+节省"。对险别的选择，要考虑的因素很多，如货物特点、货物包装、航行区域等。以下仅从货物性质和特点角度进行考虑。

（1）粮谷类商品（粮食、花生仁、豆类、饲料等）的特点。长途运输水分易蒸发，可能造成短量，还易发汗、发热而致发霉，因此应投水渍险 + 短量险 + 受潮受热险。

（2）油脂类商品（食用动植物油等）的特点。在运输中因容器破损易成渗漏或沾染杂质而造成玷污损失，因此应投水渍险 + 渗漏险 + 玷污险。

（3）家用电器及相机等的特点。在途中易受碰损和被窃，应投水渍险 + 碰损险 + 偷窃提货不着险。

（4）机床类商品易受碰损，应投水渍险 + 碰损险等。

（三）保险金额和保险费的计算

1. 保险金额

保险金额是被保险人对保险标的的实际投保金额，是保险人赔偿的最高限额，也是保险人承担保险责任的标准和计收保险费的基础。按 UCP 和《INCOTERMS 2010》规定，一般按 CIF/CIP 发票金额加一成（即加成率为10%）计算，也可为"合同规定的价格另加10%"，此时保险金额可能为 CIF 货价×(1+10%)，加成是为了补偿预期的利润及经营费用。

2. 保险费

投保人（或被保险人）投保时，需向保险人交纳一定数额的保险费，这是保险合同生效的重要前提条件；保险费是保险人经营业务的基本收入，是保险基金的来源；保险费也是被保险人从保险人获得损失赔偿权利所付出的对价。

保险费 = 保险金额× 保险费率。

（四）保险单据

保险单据是保险人与被保险人之间订立保险合同的证明文件，它反映保险人与被保险人之间的权利和义务关系，也是保险人的承保证明。当发生保险范围内的损失时，它又是保险索赔和理赔的主要依据。在实际业务中，常用的保险单据主要有以下几种形式。

1. 保险单（Insurance Policy 或 Policy）

保险单俗称大保单。它是保险人和被保险人之间成立保险合同关系的正式凭证，具有法律效力，对双方当事人均具有约束力。其内容除载明被保险人、保险标的的名称、数量或重量、唛头、运输工具、险别、起讫地点、保险期限、保险币值和保险金额等项目外，还附有保险人责任范围以及保险人和被保险人的权利和义务等方面的详细条款，是完整的承保文件。如当事人双方对保险单上所规定的权利和义务需要增补或删减，可在保险单上加贴条款或加注字句。保险单是被保险人向保险人索赔或对保险人上诉的正式文件，也是保险人理赔的主要依据。保险单可转让，通常是被保险人向银行进行押汇的单证之一。在 CIF 合同中，保险单是出口方必须向进口方提供的单据之一。

2. 保险凭证（Insurance Certificate）

保险凭证俗称小保单，是保险单的简化形式。它是保险人签发给被保险人，证明货物已经投保和保险合同已经生效的文件。它与保险单的唯一区别在于背面不附有保险条款。这种保险凭证具有与保险单同等的法律效力，但缺乏完整的独立性，需依赖于其他文件，即保险当事人的权利、义务及相关保险责任范围的约定须以保险公司的正式条款为准。因此，如信用证明确要求 Insurance Policy 时，银行不接受保险凭证。

3. 联合凭证（Combined Certificate）

联合凭证又称承保证明（Risk Note），它是我国的保险公司特别使用的，将发票与保险相结合形式的最简单的保险单据。保险公司仅将承保险别、保险金额及保险编号加注在出口货物发票上，并正式签章作为已经保险的证据。目前，仅适用于由港澳中银集团银行开立信用证，将货运至港澳、新马地区华商的部分出口业务。

4. 预约保单（Open Policy）

预约保单又称为预约保险合同（Open Cover），它是被保险人与保险人之间订立的总合同。订立这种合同的目的是简化保险手续，又可使货物一经装运即可得到保险保障。合同中规定承保货物的范围、险别、费率、责任、赔款处理等条款，凡属合同约定的运输货物，在合同有效期内自动承保。预约保单不具有正式的强制性法律效力，一般不能用来押汇，除非信用证另有规定，但可作为保险人出具正式保单前，证明承诺保险责任的一种临时性文件。在实际业务中，预约保单一般仅适用于我国以 FOB 或 CFR 成交的进口货物或以 CIF 方式成交的出口展览品和小商品。凡属预约保单规定范围内的进口货物，一经起运，保险公司即凭被保险人由国外转来的装运通知书（列明货物名称、数量、金额、运输工具名称、航程起讫地点、起运时间等）自动承保，并签发具有法律效力的正式保险单据。事先订立预约保险合同，可防止货物因漏报或迟报所造成的无法弥补的损失。

5. 批单（Endorsement）

保险单出立后，投保人如需要补充或变更内容，可根据保险公司的规定，向保险公司提出申请，经同意后即另出一种凭证，注明更改或补充的内容，这种凭证就是批单。保险单一经批改，保险公司即按批改后的内容承担责任。批单原则上需粘贴在保险单上，并加盖骑缝章，作为保险单不可分割的一部分。和海运提单一样，货运保险单和保险凭证可以经背书或其他方式进行转让。保险单据的转让无须取得保险人的同意，也无须通知保险人。即使在保险标的发生损失之后，保险单据仍可有效转让。在 CIF 或 CIP 条件下，保险单据的形式和内容必须符合买卖双方约定的要求，特别是在信用证支付条件下，必须符合信用证的有关规定。保险单据的出单日期不得迟于运输单据所列货物装船、发运或承运人接受监管的日期。因此，办理投保手续的日期也不得迟于货物装运日期。

六、保险条款的主要内容

在国际货物买卖合同中，为了明确交易双方在货运保险方面的责任，通常都订有保险条款，其内容主要包括保险投保人、保险公司和保险条款、保险险别、保险金额和保险单的约定等事项。

（一）保险投保人的约定

每笔交易的货运保险，究竟由买方抑或卖方投保，完全取决于买卖双方约定的交货条件和所使用的贸易术语。由于每笔交易的交货条件和所使用的贸易术语不同，故对投保人的规定也相应有别。如按 FOB 或 CFR 条件成交时，在买卖合同的保险条款中，一般只订明"保险由买方自理"。如买方要求卖方代办保险，则应在合同保险条款中订明："由买方委托卖方按发票金额×××%代为投保××险，保险费由买方负担"。按 DES 或 DEQ 条件成交时，在合同保险条款中，也可订明"保险由卖方自理"。凡按 CIF 或 CIP 条件成交时，由于货价中包括保险费，故在合同保险条款中，需要详细约定卖方负责办理货运保险的有关事项，如约定投保的险别、支付保险费和向买方提供有效的保险凭证等。

（二）保险公司和保险条款的约定

在按 CIF 或 CIP 条件成交时，保险公司的资信情况与卖方关系不大，但与买方却有重大的利害关系。因此，买方一般要求在合同中限定保险公司和所采用的保险条款，以利日后保险索赔工作的顺利进行。如我国按 CIF 或 CIP 条件出口时，买卖双方在合同中，通常都订明："由卖方向中国人民保险公司投保，并按该公司的保险条款办理"。

（三）保险险别的约定

按 CIF 或 CIP 条件成交时，运输途中的风险本应由买方承担，但一般保险费则约定由卖方负担，因货价中包括保险费。买卖双方约定的险别通常为平安险、水渍险、一切险三种基本险别中的一种。但有时也可根据货物特性和实际情况加保一种或若干种附加险。如约定采用英国伦敦保险业协会货物保险条款，也应根据货物特性和实际需要约定该条款的具体险别。在双方未约定险别的情况下，按惯例，卖方可按最低的险别予以投保。

在 CIF 或 CIP 条件中，一般不包括加保战争险等特殊附加险的费用，因此，如买方要求加保战争险等特殊附加险时，其费用应由买方负担。如买卖双方约定，由卖方投保战争险并由其负担保险费时，卖方为了避免承担战争险的费率上涨的风险，往往要求在合同中规定："货物出运时，如保险公司增加战争险的费率，则其增加的部分保险费，应由买方负担"。

（四）保险金额的约定

按 CIF 或 CIP 条件成交时，因保险金额关系到卖方的费用负担和买方的切身利益，故买卖双方有必要将保险金额在合同中具体订明。根据保险市场的习惯做法，保险金额一般都是按 CIF 价或 CIP 价加成计算，即按发票金额再加一定的百分率。此项保险加成率，主要是作为买方的预期利润。按国际贸易惯例，预期利润一般按 CIF 价的 10%估算，因此，如果国际货物买卖合同中未规定保险金额时，习惯上是按 CIF 价或 CIP 价的 110%投保。

中国人民保险公司承保出口货物的保险金额，一般也是按国际保险市场上通常的加成率，即按 CIF 或 CIP 发票金额的 110%计算。由于不同货物、不同地区、不同时期的期得利润不一，因此，在洽商交易时，如买方要求保险加成超过 10%时，卖方也可酌情接受。如买方要求保险加成率过高，则卖方应同有关保险公司商妥后方可接受。

（五）保险单的约定

在国际货物买卖合同中，如约定由卖方投保，通常还规定卖方应向买方提供保险单，如被保险的货物在运输过程中发生承保范围内的风险损失，买方即可凭卖方提供的保险单向有关保险公司索赔。合同中的保险条款因不同的贸易术语而异。

【例】按 FOB、FCA、CFR 或 CPT 条件成交，合同中的保险条款只需规定："Insurance: To be covered by the Buyer.""保险由买方办理"。

【例】按 CIF 或 CIP 条件成交的保险条款，则需具体规定保险金额、投保险别和保险适用的条款等内容。"Insurance: To be covered by the Sellers for the full invoice value plus 10% against all risks and war risks as per and subject to the relevant ocean marine cargo clauses of the People's Insurance Company of China, dated Jan. 1, 1981. If the Buyers desire to cover for any other extra risks besides aforementioned of amount exceeding the aforementioned limited, the sellers' approval must be obtained beforehand and all the additional premiums thus incurred shall be for the Buyers' account.""保险：由卖方按发票金额加成 10%投保一切险及战争险，以中国人民保险公司 1981 年 1 月 1 日的有关海洋运输货物保险条款为准。如果买方要求加投上述保险或保险金额超出上述金额，必须提前征得卖方的同意，超出的保险费由买方承担。"

七、制定保险条款应注意的问题

（1）应在合同中订明所采用的保险条款名称。如是采用中国人民保险公司海洋运输货物保险条款，还是伦敦保险业协会的协会货物保险条款以及其制定或修订日期、投保险别、保险费率等。

（2）必须明确投保险别，注意"仓至仓条款"适用的险别。中国人民保险公司的《海洋运输货物保险条款》规定的平安险、水渍险和一切险三种险别和伦敦保险业协会海运货物保险条款规定的 ICC（A）、ICC（B）、ICC（C）对承保责任起讫或称保险期限，均采用国际保险业务中惯用的"仓至仓条款"（即 Warehouse to Warehouse Clause，W/W Clause）。但战争险和罢工险不适用"仓至仓条款"。

（3）被保险人必须对保险标的物具有保险利益。保险利益又称可保权益，是指投保人对保险标的物具有法律上承认的利益。海上保险仅要求被保险人在保险标的物发生损失时必须具有保险利益。

（4）加保战争险、罢工险应注意的问题对于出口贸易，如加保战争险、罢工险，应明确"若发生有关的保险费率调整，所增加的保险费由买方负担"。

（5）注意基本险与附加险的关系。附加险只能在投保某一种基本险的基础上才可加保，但因一切险的责任范围已包括了一般附加险，故如投保人在投保时选择了一切险，则无须再加保一般附加险。伦敦保险业协会海运货物保险条款的战争险和罢工险可单独投保。

第五节 支付条款的制定

支付条件（Terms of Payment）是国际货物买卖合同中的重要条款，其英文表达要求严谨准确。表示支付方式的词语用介词"by"引导。例如：付款交单为 payment by document against payment，承兑交单为 payment by document against acceptance，用信用证支付为 payment by letter of credit。

一、合同中的汇付条款

在采用汇付方式时，应在合同中明确规定汇付的时间、方式及金额等。

例如：买方应在 2002 年 9 月 15 日前将 100%的货款以电汇方式预付给卖方。

The buyer shall pay 100% of the sales proceeds in advance by T/T to reach the seller not later than Sep.15,2002.

又如：买方应于收到卖方寄交的正本提单后立即将 100%的货款用电汇付交卖方。

The Buyer should pay 100% of the contract value by T/T upon the receipt of the original Bills of Lading sent by the seller.

二、合同中的托收支付条款

在采用托收方式时，要具体说明使用即期付款交单、远期付款交单还是承兑交单。

（一）即期付款交单

买方凭卖方开具的即期跟单汇票，于第一次见票时立即付款，付款后交单。

Upon first presentation the Buyer shall pay against documentary draft drawn by the Seller at sight. The shipping documents are to be delivered against payment only.

（二）远期付款交单

买方对卖方出具的见票后××天付款的跟单汇票于第一次提示时予以承兑，并在汇票到期日付款，付款后交单。

The Buyer shall duly accept the documentary draft drawn by the Seller at ××days upon first presentation and make payment on its maturity. The shipping documents are to be delivered against payment only.

（三）承兑交单

买方应于第一次提示卖方开具的见票后××天付款的跟单汇票时予以承兑，并于汇票到期日付款，承兑后交单。

The Buyer shall duly accept the documentary draft drawn by the Seller at ××days upon first presentation and make payment On its maturity. The shipping documents are to be delivered against acceptance.

三、合同中的信用证支付条款

在进出口合同中，如约定凭信用证付款，买卖双方应将开证日期、信用证的类别、付款时间、信用证金额、信用证的效期和到期地点等事项做出明确具体的规定。我国出口合同中信用证支付条款主要内容如下。

（一）即期信用证支付条款

（1）"买方应通过卖方所接受的银行于装运月份前×天开立并送达卖方不可撤销即期信用证，有效期至装运月份后第 15 天在中国议付。"

（2）"买方应于×年×月×日前（或接受卖方备货通知后×天内或签约后×天内）通过银行开出以卖方为受益人的（由××银行保兑的）不可撤销的（可转让的）全部发票金额的即期信用证。信用证有效期延至装运日期后 15 天在中国到期。"

例如：买方应通过卖方所接受的银行于装运月份前 30 天开出并送达卖方不可撤销的即期信用证，于装运月份后 15 天在中国议付有效。（The Buyers shall open through a bank acceptable to the Sellers an Irrevocable Sight Letter of Credit to reach the Sellers 30 days before the month of shipment. Valid for negotiation in China until the 15th day after the month of shipment.）

（二）远期信用证支付条款

"买方应于×年×月×日前（或接到卖方通知后×天内，或签约后×天内）通过××银行开立以卖方为受益人的不可撤销的（可转让的）见票后×天（或装船日后×天）付款的银行承兑信用证。信用证议付有效期延至上述装运期后 15 天在中国到期。"

例如：买方应通过卖可以接受的银行于装运月份前××天开出并送达卖方不可撤销的见票后 45 天付款的信用证，有效期至装运月份后 15 天在上海议付。（The Buyers shall open through a bank acceptable to the Sellers an Irrevocable Letter of Credit at 45day's sight to reach the Sellers ××days before the month of shipment. Valid for negotiation in Shanghai until the15th day after the month of shipment.）

假远期信用证支付条款："本信用证项下的远期汇票由付款人承兑和贴现，所有费用由买方负担，远期汇票可即期收款。"（Drawee will accept and discount usance drafts drawn under this Credit. All charges are for buyer's account, usance draft payable at sight basis.）

（三）循环信用证支付条款

"买方应于第一批装运月份前通过卖方可接受的银行开立并送达卖方不可撤销即期循环信用证，该证在 20×× 年期间，每月自动可供×× （金额），并保持有效至 20×× 年 1 月 15 日在北京议付。"（The Buyers shall open through a bank acceptable to the Sellers an Irrevocable Revolving Letter of Credit at sight to reach the Sellers ××days before the month of first shipment.The Credit shall be automatically available during the period of 20×× for×× (value) per month, and remain valid for negotiation in Beijing until Jan. 15,20××.)

四、制定支付条款应注意的问题

（一）要灵活运用支付方式

（1）在国际贸易中使用的支付方式主要有汇付、托收和信用证，这三种支付方式虽都通过银行办理，但汇付和托收属于商业信用，而信用证属于银行信用。

（2）在出口贸易中，原则上采用信用证支付方式，但为了提高竞争力和降低费用，对于信誉好的客户，也可采用汇付或托收。

（3）一笔交易大多使用一种支付方式，但有时根据不同需要，也可把两种或两种以上的支付方式结合使用。

（二）不接受可撤销信用证

采用信用证付款时，不接受可撤销信用证或以开证人为付款人的信用证。

（三）T/T 付款应预先收取定金

采用 T/T 付款时，必须先收取一定的定金（如 30%），在货物装运前通知买方电汇货款，款到后方能装运出口。

（四）信用证和托收结合付款单据的处理

采用信用证和托收付款时，全套单据必须随附托收项下的汇票，信用证项下的汇票采用光票收款。

（五）要明确区分"议付"与"付款"

（1）"议付"是指被授权议付的银行对汇票及/或单据付出对价的行为；而"付款"是开证行或其指定的代付行向信用证受益人或其代理人进行付款或支付其出具的汇票的行为。

（2）对于"议付"，议付行如因开证行无力偿付等原因而未能收回款项时，可向受益人追索；对于"付款"，开证行、保兑行或指定付款行一经付款就无权向收款人及其前手行使追索权。

第六节　争议预防条款的制定

一、检验条款

商品检验指由商品检验检疫机关对进出口商品的品质、数量、重量、包装、标记、产地、残损等进行查验分析与公证鉴定，并出具检验证明。

（一）合同检验条款的内容

检验条款的主要内容包括检验检疫机构、检验权与复验权、检验与复验的时间与地点、检验标准与方法以及商检证书。

1. 检验检疫机构

在国际贸易中，进行商品检验、检疫的机构主要有：①由国家设立的官方检验机构，如我国的中国进出口商品检验司及其他一些专业性检验与检疫部门；②由产品的生产或使用部门设立的检验、检疫机构；③由私人或同业公会、协会开设的公证、鉴定行，如瑞士日内瓦通用鉴定公司、英国劳合氏公证行、日本海事检定协会等。

2. 检验权与复验权

在国际货物买卖中,检验权与复验权指谁有权决定货物的品质、数量等是否符合合同的规定,作为卖方提交货物以及买方接受或拒收货物的法律依据。国际上通行的做法有三种。

(1) 在出口国检验。以货物离岸时的品质、重量为准,即以装船口岸商检机构出具的货物品质、重量证书作为货物是否符合合同品质、重量、包装的最后依据,这种做法显然对卖方有利。

(2) 在进口国检验。以货物到岸时的品质、重量为准,即合同中规定,商品在目的地(港)检验,以目的地(港)商检机构出具的货物品质、重量、包装证书作为合同中商品品质、重量、包装是否符合合同规定的最后依据,这种做法显然对买方有利。

(3) 出口国检验,进口国复验。以装运港的商检证书作为卖方提交货物议付货款的依据,货到目的港后,买方保留对货物再行检验的权利(即复验权),其检验结果作为买方是否接受货物并进行索赔的依据。这种做法符合买卖双方平等互利的原则,也是国际货物买卖中通行的做法。值得注意的是,在国际货物买卖中,"接收货物"与"接受货物"是两个概念。所谓"接受"是指买方认为货物品质、数量等方面均已符合合同的规定。英国 1979 年《货物买卖法》第 34 条规定:凡是事先未对货物进行检验的买方,都不能认为是已经接受了货物,因而并未丧失其拒收货物的权利。

3. 检验与复验的时间与地点

按照国际上通行的做法,检验的时间由买卖双方在合同中约定。买方通常应在货物到达目的港或卸货后若干天内对货物进行检验,这个期限也就是买方的索赔期限。超过了期限而不检验,买方则丧失复验权,也就是丧失了可能的索赔权。例如,买卖合同中规定:双方同意以××制造厂或公证行出具的品质及数量或重量检验证书作为有关信用证项下付款的单据之一。但货物的品质及数量或重量的检验按下列规定办理:货到目的港××天内由××检验局复验,如发现货损、货差,买方凭商检证书提出索赔。通常持有商检证书的受损方可向三方提出索赔:①保险公司。属保险公司承保范围的损失可凭保险单向保险公司提出索赔;②船公司或承运人。属船公司或承运人责任范围的损失,可凭提单向船公司或承运人提出索赔;③当事人。属买卖双方当事人责任范围的损失,可凭合同向责任人提出索赔。按照国际惯例,FOB、CIF、CFR 合同的复验地点是在目的港;如目的地不是港口或不适宜检验,则合同中应规定复验地可延伸至可以有效进行检验的地方。

4. 检验标准与方法

对同一种商品用不同的标准和方法检验,结果会大相径庭。所以应在合同中明确规定该项产品所适用的检验标准和方法。在国际贸易实践中,通常采用以下方法:①按买卖双方商定的标准和方法;②按生产国的标准和方法;③按进口国的标准和方法;④按国际标准或国际惯例的标准和方法,常见的有国际标准化组织(ISO)颁布的 ISO9000、ISO14000 等。随着全球经济一体化的发展,各国对进口产品的质量要求日益严格并朝着高标准或统一国际标准的方向发展,中国的出口商品只有不断朝着国际标准的方向努力,才能在激烈的国际市场竞争中生存和发展。

5. 商检证书

商检证书是商检机构出具的证明商品品质数量等是否符合合同要求的书面文件,是买卖双方交接货物、议付货款并据以进行索赔的重要法律文件。按照商品的性质及检验要求,商检证书主要有品质检验证、重量检验证、卫生(健康)检验证、消毒检验证、产地证、验残检验证以及根据某些国家的特殊法律或规定出具的特殊证书等。检验证书的法律效力如下:①是货物进、出海关的凭证;②是征收或减免关税的必备文件;③是买卖双方履行合同义务、交接货物、结算货款的有效凭证;④是计算运费的凭证;⑤是进行索赔、证明情况、明确责任的法律依据。

合同检验条款内容实例如下:

"It is mutually agreed that the Certificate of Quality and Weight(Quantity)issued by the China Exit and Entry Inspection and Quarantine Bureau at the port/place of shipment shall be part of the documents to be presented for negotiation under the relevant L/C. The Buyers shall have the right to reinspect the quality and weight (quantity) of the cargo. The re-inspection fee shall be borne by the Buyers. Should the quality and/or weight(quantity)be found not in conformity with that of the contract, the Buyers are entitled to lodge with the Sellers a claim which should be supported by survey reports issued by a recognized surveyor approved by the Sellers. The claim,if any, shall be lodged within 30 days after arrival of the cargo at the port/place of destination."

"买卖双方同意以装运港（地）中国出入境检验检疫局签发的质量和重量（数量）检验证书作为信用证项下议付所提交的单据的一部分，买方有权对货物的质量和/或重量（数量）与合同规定不符时，买方有权向卖方索赔，并提供经卖方同意的公证机构出具的检验报告。索赔期限为货物到达目的港（地）后30天内。"

（二）制定检验条款应注意的问题

（1）必须明确规定商品检验的时间和地点。在国际货物买卖合同中一般采用出口国检验、进口国复验的办法，由于买方只有在复验期限内复验并取得证书，才能作为提出索赔的依据，所以，要对复验的期限予以明确。

（2）必须明确检验标准和方法。对我国的出口商品，合同无规定或规定不明确的，按国家标准检验，无国家标准的按部颁标准检验，无部颁标准的按企业标准检验。

（3）检验条款应明确具体，并避免与信用证的规定相冲突而单证不符。

（4）必须确认有把握取得进口国规定的质量认证。有的国家规定，生产企业只有取得某项质量认证（如CE认证、ISO认证等）后，其生产的产品方允许进口。出口商应确认出口产品是否需要认证，要哪些认证，能否办到。

二、索赔条款

（一）合同索赔条款的内容

索赔与理赔是一个问题的两个方面，即对守约方而言是索赔，对违约方而言是理赔。在国际贸易中，索赔情况时有发生，特别是在市场剧烈动荡和价格瞬息万变的时候，更是频繁出现。索赔事件多发生在交货期、交货品质和数量等问题上。为了便于处理这类问题，买卖双方在合同中，一般都应订立索赔条款。索赔条款有两种规定方式，一种是异议与索赔条款（Discrepancy and Claim Clause）；另一种是罚金条款（Penalty Clause）。在一般货物买卖合同中，多数只订异议与索赔条款，该条款的内容，除规定一方如违反合同，另一方有权索赔外，还包括索赔期限、索赔依据和索赔办法等；而在大宗商品和机械设备合同中，除了订明异议与索赔条款外，往往还需另订罚金条款。罚金条款一般运用于卖方延期交货或者买方延迟开立信用证和延期接运货物等情况。罚金数额由交易双方商定。合同一方当事人未履行合同义务时应向对方支付约定金额的罚金，可见，罚金实质上就是违约金。

1. 异议与索赔条款

异议与索赔条款的内容，主要包括索赔的依据、索赔的期限、索赔的办法等。

（1）索赔的依据。在索赔条款中，一般都规定提出索赔应出具的证据和出证机构。如双方约定：货到目的港卸货后，若发现品质、数量或重量与合同规定不符，除应由保险公司或船公司负责者外，买方于货到目的港卸货后若干天内凭双方约定的某商检机构出具的检验证明向买方提出索赔。

（2）索赔的期限。守约方向违约方提出索赔的时限，应在合同中订明，如超过约定时限索赔，违约方可不予受理。因此，索赔期限的长短应当规定合适。在规定索赔期限时，应考虑不同商品的特性和检验条件。对于有质量保证期限的商品，合同中还应加订保证期。此外，在规定索赔期限时，还应对索赔期限的起算时间一并做出具体规定，通常有下列几种起算方法：

1) 货到目的港后××天起算。
2) 货到目的港卸离海轮后××天起算。
3) 货到买方营业处所或用户所在地后××天起算。
4) 货物检验后××天起算。

（3）索赔的办法。异议索赔条款对合同双方当事人都有约束力，不论何方违约，受损害方都有权提出索赔。鉴于索赔是一项复杂而又重要的工作，故处理索赔时，应弄清事实，分清责任，并区别不同情况，有理有据地提出索赔。至于索赔金额因订约时难以预卜，只能事后本着实事求是的原则酌情处理，故在合同中一般不作具体规定。

异议与索赔条款举例如下：

"买方对货物的任何异议必须于装运货物的船只到达提单指定目的港××天内提出，并须提供经卖方同意的公证机构出具的检验报告。"（Any claim by the Buyer regarding the goods shall be filed within ×× days after the arrival of the goods at the port of destination specified in the relative B/L and supported by a survey report issued by a surveyor approved by the Seller.）

2. 罚金或违约金条款

此条款一般适用于卖方延期交货或买方延期接运货物、拖延开立信用证、拖欠货款等场合。在买卖合同中规定罚金或违约金条款，是促使合同当事人履行合同义务的重要措施，能起到避免和减少违约行为发生的预防性作用，在发生违约行为的情况下，能对违约方起到一定的惩罚作用，对守约方的损失能起到补偿性作用。可见，约定此项条款，采取违约责任原则，对合同当事人和全社会都是有益的。

罚金或违约金与赔偿损失虽有相似之处，但仍存在差异，其差别在于：前者不以造成损失为前提条件，即使违约的结果，并未发生任何实际损害，也不影响对违约方追究违约金责任。违约金数额与实际损失是否存在及损失的大小没有关系，法庭或仲裁庭也不要求请求人就损失举证，故其在追索程序上比后者简便得多。

违约金的数额一般由合同当事人商定，我国现行合同法也没有对违约金数额作出规定，而以约定为主。按是否具有惩罚性，违约金可分为惩罚性违约金和补偿性违约金，世界大多数国家都以违约金的补偿性为原则，以惩罚性作为例外。根据我国合同法的规定，在确定违约金数额时，双方当事人应预先估计因违约可能发生的损害赔偿确定一个合适的违约金比率。在此需要着重指出的是，在约定违约金的情况下，即使一方违约未给对方造成损失，违约方也应支付约定的违约金。为了体现公平合理原则，如一方违约给对方造成的损失大于约定的违约金，守约方可以请求法院或仲裁庭予以增加；反之，如约定的违约金过分高于实际造成的损失，当事人也可请求法院或仲裁庭予以适当减少。但如约定的违约金不是过分高于实际损失，则不能请求减少，这样做既体现了违约金的补偿性，也在一定程度上体现了它的惩罚性。当违约方支付约定的违约金后，并不能免除其履行债务的义务。

罚金条款举例如下：

"若卖方不能如期交货，在卖方同意由付款行从议付货款中扣除罚金的条件下，买方可同意延期交货。但卖方须向买方支付不超过延期交货部分金额的5%的罚金。罚金按照每7天收取延期交货部分金额的 0.5%,不足 7 天按 7 天计算。如卖方未按合同规定的装运期交货,延期 10 周后,买方有权撤销合同,并要求卖方支付上述延期交货罚金。"(Should the Sellers fail to deliver on time, the Buyers shall agree to postpone the delivery on the condition that the Sellers agree to pay a penalty which shall be deducted by the paying bank from the payment under negotiation. But the Sellers shall pay to the Buyers an amount of penalty not exceeding 5% of the total value of the goods involved in the late delivery. The penalty is charged at 0.5% of the value of the goods whose delivery has been delayed for every seven days, odd days less than seven days should be counted as seven days. In case the sellers fail to make delivery ten weeks later than the time of shipment stipulated in the contract, the Buyers shall have the right to cancel the contract and the Sellers still pay the aforesaid penalty to the Buyers.)

(二)制定索赔条款应注意的问题

(1)明确索赔的对象。根据损失的原因和责任的不同,索赔有三种不同的情况。凡属合同当事人的责任造成的损失,可向责任方提出索赔;如是承保范围内的货物损失,应向保险公司索赔;如是承运人的责任造成的货物损失,则应向承运人索赔。

(2)索赔期限的确定要适当。索赔期限是指受损害一方有权向违约方提出索赔的期限。不同的商品应规定不同的索赔期限,按照法律和国际惯例,受损害一方只能在索赔的期限内提出索赔,否则即丧失索赔权。

三、不可抗力条款

(一)不可抗力的构件

不可抗力条款(Force Majeure,Act of God)是指合同订立以后发生的当事人订立合同时不能预见的、不能避免的、人力不可控制的意外事故,导致合同不能履行或不能按期履行。遭受不可抗力的一方可由此免除责任,而对方无权要求赔偿。

国际上,对不可抗力的含义及其叫法并不统一。在英美法系中,有"合同落空"(Frustration of Contract)原则的规定,其意思是指合同签订后,不是由于合同当事人的过失,发生了当事人意想不到的事件,致使订约目的受到挫折,从而造成"合同落空"。发生事件的一方,可据此免除责任。在大陆法系国家的法律中,有所谓"情势变迁"或"契约失效"原则的规定,其意思是指签订合同后,不是由于合同当事人的原因而发生了当事人预想不到的情况变化,致使合同不可能再履行或对原来的法律效力需作相应的变更。不过,法院对引用此项原则来免除履约责任的要求是很严格的。根据《联合国国际货物销售合同公约》规定,合同签订后,如发生了合同当事人订约时无法预见和事后不能控制的障碍,以致不能履行合同义务,则可免除责任。上述各种解释表明,各国对不可抗力尽管有不同叫法与说明,但其精神原则大体相同。

一般情况而言,不可抗力来自两个方面:自然条件和社会条件。前者如水灾、旱灾、地震、海啸、泥石流等,后者如战争、暴动、罢工、政府禁令等。在美国习惯上认为不可抗力仅指由于"自然力量"(Act of God)引起的意外事故,不包括社会力量引起的意外事故,所以在美国的贸易合同中,往往不使用"不可抗力"一词,而称之为"意外事故"条款(Contingency Clause)。"不可抗力"是一个有确切含义的法律概念,并不是所有的意外事故都可构成不可抗力。有时当事人在合同中改变了不可抗力概念通常的含义,因此需要在合同中订明双方公认的不可抗力事故。具体来说,构成不可抗力事故应具备以下四个条件:

(1)该事故是在合同订立以后发生的。如果在订立合同时,当事人就已经知道或应当知道意外事故的存在,这种意外事故不能作为不可抗力。

（2）事故是在订立合同时，双方不能预见的。通常认为，货币贬值、价格涨落是普通的商业风险，作为商人，这是应当预见的职业常识，不能算不可抗力。

（3）事故不是由任何一方的疏忽或过失引起的。由一方的过失引起意外火灾发生，导致合同不能履行或不能按期履行，则视同违约，违约方要承担损害赔偿责任。

（4）事故的发生是不可避免且是人力不能抗拒、不能控制的。如地震和海啸是无论如何防范也不能避免、不能抗拒的。此外，不能简单地把没有做过的事都看作不可能的事。一些意外事故的发生，并没有使合同履行成为不可能，而仅仅是使履行变得非常麻烦，或需要支出庞大的费用。在这种情况下，不能援引不可抗力免除当事人的责任。

（二）不可抗力条款的内容

不可抗力条款的主要内容包括：不可抗力的含义、范围以及不可抗力引起的法律后果、当事人的权利和义务等，其通常包括下列主要内容。

1. 不可抗力的性质与范围

不可抗力事件有其特定的含义，并不是任何一种意外事件都可作为不可抗力事件。不可抗力事件的范围较广，通常分为下列两种情况：一种是由于自然力量引起的事件，如水灾、旱灾、冰灾、雪灾、雷电、火灾、暴风雨、地震、海啸等；另一种是政治或社会原因引起的，如政府颁布禁令、调整政策制度、罢工、暴动、骚乱、战争等。关于不可抗力事件的性质与范围，通常有下列几种规定办法。

（1）概括规定。在合同中不具体规定哪些事件属于不可抗力事件，而只是笼统地规定："由于公认的不可抗力的原因，致使卖方不能交货或延期交货，卖方不负责任"；或"由于不可抗力事件使合同不能履行，发生事件的一方可据此免除责任"。这类规定办法过于笼统，含义模糊，解释伸缩性大，容易引起争议，不宜采用。示例如下：

"如由于不可抗力的原因，致使卖方不能全部或部分装运，或延迟装运合同货物，卖方对于这种不能装运，或延迟装运本合同货物不负有责任。但卖方须用电报或电传通知买方，并须在 15 天内，以航空挂号信件向买方提交由中国国际贸易促进委员会出具的证明此类事件的证明书。"

If the shipment of the contracted goods is prevented or delayed in whole or in part due to Force Majeure, the Seller shall not be liable for non-shipment of late shipment of the goods of this contract. However, the Seller shall notify the Buyer by cable or telex and furnish the letter within 15 days by registered airmail with a certificate issued by the China Council for the Promotion of International Trade attesting such event or events.

（2）具体规定。在合同中详列不可抗力事件，这种一一列举的办法，虽然明确具体，但文字烦琐，且可能出现遗漏情况，因此，也不是最好的办法。示例如下："如由于战争、地震、水灾、暴风雨、雪灾等原因，致使卖方不能全部或部分装运或延迟装运合同货物，卖方对于这种不能装运或延迟装运本合同货物不负有责任。但卖方须用电报或电传通知买方，并须在 15 天以内，以航空挂号信件向买方提交由中国国际贸易促进委员会出具的证明此类事件的证明书。"

If the shipment of the contracted goods is prevented or delayed in whole or in part by reason of war, earthquake, flood, storm, heavy snow, the Seller shall not be liable for non-shipment or late shipment of the goods of this contract. However, the Seller shall notify the Buyer by cable or telex and furnish the letter within 15 days by registered airmail with a certificate issued by the China Council for the Promotion of International Trade attesting such event or events.

（3）综合规定。列明经常可能发生的不可抗力事件（如战争、洪水、地震、火灾等）的同时，再加上"以及双方同意的其他不可抗力事件"的文句。这种规定办法,既明确具体,又有一定的灵活性,是一种可取的办法。在我国进出口合同中,一般都采取这种规定办法。示例如下:

"如由于战争、地震或其他不可抗力的原因致使卖方对本合同项下的货物不能装运或迟延装运,卖方对此不负任何责任。但卖方应立即通知买方并于15天内以航空挂号函件寄给买方由中国国际贸易促进委员会出具的证明发生此类事件的证明书。"

If the shipment of the contracted goods is prevented or delayed in whole or in part by reason of war, earthquake or other causes of Force Majeure, the Seller shall not be liable. However, the Seller shall notify the Buyer immediately and furnish the letter by registered airmail with a certificate issued by the China Council for the Promotion of International Trade attesting such event or events.

2. 不可抗力事件的处理

发生不可抗力事件后,应按约定的处理原则和办法及时进行处理。不可抗力的后果有两种:一是解除合同;二是延期履行合同。究竟如何处理,应视事故的原因、性质、规模及其对履行合同所产生的实际影响程度而定。不可抗力的法律后果是免除遭受不可抗力一方的责任,而不是解除合同。解除合同还是延迟履行合同,取决于不可抗力是持续相当一个时期还是暂时的、对合同履行的影响程度如何、合同的标的是金钱交付还是提交货物。一般而言,没有任何意外事故可以解除当事人履行金钱债务的义务。如果提交的货物是特定物,发生灭失可以解除合同;如是种类物,而在客观上不是不能提供这种货物时,即使发生不可抗力也不能解除卖方的履约义务。此外,在考虑免除遭受不可抗力一方责任时,还要看意外事故与当事人未履行或不能按期履行合同之间是否存在因果关系。例如,港口工人的罢工不影响钢铁厂的生产,因此钢铁厂不能以发生港口罢工拒绝履行合同;但如罢工导致钢铁厂所需矿石不能及时卸货因而影响生产的继续进行,这种罢工就可以成为影响合同履行的不可抗力。

3. 不可抗力事件的通知和证明

不可抗力事件发生后如影响合同履行,发生事件的一方当事人应按约定的通知期限和通知方式,将事件情况如实通知对方,对方在接到通知后应及时答复,如有异议也应及时提出。此外,发生事件的一方当事人还应按约定办法出具证明文件,作为发生不可抗力事件的证据。在国外,这种证明文件一般由当地的商会或法定公证机构出具。在我国,由中国国际贸易促进委员会出具。发生不可抗力后,受不可抗力事故影响的一方应立即将发生的不可抗力事故、对合同的影响程度以及要求停止履行或延期履行合同的意图通知对方,并由当地商会出具证明,证明事故的发生、时间、地点,对合同的影响程度。遭受不可抗力一方还要采取一切合理可能的措施减轻由于意外事故造成的损失;一方在接到通知后,不论是否同意对方的要求都应及时作出回答。最后,由法院或仲裁庭确认事故是否是免除当事人责任的不可抗力事故。

(三)制定不可抗力条款应注意的问题

(1)在国际贸易中,不可抗力的含义及其叫法并不统一。在英美法中,有"合同落空"原则;大陆法系中有所谓"情势变迁"或"契约失效"原则。尽管各国对不可抗力有不同的叫法与说明,但其精神原则大体相同。

(2)不可抗力事故的范围,应采用我国最常用的规定方法,即综合规定的办法在买卖合同中订明。

(3)明确规定不可抗力事件发生后向对方提交证明书的期限。实际业务中常规定事故发生时立即电告买方,并在事故发生后15天内航邮证明书。

(4)明确规定不可抗力事件发生后出具证明文件的机构,在我国应注明由中国国际贸易促进委员会（即中国国际商会）出具。

四、仲裁条款

（一）国际贸易争议的解决方式

国际贸易争议的解决方式由国际贸易活动中的当事人在相关合同或协议中协商确定。实践中常用的国际贸易争议解决方式有协商、调解、国际贸易仲裁和国际贸易诉讼，每一种方式均有利弊。这些方式可单独使用，也可联合使用。

1. 协商

协商是争议当事人在争议发生后最优先选择采用的争议解决方法。它是指国际贸易活动的当事人在发生争议后，以双方的自愿为基础，针对所发生的争议进行口头或书面的磋商或谈判，自行达成和解协议来解决纠纷的方式。

2. 调解

调解是在当事人之外的中立第三方的主持下，由第三方以中间人的身份在分清是非和责任的基础上，根据法律和合同规定，参考国际惯例，从中帮助和促使争议各方在互谅互让的基础上达成公平的调解协议，解决各方争议。该第三方称为"调解人"。调解方式主要源于中国。在调解方面，一些国际组织或商会以及一些国家通过了调解规则。如联合国国际贸易法委员会于1980年通过了《联合国国际贸易法委员会调解规则》，供当事人选用。该规则对调解作了详细规定。此外，国际商会还于1988年1月1日通过了《调解与仲裁规则》。

3. 仲裁

仲裁（Arbitration）一词来自拉丁文，指争议当事人通过协议方式将争议提交第三方（仲裁机构）进行裁决解决的方式。国际贸易仲裁是国际商事仲裁的一种，概括而言，它是指国际贸易活动的各方当事人自愿将其争议提交第三者进行审理并做出仲裁裁决的方式。

4. 诉讼

国际贸易诉讼是国际民事诉讼的一种，它是指国际贸易争议当事人将其争议提交某一国家的法院予以审理并作出判决的争议解决方法。

（二）仲裁协议的形式和作用

1. 仲裁协议的形式

仲裁协议有两种形式：一种是在争议发生之前订立的，它通常作为合同中的一项仲裁条款（Arbitration Clause）出现；另一种是在争议发生之后订立的，它是把已经发生的争议提交仲裁的协议（Submission）。这两种形式的仲裁协议，其法律效力是相同的。

2. 仲裁协议的作用

（1）约束双方当事人只能以仲裁方式解决争议，不得向法院起诉。

（2）排除法院对有关案件的管辖权，如果一方违背仲裁协议，自行向法院起诉，另一方可根据仲裁协议要求法院不予受理，并将争议案件退交仲裁庭裁断。

（3）仲裁机构取得对争议案件的管辖权。

上述三项作用的中心是第二条，即排除法院对争议案件的管辖权。因此，双方当事人不愿将争议提交法院审理时，就应在争议发生前在合同中规定出仲裁条款，以免将来发生争议后，由于达不成仲裁协议而不得不诉诸法院。根据中国法律，有效的仲裁协议必须载有请求仲裁的意思表示、选定的仲裁委员会和约定仲裁事项（该仲裁事项依法应具有可仲裁性）；必须是书面的；当事人具有签订仲裁协议的行为能力；形式和内容合法。否则，依中国法律，该仲裁协议无效。

（三）合同仲裁条款内容

仲裁条款的主要内容有仲裁机构、适用的仲裁程序规则、仲裁地点及裁决效力等。

1. 仲裁机构

国际上或世界各国的仲裁机构都是民间性质的，主要有两种：

（1）由常设的仲裁机构进行仲裁。这些常设机构又可分为三类：①国际性或区域性仲裁机构，如国际商会仲裁院、亚洲及远东经济委员会商事仲裁中心等；②全国性仲裁机构，如英国伦敦仲裁院、美国仲裁协会、瑞典斯德哥尔摩商会仲裁院等；③设立在某一行业内的专业仲裁机构，如伦敦羊毛终点市场协会、伦敦谷物贸易协会等。

（2）设立临时性仲裁庭解决争议。即由双方当事人指定仲裁员自行组成仲裁庭裁决，案件处理完毕仲裁庭自动解散。

在中国，常设仲裁机构是中国国际经济贸易仲裁委员会和海事仲裁委员会等。

2. 仲裁程序规则

仲裁程序规则规定进行仲裁的具体手续与做法，其中包括仲裁申请、指定仲裁员、仲裁庭组成、审理、答辩、裁决及其效力等。一般说来，仲裁机构与仲裁规则是有联系的。每一个常设仲裁机构都自行制定自己的仲裁程序规则，而且在一般情况下，在哪一个仲裁机构仲裁就采用哪一机构的仲裁程序规则。但这也不尽然，例如，1976年联合国国际贸易法委员会制定的仲裁程序规则就没有相应的常设仲裁机构，它是供临时仲裁庭由当事人选择适用；或由当事人选择的某常设仲裁机构应当事人的要求予以适用。

3. 仲裁地点

仲裁地点往往决定仲裁所适用的规则以及按哪一国冲突规范确定合同的实体法，因此在国际贸易仲裁中，争议双方都力图在本国进行仲裁。按照国际上通常的做法，仲裁条款中规定的仲裁地可以是：①买方国家；②卖方国家；③双方商定的第三国；④在仲裁条款中对仲裁地点不作明确规定，留待争议发生后由仲裁员根据案件的具体情况加以确定。

4. 裁决效力

裁决效力指裁决的终局性、强制性以及是否可对裁决进行上诉的问题。

一般来说裁决是一次性的、终局的，对双方都有约束力。凡订有仲裁协议的双方，不得向法院起诉。但在下列情况下，裁决可由法院宣布无效：①双方没有达成仲裁协议；②不属于提交仲裁的事项；③仲裁庭组成不当；④仲裁员无资格；⑤仲裁员行为不当；⑥裁决做出后发现了新的事实和证据；⑦裁决是根据伪证作出的等。

（四）中国通常采用的仲裁条款的格式

我国根据独立自主、平等互利的原则，并参照国际上的习惯做法，在总结实践经验的基础上，各公司一般采用下列三种仲裁条款格式。

1. 在中国仲裁的条款格式

"凡因执行本合同所发生的或与本合同有关的一切争议，双方应通过友好协商解决；如果协商不能解决，应提交北京中国国际经济贸易仲裁委员会，根据该会的仲裁规则进行仲裁。仲裁裁决是终局的，对双方都有约束力。仲裁费用除仲裁庭另有规定外，均由败诉方负担。"

All disputes in connection with this contract or arising from the execution of that, shall be settled through negotiation in case no settlement can be reached between the two parties,the case under disputes shall be submitted to China International Economic and Trade Arbitration Commission, Beijing, for arbitration in accordance with its Rules of Arbitration.The arbitral award is final and binding upon both parties. The arbitration fee shall be borne by the losing party unless otherwise awarded by the arbitration court.

2. 在被申请人所在国仲裁的条款格式

"凡因执行本合同所发生的或与本合同有关的一切争议，双方应通过友好协商解决。如果协商不能解决，应提交仲裁。仲裁在被诉人所在国进行。在中国，由中国国际经济贸易仲裁委员会根据该会仲裁规则进行仲裁。在×××（被诉人所在国名称）由××××（被诉人所在国仲裁机构名称）根据该会的仲裁规则进行仲裁。仲裁裁决是终局的，对双方都有约束力。仲裁费用除仲裁庭另有规定外，均由败诉方负担。"

All disputes arising from the execution of, or in connection with this contract shall be settled amicably through friendly negotiation. In case no settlement can be reached through negotiation, the case shall be submitted for arbitration. The location of arbitration shall be in the country of the domicile of the defendant. If in China, the arbitration shall be conducted by the China International Economic and Trade Arbitration Commission, Beijing in accordance with its Rules of Arbitration. If in…the arbitration shall be conducted by…in accordance with its arbitral rules. The arbitral award is final and binding upon both parties. The arbitration fee shall be borne by the losing party unless otherwise awarded by the arbitration court.

3. 在第三国仲裁的条款格式

"凡因执行本合同所发生的或与本合同有关的一切争议，双方应通过友好协商解决。如果协商不能解决，应提交××××（第三国及其仲裁机构名称），根据该会的仲裁规则进行仲裁。仲裁裁决是终局的，对双方都有约束力。仲裁费用除仲裁庭另有规定外，均由败诉方负担。"

All disputes arising from the execution or in connection with this contract, shall be settled amicably through friendly negotiation. In case no settlement can be reached through negotiation, the case shall then be submitted to…for arbitration in accordance with its arbitral rules of procedure. The arbitral award is final and binding upon both parties. The arbitration fee shall be borne by the losing party unless otherwise awarded by the arbitration court.

（五）仲裁裁决的执行

仲裁裁决对双方当事人都具有法律上的约束力，当事人必须执行。如果双方当事人都在本国，若一方不执行裁决，另一方可请求法院强制执行。如果一方当事人在国外，则涉及一个国家的仲裁机构所作出的裁决要由另一个国家的当事人去执行的问题；在此情况下，若国外当事人拒不执行裁决，则只有到国外法院去申请执行，或通过外交途径要求对方国家有关主管部门或社会团体（如商会、同业公会）协助执行。为了解决在执行外国仲裁裁决问题上的困难，国际上除通过双边协定就相互承认与执行仲裁裁决问题作出规定外，还订立了多边国际公约。1958年6月10日联合国在纽约召开了国际商事仲裁会议，签订了《承认与执行外国仲裁裁决公约》（Convention on the Recognition and Enforcement of Foreign Arbitral Award），简称《1958年纽约公约》。该公约强调了两点：一是承认双方当事人所签订的仲裁协议有效；二是根据仲裁协议所作出的仲裁裁决，缔约国应承认其效力并有义务执行。只有在特定的条件下，才根据被诉人的请求拒绝承认与执行仲裁裁决。例如裁决涉及仲裁协议未提到的，或不包括在仲裁协议之内的一些争议；仲裁庭的组成或仲裁程序与当事人所签仲裁协议不符等。

1986年12月第6届全国人民代表大会常务委员会第18次会议决定中华人民共和国加入上述《1958年纽约公约》，并同时声明：

（1）中华人民共和国只在互惠的基础上对在另一缔约国领土内作出的仲裁裁决的承认和执行适用该公约。

（2）中华人民共和国只对根据中华人民共和国法律认定为属于契约性和非契约性商事法律关系所引起的争议适用该公约。

我国政府对上述公约的加入和所作的声明，不仅为我国承认与执行外国仲裁裁决提供了法律依据，而且也有利于我国仲裁机构所作出的裁决在国外公约成员国内的执行。

五、法律适用条款

国际货物买卖合同是在营业地分处不同国家的当事人之间订立的。由于各国政治、经济、法律制度不同，就产生了法律冲突和法律适用问题。当事人在合同中明确宣布合同适用何国法律的条款称作法律适用条款或法律选择条款。

国际贸易争议的法律适用是指在国际贸易争议发生后，适用哪个国家的法律解决争议。由于国际贸易争议的当事人处于不同国家、地区或争议的标的物做跨越国界的移动，因而涉及两个以上国家的法律管辖问题；而各个国家对同一问题的法律规定又不尽相同，因而正确选择解决争议所适用的法律对维护各方当事人的利益至关重要。国际贸易争议的法律适用包括程序法的适用和实体法的适用。

（一）实体法的适用

实体法主要包括国内法、国际公约、国际惯例。在实体法的适用方面主要遵守以下原则：根据意思自治原则，各国都允许当事人通过合同自由选择合同适用的法律。这些法律可以是当事人的国内法（买方或卖方国家的法律或是第三国法律），也可以是与合同有联系或无联系的法律；还可以是国际公约，也可以是国际商业惯例。在选择实体法时，可以有以下三种方法：

（1）单一选择。即在合同中明确指明合同适用某一国家的法律（本国的或外国的）作为合同的准据法。

（2）多边选择。即规定整个合同受一国法律管辖、特定条款受另一国法律管辖。

（3）无准据法。即当事人法。合同中规定，合同除受其本身条款约束外，不受任何国家的法律管辖，或由于某种原因，当事人在合同中未规定合同适用的法律。在这种情况下，仲裁机构或法院通常为当事人寻求解决合同争议的准据法，特别是当某一特定法律很明显与该合同有"最密切联系"的时候。在国际货物买卖中，通常卖方是给合同以实质履行的一方，因此在双方未规定合同适用的法律时，按照与合同有"最密切联系"的原则，多适用卖方国家的法律。如我国《民法通则》第145条规定："涉外合同的当事人可以选择处理合同争议所适用的法律，法律另有规定的除外。涉外合同的当事人没有选择的，适用与合同有最密切的联系的国家的法律。"我国《合同法》第126条也有类似规定。

（二）程序法的适用

程序法主要包括国内法、国内仲裁机构制定的仲裁规则、国际公约。程序法的适用包括仲裁法律的选择和仲裁规则的选择。

（1）仲裁法律的选择。大多数国家规定采用属地法原则，即凡在本国仲裁都要适用本国仲裁法。

（2）仲裁规则的选择。仲裁规则的选择有以下方式：①必须依照仲裁机构的仲裁规则进行仲裁；②按照当事人选择的仲裁规则进行仲裁。

※应用案例分析 7-1

2018年7月5日，厦门易通科技有限公司拟定售货确认书并寄送给 DYNASTY 公司。

XIAMEN YITONG TECHNOLOGY CO., LTD

NO.163 SIMING ROAD, XIAMEN, FUJIAN, CHINA

TEL: (0592)24588666   FAX: (0592)24588999

SALES CONFIMATION

To: DYNASTY DEVELOPMENT CAMPANY

R. XAVIER CORDIEIRO 63-6

LISBON, PORTUGAL

S/C No. FYEE2018C748

Date: Jul. 5, 2018

This Sales Contract is made by and between Seller and Buyer, whereby the Seller agree to sell and the Buyer agree to buy the under-mentioned goods according to the terms and conditions stipulated below:

Specification of Goods	Quantity	Unit price	Amount
GM85S 1080P CAMERA		CIFC5 LISBON	
FD-C84-R1	828PCS	USD19.21/PC	USD15905.88
FD-C84-R2	828PCS	USD33.22/PC	USD27506.16
TOTAL	1656PCS		USD43412.04

TOTAL AMOUNT: SAY US DOLLARS FORTY THREE THOUSAND FOUR HUNDRED AND TWELVE AND FOUR CENTS ONLY.

Packing: FD-C84-R1 SIX PCS IN A CARTON, 138 CARTONS IN ONE 20' CONTAINER. ALL IN ONE 20' CONTAINER;

   FD-C84-R2 SIX PCS IN A CARTON, ALL IN 138 CARTONS IN ONE 20' CONTAINER.

Shipping Marks: DDC

   FYEE2018C748

   LISBON

   C/NO. 1-UP

Time of Shipment: During Aug, 2018

Loading Port and Destination: From FUZHOU to LISBON

Partial shipment: allowed

Transshipment: allowed

Insurance:	To be effected by the seller for 110% invoice value covering all risks and strike risks.
Terms of Payment:	By L/C at 30 days after sight, reaching the seller before Aug. 5, 2018, and remaining valid for negotiation in China for further 15 days after the effected shipment.
Remarks:	L/C must mention this contract number. L/C advised by BANK OF CHINA.

Signed by:

THE SELLER:	
XIAMEN YITONG TECHNOLOGY CO., LTD.	**THE BUYER:**
ZHANGGUO	

REMARKS:

1. The buyer shall have the covering L/C reach the Seller 30 days before shipment, failing which the Seller reserves the right to rescind without further notice, or to regard as still valid whole or any part of this contract not fulfilled by the Buyer, or to lodge a claim for losses thus sustained, if any.

2. In case of any discrepancy in Quality, claim should be filed by the Buyer within 30 days after the arrival of the goods at port of destination; while for quantity discrepancy, claim should be filed by the Buyer within 15 days after the arrival of the goods at port of destination.

3. For transactions concluded on C.I.F. basis, it is understood that the insurance amount will be for 110% of the

invoice value against the risks specified in the Sales Confirmation. If additional insurance amount or coverage required, the Buyer must have the consent of the Seller before Shipment, and the additional premium is to be borne by the Buyer.

4. The Seller shall not hold liable for non-delivery or delay in delivery of the entire lot or a portion of the goods hereunder by reason of natural disasters, war or other causes of Force Majeure, However, the Seller shall notify the Buyer as soon as possible and furnish the Buyer within 15 days by registered airmail with a certificate issued by the China Council for the Promotion of International Trade attesting such event(s).

5. All deputies arising out of the performance of, or relating to this contract, shall be settled through In case no settlement can be reached through negotiation, the case shall then be submitted to the China negotiation. International Economic and Trade Arbitration Commission for arbitration in accordance with its arbitral rules. The arbitration shall take place in Shanghai. The arbitral award is final and binding upon both parties.

6. The Buyer is requested to sign and return one copy of this contract immediately after receipt of the same. Objection, if any, should be raised by the Buyer within 3 working days otherwise it is understood that the Buyer has accepted the terms and conditions of this contract.

7. Special conditions: (These shall prevail over all printed terms in case of any conflict.)

模拟练习题

1. 试翻译下列品名、数量、包装条款。

（1）Description of goods: Ladies coat, style No: 118899

   Shell: woven twill 100% cotton22S*18S/130*64 stone washed

   Lining: 100% polyester 230T

   Padding: 100% polyester, body 120g/m², sleeve 100g/m²

（2）Chinese Groundnut 2016 Crop. F.A.Q.;

   Moisture (max.) 13%;

   Admixture (max.) 5%;

   Oil Content (min.) 44%.

（3）Chinese Grey Duck Down With 90% down content, 1% more or less allowed.

（4）Christmas Bear, No. S312, 16 cm, wearing a hat and scarf. Details under the August 20, 2017 the seller send the sample.

（5）10000 metric tons, 5% more or less at Seller's option.

（6）500000 square meters, 3% telescopic amplitude by the sellers, mounting part according to the shipment date to market, but does not exceed the contract price.

（7）20 pieces to a box, 10 boxes to a carton, 500 cartons.

（8）In iron drums, net weight 185～190 kg.

（9）In new single gunny bags of about 100kgs each.

（10）Goods are in neutral packing and buyer's labels must reach the seller 45 days before the month of shipment.

（11）Each package of paper and with a plastic bag, each packed in a sturdy new wooden play / carton, suitable for long-distance shipping, moisture, shock, rust-resistant rough handling.

2. 试翻译下列装运、保险、支付条款。

（1）Terms of shipment: The seller shall ship the goods within the shipping date from the port of shipment to the port of destination. Transshipment is not allowed.

（2）The products must delivery within 30 days after received 100% payment from Buyer, allowing transshipment and partial shipment .

（3）Shipment during Jan. /Feb. 2018 in two equal monthly lots (in two equal monthly Shipments), transshipment to be allowed.

（4）Shipment during Oct./ Nov./Dec. 2017, with partial shipments and transshipment allowed.

（5）Insurance: Insurance shall be covered by the seller for 110% of the invoice value against all risks and strike risks including risk of clashing and Breakage

（6）Insurance:To be effected by the seller for 110% invoice value covering all risks and war risks.

（7）Insurance : To be covered by the Seller for 110% of total invoice value against F.P.A.and war risks as per the relevant Ocean Marine Cargo Clauses of the People's Insurance Company of China dated 1/1 2009.

（8）Insurance: To be covered by the Sellers for the full invoice value plus 10% against all risks and war risks as per and subject to the relevant ocean marine cargo clauses of the People's Insurance Company of China, dated Jan. 1,2009. If the Buyers desire to cover for any other extra risks besides aforementioned of amount exceeding the aforementioned limited, the sellers' approval must be obtained beforehand and all the additional premiums thus incurred shall be for the Buyers' account.

（9）Terms of payment: 100% of the total value will be paid by L/C at 90 days sight.

（10）By L/C at 30 days after sight, reaching the seller before June 5, 2018, and remaining valid for negotiation in China for further 15 days after the effected shipment.

（11）The Buyers shall open through a bank acceptable to the Sellers an Irrevocable Sight Letter of Credit to reach the Sellers 30 days before the month of shipment. Valid for negotiation in China until the 15th day after the month of shipment.

3. 试翻译以下合同条款。

（1）Inspection: The Seller shall have the goods inspected by 15 days before the shipment and have the Inspection Certificate issued by German Inspection Bureau. The Buyer may have the goods reinspected by CCIQ after the goods arrived at the destination.

（2）Claims: Within 90 days after the arrival of goods at destination should be quality, specifications or quantity be found not in conformity with the stipulations of the contract except those claims for which the insurance company or the owners of the vessel are liable. The buyers shall, on the strength of the inspection certificate issued by CCIQ have the right to claim for replacement with new goods or for compensation and all the expenses (such as inspection charges, freight for returning the goods and for sending the replacement insurance premium) shall be borne by the sellers.

（3）Disputes in connection with this contract or the execution thereof shall be settled through friendly negotiation, in case no settlement can be reached through negotiations, the case under dispute shall be submitted for arbitration to the China Economic and Trade Arbitration Commission Beijing in accordance with the provisional rules of procedures promulgated by the said arbitration commission. The award of the arbitration shall be final and binding upon both parties for revising the decision. The arbitration fee shall be borne by the losing part.

（4）Force Majeure: The seller shall not be held responsible for any delay in delivery or non-delivery of the goods due to force Majeure, which might occur during the process of manufacturing or in the course of loading or transit. However, the seller shall advise the buyer immediately of such occurrence and within 14 days thereafter, the seller shall send by airmail to the buyers for their acceptance a certificate of the accident issued by the competent government authorities of the place where the accident occurs as evidence thereof.

（5）Complements and other terms: This contract is made in two originals, one original to be held by each party. The original pieces have the same law effect to each party.

4. 根据以下题目要求和说明缮制一份销售合同，注意条款的正确和完整。

题目名称	签订出口合同
基本要求	根据下述成交条件签订出口合同，要求格式清楚、条款明确、内容完整。 合同号：RB09245。
相关说明	经过多次交易磋商，龙华贸易有限公司和芬兰QUA公司就节能灯的各项交易条件达成共识，概括如下： 1. 卖方（Seller）： 龙华贸易有限公司 LONGHUA TRADING COMPANY LIMITED 152 ZHENGLONG ROAD,BEIJING,CHINA 2. 买方（Buyer）： QUA COMPANY LIMITED,FINLAND AKEDSANTERINK AUTO P.O.BOX9,FINLAND 3. 货号品名规格： TRIANGLE BRAND 3U-SHAPE ELECTRONIC ENERGY SACING LAMP TR-3U-A　110V　5W　5000PCS　USD2.50/PC TR-3U-A　110V　7W　5000PCS　USD3.00/PC TR-3U-A　110V　22W　5000PCS　USD3.80/PC TR-3U-A　110V　26W　5000PCS　USD4.20/PC 允许10%溢短装 4. 唛头： 出货前客户通知。 5. 成交价格条件： CIF HANKO。 6. 包装条件： 纸箱包装。每箱50只。 7. 交货/装运条件： 装运期为2017年8月，允许分批装运及转运。 8. 出口港：北京 进口港：HANKO 9. 保险条件： 由卖方按CIF成交金额的110%投保中国人民保险公司海运货物水渍险、碰损破碎险和战争险。 10. 付款条件： 即期信用证 11. 合同签订时间及地点：2017年6月3日于北京

第四篇　履行合同阶段

在我国的出口业务中，多采用 CIF 价格条件成交、信用证支付及海洋运输方式。在该条件下，出口合同的履行主要有备货、审证、租船订舱和制单结汇四个环节。下面以 CIF 为例说明出口合同的履行过程。

第八章　信用证的审核与修改

教学目标

通过本章的学习，了解信用证的基本内容，特别是 SWIFT 跟单信用证的项目和主要信用证条款，掌握信用证审核的要点和处理原则，能够提出信用证的审核意见和修改意见；熟悉信用证修改的程序，熟悉信用证修改函的内容和撰写要求；掌握 UCP600 条款，能够结合具体贸易背景正确审核信用证。

教学要求

知识要点	能力要求	相关知识
信用证的主要条款	（1）熟悉信用证的基本内容 （2）掌握 SWIFT 跟单信用证的基本项目 （3）熟悉信用证的基本条款 （4）熟悉信用证的应用案例分析 （5）学会翻译信用证全文内容	（1）SWIFT 跟单信用证项目 （2）《跟单信用证统一惯例》（UCP600）
信用证的审核	（1）掌握信用证的审核要点和处理原则 （2）学会辨认信用证的软条款 （3）掌握信用证审核的模拟操作	（1）信用证审核要点 （2）信用证软条款
信用证的修改	（1）熟悉信用证的修改程序 （2）熟悉信用证的常见修改条款 （3）熟悉信用证的改证函 （4）掌握信用证修改的模拟操作	（1）信用证修改条款 （2）改证函

信用证是银行用以保证进口方有支付能力的凭证。信用证是国际贸易中使用最普遍的付款方式，受益人（通常为出口人）在提供了符合信用证规定的有关单证的前提下，开证行承担第一付款责任，其性质属于银行信用。应该说在满足信用证条款的情况下，利用信用证付款既安全又快捷。

第一节　信用证的基本内容

一、信用证的当事人

（1）开证申请人（Applicant）。向开证银行申请开立信用证的人，一般是进口人。在信用证中又称开证人或申请人。除了常用的"applicant"以外，还可以表示为：opener、principal、at the request Messrs、on behalf of Messrs、by order of Messrs 等。

（2）开证银行（Opening Bank，Issuing bank，Establishing Bank）。接受开证申请人的委托，开立信用证的银行，它承担按信用证规定条件保证付款的责任，它代替开证申请人成为信用证中的第一付款人。

（3）通知银行（Advising Bank，Notifying Bank）。受开证行的委托，将信用证转交出口人的银行。它只证明信用证的表面真实性，不承担其他义务。

（4）受益人（Beneficiary）。信用证上所指定的有权使用该证的人，一般为出口人。信用证中的受益人还可用以下词语来表示：favouring yourselves，in one's favour，in favour of。

（5）议付银行（Negotiating Bank，Negotiation Bank）。开证行指定的或自愿买入出口商信用证项下汇票和单据的银行。

（6）付款银行或称代付行（Paying Bank，Payment Bank）。信用证中指明履行付款责任的银行，一般为开证行，也可以是开证行所指定的银行。无论汇票的付款人是谁，付款行必须对提交了符合信用证要求的单据的出口人履行付款的责任。

（7）保兑行（Confirming Bank）。应开证行或受益人的申请在信用证上加批保证兑付的银行，它和开证行处于相同的地位，即对于汇票（有时无汇票）承担不可撤销的付款责任。

（8）偿付行（Reimbursement Bank）。又称清算银行（Clearing Bank），是接受开证银行在信用证中委托代开证行偿还垫款的第三国银行。

表 8-1　常见银行中英文对照

银 行 名 称	英 文 名 称
中国银行	BANK OF CHINA
中国农业银行	AGRICULTURAL BANK OF CHINA
中国建设银行	CHINA CONSTRUCTION BANK
中国民生银行	MINSHENG BANKING CORP.，LTD
中国工商银行	INDUSTRIAL AND COMMERCIAL BANK OF CHINA
中国光大银行	CHINA EVERBRIGHT BANK
兴业银行	INDUSTRIAL BANK CO.，LTD
交通银行	BANK OF COMMUNICATIONS CHINA
上海浦东发展银行	SHANGHAI PUDONG DEVELOPMENT BANK
深圳发展银行	SHENZHEN DEVELOPMENT BANK CO.，LTD

二、关于信用证本身的说明

（一）信用证号码（L/C No.）

一般由开证行决定。

（二）信用证开证日期

开证日期（Issuing Date）是开证行开立信用证的日期。开证日期也可表述为"Date of Issue"。信用证中必须明确表明开证日期。如果信用证中没有开证日期字样，则视开证行的发电日期（电开信用证）或抬头日期（信开信用证）为开证日期。

确定信用证的开证日期非常重要，特别是需要使用开证日期计算其他时间或根据开证日期判断所提交单据日期是否在开证日期之后等情况时更为重要。同时，开证日期还表明进口商是否是根据外贸合同规定的开证期限开立的信用证。

（三）信用证有效期限和到期地点

信用证的有效期限（Expiry Date）是指受益人向银行提交单据的最后日期。受益人应在有效期限日期之前或当天向银行提交信用证单据。

到期地点（Expiry Place）是受益人在有效期限内向银行提交单据的地点。国外开来的信用证一般规定有效地点在我国国内，如果有效地点在国外，受益人（出口商）要特别注意，一定要在有效期限之前提前交单（港、澳、新、马等近洋国家或地区提前7天左右，远洋国家或地区提前10～15天），以便银行在有效期限之内将单据寄到有效地点的银行。如果有效地点在国外，最好建议将其修改在国内。如果信用证未列明有效地点，则应立即要求开证行进行确认。如果开证行始终不予答复，则应视同有效地点在我国国内。

（四）信用证的种类和性质（Form of Credit）

（1）跟单信用证（DOCUMENTARY CREDIT）和光票信用证（CLEAN CREDIT）：前者是凭跟单汇票或仅凭单据付款的信用证，国际贸易结算中所使用的信用证绝大部分是跟单信用证。后者是凭不附带单据的汇票付款的信用证，有的信用证要求汇票附有发票、收据、垫款清单等非货运单据，也是光票信用证。光票信用证仅用于贸易从属费用的清算和总公司间货款的清算。

（2）不可撤销信用证（IRREVO-CABLE LETTER OF CREDIT）：根据UCP600的规定，信用证是不可撤销的。不可撤销信用证是指信用证一经开出，在有效期内，非经信用证各有关当事人的同意，开证行不能片面修改或撤销的信用证，此种信用证在国际贸易中使用最多。

（3）保兑信用证（CONFIRMED LETTER OF CREDIT）和不保兑信用证（UNCONFIRMED LETTER OF CREDIT）：指经开证行以外的另一家银行加具保兑的信用证。保兑信用证主要是受益人（出口商）对开证银行的资信不了解，对开证银行的国家政局、外汇管制过于担心，怕收不回货款而要求加具保兑的要求，从而使货款的回收得到了双重保障。而不保兑信用证则指未经另一家银行保兑的信用证，就是一般的不可撤销信用证。

（4）即期信用证（SIGHT PAYMENT L/C）和远期信用证（USANCE L/C）：即期信用证是开证行或付款行收到符合信用证条款的汇票和单据后，立即履行付款义务的信用证。远期信用证则是开证行或付款行收到符合信用证的单据时，不立即付款，而是等到汇票到期履行付款义务的信用证。

（5）可转让信用证（TRANSFERABLE L/C）和不可转让信用证（NON-TRANSFERABLE L/C）：可转让信用证是指开证行授权通知行在受益人的要求下，可将信用证的全部或一部分转让给第三者，即第二受益人的信用证。可转让信用证只能转让一次，信用证转让后，即由第二受益人办理交货,但原证的受益人,即第一受益人,仍须负责买卖合同上卖方的责任。如果信用证上允许分转,信用证可分别转让给几个第二受益人,这种转让看成一次转让。不可转让信用证是指受益人不能将信用证的权利转让给他人的信用证,凡是信用证未注明"可转让",均为不可转让信用证。

(6)付款信用证(PAYMENT CREDIT)、承兑信用证(ACCEPTANCE CREDIT)、议付信用证(NEGOTIATION CREDIT)和延期付款信用证(DEFERRED PAYMENT CREDIT):付款信用证是指信用证指定的付款行凭受益人提交的符合信用证条款的单据付款的信用证。若以后不能向开证行收回款项时,不能向受益人追索,此时银行将承担所有风险,故银行一般不愿使用此种信用证。承兑信用证是指银行将受益人提交的汇票和/或单据审核无误后,承兑汇票并发承兑电,到期后再付款;议付信用证是允许受益人向某一指定银行或任何银行交单议付的信用证。一般在单据相符的条件下,议付银行扣除利息和手续费后买入汇票和/或单据,若以后不能向开证行收回款项时,议付行可向受益人追索款项。议付信用证又分为限制议付信用证(规定了议付行)和公开议付信用证(可在任何银行进行议付)两种。延期付款信用证是指受益人不需要开立汇票,只要提示符合信用证条款的单据,付款行就在信用证规定的到期日付款的信用证。这种信用证不要求开立汇票,故无法进行贴现。一般在大型设备的交易中,买方为防止卖方将汇票贴现从而逃避对货物的责任,常使用此种信用证。

(7)红条款信用证(RED CLAUSE L/C):允许出口商在装货交单前可以支取全部或部分货款的信用证。开证行在信用证上加列上述条款,通常用红字打成,故此种信用证称"红条款信用证"。

(8)背对背信用证(BACK-TO-BACK L/C):受益人要求通知行在原有的信用证基础上,开立一个内容相似的新的信用证,背对背信用证主要用于两国不能直接进行贸易时,通过第三方来进行贸易。

(9)对开信用证(RECIPROCAL L/C):两张信用证的开证申请人互以对方为受益人而开立的信用证。此种信用证一般是为了实现双方货款之间的平衡,采用互相开立信用证的办法,把出口和进口联系起来。第一张信用证的受益人就是第二张信用证(也称回头证)的开证申请人;第一张信用证的开证申请人就是回头证的受益人。第一张信用证的通知行,常常就是回头证的开证行,两证的金额大约相等。

(10)循环信用证(REVOLVING L/C):当信用证金额被全部或部分使用完后,又恢复到原金额,可以再次使用,直到达到规定的次数或规定的总金额为止的信用证。买卖双方订立长期合同,分批交货,进口方为了节省开证手续和费用,即可开立循环信用证。循环信用证可分为按时间循环的信用证和按金额循环的信用证两种。

(五)信用证金额和货币

信用证中金额(Amount)的写法一般有:Amount(金额),for the amount of…(金额是…),in the amount of(金额是…),to the amount of(最高金额达…)。按照 UCP 600 的解释,如果在金额前加了 about/approximately(大约)的话,应解释为信用证金额允许有 10%的增减幅度。

信用证货币(Currency)一般和信用证金额写在一起。

三、信用证的开立方式

(一)信开信用证

信开信用证(Mail Credit)是开证行根据开证申请人的要求,将信用证的全部内容用信函方式开出,邮寄到通知行,再通知受益人。开证行与通知行之间应事先建立代理行关系,互换签字样本和密押,以便通知行可凭签字样本核对信开信用证上开证行的签字。

这种开证方式时间长，但费用较低。对于装运日期较长或金额较小的信用证通常以信开方式开出。

示例 8-1　信开信用证

ISSUE OF DOCUMENTARY CREDIT

TO: BANK OF CHINA FUZHOU BRANCH

IRREVOCABLE DOCUMENTARY CREDIT NO.1784569

FOR THE ACCOUNT OF TIAN YU TRADING CO., LTD., HONGKONG. 842 GOLDEN BRIDGE STREET, HONGKONG.

DEAR SIRS,

WE OPEN AN REVOCABLE DOCUMENTARY CREDIT IN FAVOUR OF FUZHOU YUN GUANG TRADE IMP.AND EXP. CO. 457 YANG QIAO ROAD FUZHOU, CHINA. FOR A SUM NOT EXCEEDING USD9800000.00(SAY HONGKONG DOLLARS NINE THOUSAND AND EIGHT HUNDRED ONLY.) AVAILABLE BY THE BENEFICIARY'S DRAFT(S) AT 30 DAYS SIGHT DRAWN ON APPLICANT BEARING THE CLAUSE:"DRAWN UNDER HENG SHENG BANK LTD., HONGKONG. DOCUMENTARY CREDIT NO. 1784569 DTAED IST MARCH,2018."ACCOMPANIED BY THE FOLLOWING DOCUMETNS:

(1) MANUALLY SIGNED COMMERCIAL INVOICE IN TRIPLICATE. ALL INVOICES MUST SHOW FOB,FREIGHT AND INSURANCE COSTS SEPARATELY.

(2) 3/3 ORIGNAL + 3NN COPIES CLEAN ON BOARD BILL OF LADING MADE OUT TO ORDER OF APPLICANT AND MARKED FREIGHT PREPAID AND INSURANCE COSTS SEPARATELY.

(3) INSURANCE POLICY/ CERTIFICATE IN DUPLICATE IN FAVOUR OF HENG SHENG BANK LTD., HONGKONG FOR 100% OF THE INVOICE VALUE BLANK ENDORSED.COVERING P.I.C.C OCEAN MARINE CARGO CLAUSES(W.A.) AND WAR RISKS DATED 1st JANUARY,2009.INCLUDING WAREHOUSE TO WAREHOUSE CLAUSE UP TO FINAL DESTINATON AT ROTTERDAM.

(4)CERTIFICATE OF ORIGIN ISSUED BY GUANGZHOU CUSTOMS OF THE PEOPLE'S REPUBLIC OF CHINA IN TRIPLICATE. EVIDENCING SHIPMENT OF THE FOLLOWING MERCHANDISE:

AIR CONDITIONER(FENGLI BRAND), 500PCS W-101 AND 500 PCS W-201, PACKING:IN CARTON BOX,50 KILOS NET EACH CARTON, 1PC/CARTON, @USDD1000.00, CIFC2% ROTTERDAM VIA HONGKONG. PARTIAL SHIPMENT PROHIBITED. TRANSSHIPMENT PERMITED. LATEST DATE FOR SHIPMENT: 30TH APRIL,2018. EXPIRY DATE:15TH APRIL,2018.IN PLACE OF OPENER FOR NEGOTIATION.

OTHER TERMS AND CONDITIONS:

BENEFICIARY'S DECLARATION ON THE INVOICE THAT THE PRODUCTION COMPANY IS A STATEOWNED ENTERPRISE AND AS NO RELATION WITH ISRAEL WHATSOEVER.

SHIPPER MUST SEND ONE COPIES OF SHIPPING DOCUMENTS DIRECT TO BUYER AND CERTIFICATE TO THIS EFFECT IS REQUIRED.

DOCUMENTS MUST BE PRESENTED WITHIN 15 DAYS AFTER SHIPPING DATE SHOW ON B/L,BUT WITHIN THE VALIDITY OF THE L/C.

DISCREPANCY FEE OF USD80.00 WILL BE DEDUCTED FROM THE PROCEEDS OF ANY DRAWING IF DISCREPANT DOCUMENTS ARE PRESENTED.

SHIPPING MARKS:T.Y../ROTTERDAM/NOS1-100/MADE IN CHINA

WE HEREBY ENGAGE WITH THE DRAWERS, ENDORSERS AND BONARIDE HOLDERS OF DRAFT(S) DRAWN UNDER AND COMPLIANCE WITH THE TERMS OF THIS CREDIT THAT SUCH DRAFT(S) SHALL BE DULLY HONOURED ON DUE PRESENTATION.

YOURS FAITHFULLY

HENG SHENG BANK LTD.,HONGKONG

（二）电开信用证

电开信用证（Cable Credit）指开证银行使用电传、传真、SWIFT 等各种电讯方法将信用证条款传达给通知行。

1. 简电本（Brief cable）

开证银行只通知已经开证，将信用证的主要内容预先通告通知行，详细条款将另邮航寄通知行。简电本在法律上是无效的，不能作为交单议付的依据。

2. 全电本（Full cable）

开证行根据开证申请人的要求，将信用证的全部内容以加注密押的电讯方式通知受益人所在地的银行，请其通知受益人的一种开证方式。

示例 8-2 电开信用证

TO: BANK OF CHINA, SHANGHAI, CHINA.

FM: ABN AMRO BANK, AMSTERDAM, THE NETHERLANDS.

DD: 9TH APRIL 2018

TEST: 257804 BETWEEN OUR HEAD-OFFICE SHFPIOGEMBOSCH AND YOUR SHANGHAI (FOR USD91, 061. 90 DATED 10TH APRIL 2018).

WE HEREWITH OPEN OUR IRREVOCABLE DOCUMENTARY CREDIT NO. AM/V5164385

BY ORDER OF: TIVOLIAN TRADING CO.

BERSTOFSGADE 567, AMSTERDAM, THE NETHERLANDS

IN FAVOUR OF: JIAN FA TRADING CO., LTD. RM. 1701-1705 GUANGYIN PLAZA. 28 NANJING RD., SHANGHAI CHINA

FOR AN AMOUNT OF: USD91,061.90

EXPIRY-DATE: 15TH JUNE 2018, FOR NEGOTIATION IN CHINA.

THIS DOC. CREDIT IS AVAILABLE BY NEGOTIATION OF BENEFICIANY'S DRAFT(S) AT 60 DAYS AFTER SIGHT DRAWN ON ABN AMRO BANK, AMSTERDAM, THE NETHERLANDS, ACCOMPANIED BY THE FOLLOWING DOCUMENTS:

1) SIGNED COMMERCIAL INVOICE IN QUINTUPLICATE INDICATING BENEFICIARY'S CONTRACT NUMBER AND OUR ORDER NO. AM/V5164385.

2) PACKING LIST/WEIGHT MEMO IN TRIPLICATE MENTIONING TOTAL MUMBER OF CARTONS, GROSS WEIGHT AND MEASUREMENTS PER EXPOPT CARTON.

3) 2/3 OF ORIGINAL CLEAN ON BOARD MARINE BILLS OF LADING, PLUS 3 N. N.COPIES, MADE OUT: "TO ORDER", AND BLANK ENDORSED MARKED: "FREIGHT PREPAID" SHOWING THE APPLICANT AS NOTIFY PARTY (GIVING FULL NAME, ADDRESS AND PHONE NUMBERS).

4) FULL SET 3/3 OF MARINE INSURANCE POLICY OR CERTIFICATE, ENDORSED IN BLANK FOR 110 PERCENT FULL CIF VALUE, COVERING INSTITUTE CARGO CLAUSES (A) AND WAR CLAUSES OF INSTITUTE CARGO CLAUSES.

5) G.S.P. CERTIFICIATE OF ORIGIN FORM A IN DUPLICATE THAT THE GOODS ARE OF CHINESE ORIGIN.

6) BENEFICIARY'S CERTIFICATE STATING THAT ONE SET OF NON-NEGOTIABLE SHIPPING DOCUMENTS HAVE BEEN SENT TO THE APPLICANT BY DHL WITHIN 24 HOURS AFTER SHIPMENT.

7) COPY OF BENEFICIARY'S TELEX/FAX SENT TO APPLICANT [TELEX-NO.: 182514 + TIV NL OR FAX-NO.:+(0031)205863412] WITHIN TWO WORKING DAYS AFTER SHIPMENT INDICATING DATE OF DEPARTURE, SHIPPING MARKS, NUMBERS OF L/C, B/L, CONTRACT AND ORDER AS WELL AS NUMBER OF CARTONS TOGETHER WITH THE TOTAL GROSS WEIGHT AND GOODS VALUE.

COVERING:
5 ITEMS OF TOTAL 2960 SETS AND 8498 PCS. OF PLUSH TOYS AS PER: APPLICANT'S ORDER NUMBER AND BENEFICIARY'S CONTRACT NUMBER WT5689U213.

PACKING IN NEUTRAL SEAWORTHY EXPORT CARTONS SUITABLE FOR LONG DISTANCE OCEAN TRANSPORTATION.

SHIPPING MARKS TO READ AS FOLLOWS: TIV
AMSTERDAM
CARTON NO.1 AND UP

FOLLOWED BY: ARTICIE NUMBER
TERMS OF DELIVERY: CIF AMSTERDAM (INCOTERMS 2010).
ALL OF THE ABOVE MUST BE STATED ON THE INVOICE AND PACKING LIST.
PARTIAL SHIPMENTS: PROHIBITED.
TRANSHIPMENT: PROHIBITED.
LATEST DATE OF SHIPMENT: 31ST MAY 2018.
SHIPMENT FROM: SHANGHAI
TO: AMSTERDAM

ALL (BANKING-) CHARDES OUTSIDE THE NETHERLANDS ARE FOR BENEFICIARY'S ACCOUNT.
DOCUMENTS TO BE PRESENTED ULTIMATELY 15 DAYS AFTER THE DATE OF ISSUANCE OF THE RELATIVE TRANSPORT-DOCUMENT(S), BUT WITHIN THE VALIDITY OF THIS DOC. CREDIT.
DOCUMENTS TO BE SENT AS FOLLOWS (INSTRUCTION MARKED "X"):
(　) IN ONE LOT BY REGISTERED AIRMAIL
(　) IN TWO CONSECUTIVE REGISTERED AIRMAILS
(　) IN ONE LOT BY INTERNATIONAL COURIER SERVICE

(X) 1^(ST) MAIL BY COURIER SERVICE AND 2^(ND) MAIL BY REGISTERED AIRMAIL
TO: ABN AMRO BANK
STREET-ADDRESS: CONCERTGEBOUNPLTIN 2-56, AMSTERDAM.
POSTAL-ADDRESS: P. O. BOX 75508, 1070 AM AMSTERDAM, THE NETHERLANDS
UPON RECEIPT OF CORRECT DOCUMENTS BY US, WE SHALL COVER THE NEGOTIATING BANK (AS PER THEIR INSTRUCTIONS), IN THE CURRENCY OF THIS DOC. CREDIT ONLY.
PLEASE ADVISE BENEFICIARY, WITHOUT ADDING YOUR CONFIRAMATION.
THIS DOC. CREDIT IS SUBJECT TO THE UNIFORM CUSTOMS AND PRACTICE FOR DOCUMENTARY CREDITS (REVISION 2007, I.C.C. PUBLICATION NO. 600)
THIS TELEX IS THE OPERATIVE CREDIT-INSTRUMENT AND NO MAIL-ADVICE WILL FOLLOW.
REGARDS,
ABN AMRO BANK

3. SWIFT 信用证

SWIFT 是"Society for Worldwide Interbank Financial Telecommunications"（全球银行间金融电讯协会），专门从事传递各国之间的非公开性的国际金融电讯业务，目前全球大多数国家大多数银行已使用 SWIFT 系统。SWIFT 的使用，使银行的结算提供了安全、可靠、快捷、标准化、自动化的通信业务，从而大大提高了银行的结算速度。由于 SWIFT 的格式具有标准化，目前信用证的格式主要都是用 SWIFT 电文。

📖 知识链接

SWIFT 组织成立于 1973 年 5 月，其全球计算机数据通信网在荷兰和美国设有运行中心，在各会员国设有地区处理站，来自美国、加拿大和欧洲的 15 个国家的 239 家银行宣布正式成立 SWIFT，其总部设在比利时的布鲁塞尔，它是为了解决各国金融通信不能适应国际间支付清算的快速增长而设立的非营利性组织，负责设计、建立和管理 SWIFT 国际网络，以便在该组织成员间进行国际金融信息的传输和确定路由。

SWIFT 的设计能力是每天传输 1100 万条电文，而当前每日传送 500 万条电文，这些电文划拨的资金以万亿美元计，它依靠的便是其提供的 240 种以上电文标准。SWIFT 的电文标准格式，已经成为国际银行间数据交换的标准语言。这里面用于区分各家银行的代码，就是 SWIFT Code，依靠 SWIFT Code 便会将相应的款项准确地汇入指定的银行。SWIFT Code 是由该协会提出并被 ISO 通过的银行识别代码，其原名是 BIC（Bank Identifier Code），但是 BIC 这个名字意思太泛，担心有人理解成别的银行识别代码系统，故渐渐大家约定俗成地把 BIC 叫作 SWIFT Code 了。SWIFT（Society for Worldwide Interbank Financial Telecommunications，环球银行间金融通信协会）是一个由金融机构共同拥有的私营股份公司，按比利时的法律登记注册，由会员银行和其他金融机构协同管理。

SWIFT 实行会员制，我国的大多数专业银行都是其成员。SWIFT 的费用相对较低，同样多的内容，SWIFT 的费用只有 TELEX（电传）的 18%左右，CABLE（电报）的 2.5%左右。SWIFT 的安全性较高，它使用的密押比电传的密押可靠性强、保密性高，且具有较高的自动化水平。目前，已有 200 多个国家的 11000 多家银行、证券机构和企业客户参加，通过自动化国际金融电讯网办理成员银行间资金调拨、汇款结算、开立信用证、办理信用证项下的汇票业务和托收等业务。其环球计算机数据通信网在荷兰的阿姆斯特丹和美国的纽约设有运行中心，在各会员国设有地区处理站，为 SWIFT 会员提供安全、可靠、快捷、标准化的通信服务。

SWIFT 有自动开证格式，在信用证开端标着 MT700、MT701 代号。同时，SWIFT 的格式具有标准化，对于 SWIFT 电文，SWIFT 组织有着统一的要求和标准格式。采用 SWIFT 信用证必须遵守 SWIFT 的规定，也必须使用 SWIFT 手册规定的代号（Tag），而且信用证必须遵循国际商会《跟单信用证统一惯例》各项条款的规定。所以通过 SWIFT 格式开证，实质上已相当于根据 UCP600 开立信用证。SWIFT 的使用使银行的结算提供了安全、可靠、快捷、标准化、自动化的通信业务，从而大大提高了银行的结算速度。因此，目前信用证的格式主要都是用 SWIFT 电文。

表 8-2　SWIFT MT 格式和应用范围

格式种类	格式代号	使用范围
1	MT700/701	开立信用证
2	MT705	信用证预先通知
3	MT707	信用证修改
4	MT710/711	通知由第三家银行开立信用证
5	MT720/721	转让跟单信用证
6	MT730	确认收妥跟单信用证，并证实已通知受益人
7	MT732	发报行通知收报行有关单据已经被开证申请人接受
8	MT734	发报行通知收报行单证不符的拒付通知
9	MT740	发报行授权收报行偿付信用证项下的款项
10	MT742	发报行向收报行索偿
11	MT750	发报行通知收报行有关单据不符点，即"电提"
12	MT752	授权收报行在单据没有其他不符点的情况下可付款/承兑/议付
13	MT754	通知收报行单证相符，已承兑/付款/议付，并已经按批示寄单，即"通知电"
14	MT756	通知收报行，已偿付/付款

示例 8-3　信用证

```
2018MAR22 09:20:18                                    LOGICAL TERMINAL   E102
MT S700                ISSUE OF A DOCUMENTARY CREDIT    PAGE       00001
FUNC                                                               MSG700
UMR                                                                06881051
MSGACK    DWS765I AUTH OK, KEY B198081689580FC5, BKCHCNBJ RJHISARI RECORO
BASIC HEADER           F   01   BKCHCNBJA940 0588 550628
APPLICATION            0 700    1057 010320 RJHISARIAXXX 7277 977367 020213 1557 N
HEADER                                  *ALRAJHI BANKING AND INVESTMENT
                                        *CORPORATION
                                        *RIYADH
                                        *(HEAD OFFICE)
USER HEADER            SERVICE CODE    103:              （银行盖信用证通知专用章）
```

		BANK. PRIORITY 113:
		MSG USER REF. 108:
		INFO. FROM CI 115:
SEQUENCE OF TOTAL	* 27	1 / 1
FORM OF DOC. CREDIT	* 40 A	NON-TRANSFERABLE
DOC. CREDIT NUMBER	* 20	LC1237T54
DATE OF ISSUE	31 C	180322
APPLICABLE RULES	* 40 E	UCP LATEST VERSION
DATE/PLACE EXP.	* 31 D	DATE 180515 PLACE CHINA
APPLICANT	* 50	ROSE GENERAL TRADING CO. P.O. BOX 99552, RIYADH 6638, SAUDI ARABIA TEL: 00966-1-4637213 FAX: 00966-1-4637264
BENEFICIARY	* 59	GUANGDA TRADING CO., LTD. HUARONG MANSION RM1603 NO.85 XIAHE ROAD, XIAMEN 361003, CHINA TEL: 0086-0592-3715443 FAX: 0086-0592-3711354
AMOUNT	* 32 B	CURRENCY USD AMOUNT 21760
AVAILABLE WITH/BY	* 41 D	ANY BANK IN CHINA, BY NEGOTIATION
DRAFTS AT ...	42 C	SIGHT
DRAWEE	42 A	RJHISARI *ALRAJHI BANKING AND INVESTMENT *CORPORATION *RIYADH *(HEAD OFFICE)
PARTIAL SHIPMTS	43 P	NOT ALLOWED
TRANSSHIPMENT	43 T	NOT ALLOWED
PORT OF LOADING	44 E	CHINA MAIN FORT, CHINA
PORT OF DISCHARGE	44 F	DAMMAM PORT, SAUDI ARABIA
LATEST SHIPMENT	44 C	180430
GOODS DESCRIPT.	45 A	1700 CARTONS CANNED PINEAPPLE 24 TINS X 425 GRAMS NET WEIGHT (D.W. 227 GRAMS) AT USD12.80 PER CARTON.
DOCS REQUIRED	46 A	DOCUMENTS REQUIRED: + SIGNED COMMERCIAL INVOICE IN QUINTUPLICATE ORIGINAL AND MUST SHOW BREAK DOWN OF THE AMOUNT AS FOLLOWS: FOB VALUE, FREIGHT CHARGES AND TOTAL AMOUNT CFR.

		+ FULL SET CLEAN ON BOARD BILL OF LADING MADE OUT TO THE ORDER OF AL RAJHI BANKING AND INVESTMENT CORP, MARKED FREIGHT PREPAID AND NOTIFY APPLICANT, INDICATING THE FULL NAME, ADDRESS AND TEL NO. OF THE CARRYING VESSEL'S AGENT AT THE PORT OF DISCHARGE.
		+ PACKING LIST IN ONE ORIGINAL PLUS 5 COPIES, ALL OF WHICH MUST BE MANUALLY SIGNED.
		+ INSPECTION (HEALTH) CERTIFICATE FROM C.I.Q. (ENTRY-EXIT INSPECTION AND QUARANTINE OF THE PEOOPLES REP. OF CHINA) STATING GOODS ARE FIT FOR HUMAN BEING.
		+ CERTIFICATE OF ORIGIN DULY CERTIFIED BY C.C.P.I.T. STATING THE NAME OF THE MANUFACTURERS OF PRODUCERS AND THAT GOODS EXPORTED ARE WHOLLY OF CHINESE ORIGIN.
		+ THE PRODUCTION DATE OF THE GOODS NOT TO BE EARLIER THAN HALF MONTH AT TIME OF SHIPMENT. BENEFICIARY MUST CERTIFY THE SAME.
		+ SHIPMENT TO BE EFFECTED BY CONTAINER AND BY REGULARE LINE. SHIPMENT COMPANY'S CERTIFICATE TO THIS EFFECT SHOULD ACCOMPANY THE DOCUMENTS.
		+ INSURANCE POLICY OR CERTIFICATE IN 1 ORIGINAL AND 1 COPY ISSUED OR ENDORSED TO THE ORDER OF AL RAJHI BANKING AND INVESTMENT CORP FOR THE INVOICE PLUS 10 PERCENT COVERING INSTITUTE CARGO CLAUSES(A), INSTITUTE STRIKES.
DD. CONDITIONS	47 A	ADDITIONAL CONDITION: A DISCREPANCY FEE OF USD50.00 WILL BE IMPOSED ON EACH SET OF DOCUMENTS PRESENTED FOR NEGOTIATION UNDER THIS L/C WITH DISCREPANCY. THE FEE WILL BE DEDUCTED FROM THE BILL AMOUNT. PAYMENT UNDER THE GOODS WERE APPROVED BY SAUDI GOVERNMENT LAB.
CHARGES	71 B	ALL CHARGES AND COMMISSIONS OUTSIDE SAUDI ARABIA ON BENEFICIARIES' ACCOUNT INCLUDING REIMBURSING, BANK COMMISSION, DISCREPANCY FEE (IF ANY) AND COURIER CHARGES.
CONFIRMAT INSTR	* 49	WITHOUT
REIMBURS. BANK	53 D	// AL RAJHI BANKING AND INVESTMENT CORP RIYADH (HEAD OFFICE)
INS PAYING BANK	78	DOCUMENTS TO BE DESPATCHED IN ONE LOT BY COURIER. ALL CORRESPONDENCE TO BE SENT TO ALRAJHI BANKING AND INVESTMENT COPRORATION RIYADH (HEAD OFFICE)
SEND REC INFO	72	REIMBURSEMENT IS SUBJECT TO ICC URR 525

TRAILER	ORDER IS <MAC:> <PAC:> <ENC:> <CHK:> <TNG:> <PDE:> MAC:E55927A4 CHK:7B505952829A HOB:

四、SWIFT 电文表示方式

（一）项目表示方式

SWIFT 由项目（FIELD）组成，如 59 BENEFICIARY（受益人）就是一个项目，59 是项目的代号，可以是两位数字表示，也可以两位数字加上字母来表示，如 51a APPLICANT（申请人）。不同的代号，表示不同的含义。项目还规定了一定的格式，各种 SWIFT 电文都必须按照这种格式表示。

在 SWIFT 电文中，一些项目是必选项目（MANDATORY FIELD），一些项目是可选项目（OPTIONAL FIELD），必选项目是必须要具备的，如 31D DATE AND PLACE OF EXPIRY（信用证有效期，有效地点），可选项目是另外增加的项目，并不一定是每个信用证都有的，如 39B MAXIMUM CREDIT AMOUNT（信用证最大限制金额）。

示例 8-4 跟单信用证开证（MT700）常见项目表示方式

必选 20 DOCUMENTARY CREDIT NUMBER（信用证号码）

可选 23 REFERENCE TO PRE-ADVICE（预先通知号码）

如果信用证是采取预先通知的方式，该项目内应该填入"PREADV/"，再加上预先通知的编号或日期。

必选 27 SEQUENCE OF TOTAL（电文页次）

可选 31C DATE OF ISSUE（开证日期）

如果这项没有填，则开证日期为电文的发送日期。

必选 31D DATE AND PLACE OF EXPIRY（信用证有效期和有效地点）

该日期为最后交单的日期。

必选 32B CURRENCY CODE, AMOUNT（信用证结算的货币和金额）

可选 39A PERCENTAGE CREDIT AMOUNT TOLERANCE（信用证金额上下浮动允许的最大范围）

该项目的表示方法较为特殊，数值表示百分比的数值，如 5/5，表示上下浮动最大为 5%。39B 与 39A 不能同时出现。

可选 39B MAXIMUM CREDIT AMOUNT（信用证最大限制金额）

39B 与 39A 不能同时出现。

可选 39C ADDITIONAL AMOUNTS COVERED（额外金额）

表示信用证所涉及的保险费、利息、运费等金额。

必选 40A FORM OF DOCUMENTARY CREDIT（跟单信用证形式）

跟单信用证有三种形式：

（1）IRREVOCABLE（不可撤销跟单信用证）

（2）IRREVOCABLE TRANSFERABLE（不可撤销可转让跟单信用证）

（3）IRREVOCABLE STANDBY（不可撤销备用信用证）

必选 41a AVAILABLE WITH...BY...（指定的有关银行及信用证兑付的方式）

（1）指定银行作为付款、承兑、议付。

（2）兑付的方式有 5 种：BY PAYMENT（即期付款）；BY ACCEPTANCE（远期承兑）；BY NEGOTIATION（议付）；BY DEF PAYMENT（迟期付款）；BY MIXED PAYMENT（混合付款）。

（3）如果是自由议付信用证，对该信用证的议付地点不作限制，该项目代号为 41D，内容为 ANY BANK IN...

可选 42a DRAWEE（汇票付款人）

必须与 42C 同时出现。

可选 42C DRAFTS AT...（汇票付款日期）

必须与 42a 同时出现。

可选 42M MIXED PAYMENT DETAILS（混合付款条款）

可选 42P DEFERRED PAYMENT DETAILS（迟期付款条款）

可选 43P PARTIAL SHIPMENTS（分装条款）

表示该信用证的货物是否可以分批装运。

可选 43T TRANSSHIPMENT（转运条款）

表示该信用证是直接到达，还是通过转运到达。

可选 44A LOADING ON BOARD/DISPATCH/TAKING IN CHARGE AT/FORM（装船、发运和接收监管的地点）

可选 44B FOR TRANSPORTATION TO...（货物发运的最终地）

可选 44C LATEST DATE OF SHIPMENT（最后装船期）

装船的最迟的日期。44C 与 44D 不能同时出现。

可选 44D SHIPMENT PERIOD（船期）

44C 与 44D 不能同时出现。

可选 45A DESCRIPTION OF GOODS AND/OR SERVICES（货物描述）

货物的情况、价格条款。

可选 46A DOCUMENTS REQUIRED（单据要求）

各种单据的要求

可选 47A ADDITIONAL CONDITIONS（特别条款）

可选 48 PERIOD FOR PRESENTATION（交单期限）

表明开立运输单据后多少天内交单。

必选 49 CONFIRMATION INSTRUCTIONS（保兑指示）

其中，CONFIRM：要求保兑行保兑该信用证。

MAY ADD：收报行可以对该信用证加具保兑。

WITHOUT：不要求收报行保兑该信用证。

必选 50 APPLICANT（信用证开证申请人）

一般为进口商。

可选 51a APPLICANT BANK（信用证开证的银行）

可选 53A REIMBURSEMENT BANK（偿付行）

可选 57a "ADVISE THROUGH" BANK（通知行）

必选 59 BENEFICIARY（信用证的受益人）

一般为出口商。

可选 71B CHARGES（费用情况）

表明费用是否有受益人（出口商）出，如果没有这一条，表示除了议付费、转让费以外，其他各种费用由开出信用证的申请人（进口商）出。

可选 72 SENDER TO RECEIVER INFORMATION（附言）

可选 78 INSTRUCTION TO THE PAYING/ACCEPTING/NEGOTIATING BANK（给付款行、承兑行、议付行的指示）

（二）日期表示方式

SWIFT 电文的日期表示为：YYMMDD（年月日）。

如 2017 年 5 月 12 日表示为：170512。

（三）数字表示方式

在 SWIFT 电文中，数字不使用分格号，小数点用逗号","来表示

如 5，152，286.36 表示为：5152286,36。

4/5 表示为：0,8。

5% 表示为：5 PERCENT。

（四）货币表示方式

在 SWIFT 电文中，货币采用联合国标准化货币代码，如美元 USD、澳大利亚元 AUD、日元 JPY 等。

※应用案例分析 8-1

2018 年 7 月 15 日，厦门易通科技有限公司收到中国银行厦门分行的信用证通知书和 Banco Comercial Português 银行开立的信用证，公司业务员进行信用证分析，并根据合同对信用证进行分析。

信用证通知书

中国银行厦门分行

Bank of China Xiamen branch

No. 40 North Hubin Road, Xiamen, China

FAX:+86 0592-5066417

信 用 证 通 知 书

NOTIFICATION OF DOCUMENTARY CREDIT

日期：2018 年 7 月 15 日

TO 致： XIAMEN YITONG TECHNOLOGY CO., LTD. NO.163 SIMING ROAD,XIAMEN, FUJIAN, CHINA 361000	WHEN CORRESPOND NG PLEASE QUOTE OUT REF NO.	BD94001X85
ISSUING BANK 开证行 Banco Comercial Português RUA ACTOR ANTONIO SILVA N7 1600-321 LISBON, PORTUGAL	TRANSMITTED TO US THROUGH 转递行 REF NO.	

L/C NO.信用证号 RGB2016935	DATED 开证日期 2018-07-15	AMOUNT 金额 USD43412.04	EXPIRY PLACE 有效地 CHINA
EXPIRY DATE 有效期 2018-09-09	TENOR 期限 30 DAYS AFTER SIGHT	CHARGE 未付费用 RMB0.00	CHARGE BY 费用承担人 BENE
RECEIVED VIA 来证方式 SWIFT	AVAILABLE 是否生效 VALID	TEST/SIGN 印押是否相符 YES	CONFIRM 我行是否保兑 NO

DEAR SIRS 敬启者：

WE HAVE PLEASURE IN ADVISING YOU THAT WE HAVE RECEIVED FROM THE BANCO COMERCIAL PROTUGUES A(N) **LETTER OF CREDIT**, CONTENTS OF WHICH ARE AS PER ATTACHED SHEET(S).

THIS ADVICE AND THE ATTACHED SHEET(S) MUST ACCOMPANY THE RELATIVE DOCUMENTS WHEN PRESENTED FOR NEGOTIATION.

兹通知贵公司，我行收自上述银行信用证一份，现随附通知。贵司交单时，请将本通知书及信用证一并提示。

REMARK 备注：

PLEASE NOTE THAT THIS ADVICE DOES NOT CONSTITUTE OUR CONFIRMATION OF THE ABOVE L/C NOR DOES IT CONVEY ANY ENGAGEMENT OR OBLIGATION ON OUT PART.

THIS L/C CONSISTS OF THREE SHEET(S), INCLUDING THE COVERING LETTER AND ATTACHMENT(S).

本信用证连同面函及附件共1页。

IF YOU FIND ANY TERMS AND CONDITIONS IN THE L/C WHICH YOU ARE UNABLE TO COMPLY WITH AND OR ANY ERROR(S), IT IS SUGGESTED THAT YOU CONTACT APPLICANT DIRECTLY FOR NECESSARY AMENDMENT(S) SO AS TO AVOID AND DIFFICULTIES WHICH MAY ARISE WHEN DOCUMENTS ARE PRESENED.

如本信用证中有无法办到的条款及/或错误，请迳与开证申请人联系，进行必要的修改，以排除交单时可能发生的问题。

THIS L/C IS ADVISED SUBJECT TO ICC UCP PUBLICATION NO.600.

本信用证之通知系遵循国际商会跟单信用证统一惯例第 600 号出版物办理。

此证如有任何问题及疑虑，请与结算业务部审证科联络，电话：0592-2130027

YOURS FAITHFULLY

FOR   Bank of China Xiamen branch

信用证

-- LETTER OF CREDIT--		
SEQUENCE OF TOTAL	27:	1 / 1
FORM OF DOC. CREDIT	40 A:	IRREVOCABLE
DOC. CREDIT NUMBER	20:	RGB2016935
DATE OF ISSUE	31 C:	180715
APPLICABLE RULES	40 E:	UCP600
DATE AND PLACE OF EXPIRY	31 D:	DATE 180909 PLACE PORTUGAL

APPLICANT BANK	51A:	BANCO COMERCIAL PORTUGUES RUA ACTOR ANTONIO SILVA N7 1600-321 LISBON, PORTUGAL
APPLICANT	50:	DYNASTY DEVELOPMENT CAMPANY R. X AVIER CORDIEIRO 63-6 LISBON, PORTUGAL
BENEFICIARY	59:	XIAMEN YITONG TECHNOLOGY CO., LTD. NO.163 SIMING ROAD, XIAMEN, FUJIAN, CHINA 361000
CURRENCY CODE, AMOUNT	32 B:	CURRENCY USD AMOUNT 43412.04
AVAILABLE WITH/.BY …	41 D:	BANK OF CHINA XIAMEN BRANCH BY NEGOTIATION
DRAFTS AT…	42 C:	AT SIGHT FOR FULL INVOICE VALUE
DRAWEE	42 A	BANCO COMERCIAL PORTUGUES RUA ACTOR ANTONIO SILVA N7 1600-321 LISBON, PORTUGAL
PARTIAL SHIPMENT	43 P:	NOT ALLOWED
TRANSSHIPMENT	43 T:	ALLOWED
LOADING ON BOARD / DISPATCH / TAKING IN CHARGE AT/FORM	44A:	FUZHOU
FOR TRANSPORTATION TO…	44B:	LISBON
LATEST DATE OF SHIPMENT	44 C:	180825
DESCRIPTION OF GOODS AND/OR SERVICES	45 A:	GM85S 1080P CAMERA 828PCS FD-C84-R1 AT USD 19.21/PC 828PCS FD-C84-R2 AT USD 33.20/PC ALL DETAILS ARE AS PER S/C NO FYEE2018C748 TERMS OF DELIVERY: CIF LISBON (INCOTERMS 2010) ALL OF THE ABOVE MUST BE STATED ON THE INVOICE AND PACKING LIST.
DOCUMENTS REQUIRED	46 A:	+ MANUALLY SIGNED COMMERCIAL INVOICE IN TRIPLICATE INDICATING THE MANUFACTURER AND THE ORIGIN OF THE GOODS SHIPPED. + MANUALLY SIGNED PACKING LISTWEIGHT MEMO IN QUINTUPLICATE MENTIONING TOTAL NUMBER OF CARTONS AND GROSS WEIGHT AND MEASUREMENTS PER EXPORT CARTON. + CERTIFICATE OF ORIGIN GSP FORM A IN DUPLICATE INDIDCATING THAT GOODS ARE OF CHINESE ORIGIN ISSUED BY CHINA ENTRY-EXIT INSPECTION AND QUARANTINE BUREAU. + 2/3 ORIGINAL CLEAN ON BOARD OCEAN BILLS OF LADING MADE OUT TO OUR ORDER AND BLANK ENDORSED MARKED FREIGHT COLLECTED AND

		NOTIFY APPLICANT(GIVING FULL NAME,ADDRESS ANDPHONE NUMBERS) AND INDICATING THE NAME AND ADDRESS OF THE CARRIER'S AGENT AT THE PORT OF DISCHARGE. +INSURANCE POLICY IN TRIPLICATE ENDORSED IN BLANK FOR 120% OF THE INVOICE VALUE COVERING ALL RISKS AND WAR RISKS. +QULITY INSPECTION CERTIFICATE IN DUPLICATE ISSUED AND SIGNED BY THE APPLICANT. + BENEFICIARY'S CERTIFICATE STATING THAT ONE SET OF NON-NEGOTIABLE SHIPPING DOCUMENTS TOGETHER WITH ONE ORIGINAL B/L HAVE BEEN SENT TO THE APPLICANT BY DHL WITHIN 2 DAYS AFTER SHIPMENT. +SHIPPING ADVICE IN TRIPLICATE SHALL BE SENT TO APPLICANT WITHIN 48 HOURS AFTER SHIPMENT.
ADDITIONAL CONDITIONS	47A	+ L/C NO. MUST BE MENTIONED ON ALL DOCUMENTS. + TWO ADDITIONAL COPIES OF THE RELATIVE INVOICE(S) AND BILL(S) OF LADING ARE REQUESTED TOGETHER WITH THE DOCUMENTS FOR THE ISSUING BANK'S REFERENCE ONLY. + THE CARRYING VESSEL SHOULD BELONG TO CONFERENCE LINE AND NOT MORE THAN 20 YEAR OLD. A CERTIFICATE TO THIS EFFECT ISSUED BY THE SHIPPING COMPANY TO BE PRE SENTED WITH THE L/C DOCUMENTS UPON NEGOTIATION. + THIRD PARTY,CHARTER PARTY,SHORT FORM, STALE BILL OF LADING WILL NOT BE ACCEPTABLE. + DOCUMENTS PRESENTED WITH DISCREPANCY (IES) WILL BE SUBJECT TO A CHARGE OF USD100.00 AGAINST EACH SET OF DOCUMENTS AND THIS AMOUNT SHOULD BE DEDUCTED FROM THE AMOUNT CLAIMED.
CHARGES	71 B:	ALL BANKING CHARGES ARE TO BE BORN BY THE BENEFICIARY.
PERIOD FOR PRESENTATION	48:	DOCUMENTS MUST BE PRESENTED WITHIN 15 DAYS AFTER THE DATE OF SHIPMENT BUT WITHIN THE VALIDITY OF THIS CREDIT.
CONFIRMATION INSTRUCTION	49:	WITHOUT
INSTR TO PAYING/ACCPTING/NEGOTIATING BAN	78:	+AMOUNT OF DRAFT(S) NEGOTIABLE SHOULD BE ENDORSED ON THE REVERSE OF THE CREDIT. +YOUR ADVISING/REIMBURSING AND OTHER CHARGES WILL BE ACCOUNT OF BENEFICIARY. +WE SHALL ARRANGE REMITTANCE OF FUND ON RECEIPT OF ORIGINAL SHIPPING DOCUMENTS STRCTLY COMPLYING THE TERMS AND CONDITIONS OF THE CREDIT AS PER INSTRUCTIONS OF THE NEGOTIATING BANK.

ADVISING THROUGH BANK	57A	BKCHCNBJ73A BANK OF CHINA, XIAMEN BRANCH
SENDER TO RECEIVER INFORMATION	72	THIS CREDIT IS SUBJECT TO UNIFORM CUSTOMS AND PRACTICE FOR DOCUMENTARY CREDIT(2007 REVISON).ICC PUBLICATION NO.600.

信用证分析表

1. 信用证文本格式　　☐ 信开　　☐ 电开　　☑ SWIFT
2. 信用证号码　　RGB2016935
3. 开证日　　2018 年 7 月 15 日
4. 到期日　　2018 年 9 月 9 日
5. 到期地点　　PORTUGAL
6. 兑付方式　　☐ 付款　　☐ 承兑　　☑ 议付
7. 兑付银行　　BANK OF CHINA　XIAMEN BRANCH
8. 信用证金额　　USD 43412.04
9. 金额允许增减幅度　　/
10. 交单期　　装运日后 15 天内，且在信用证有效期内
11. 开证申请人　　DYNASTY DEVELOPMENT CAMPANY
12. 受益人　　XIAMEN YITONG TECHNOLOGY CO., LTD..
13. 开证银行　　BANCO COMERCIAL PORTUGUES
14. 通知银行　　BANK OF CHINA, XIAMEN BRANCH
15. 货物名称　　GM85S 1080P CAMERA
16. 价格/交货/贸易术语　　CIFC5 LISBON
17. 最迟装运日　　AUGUST 31, 2018
18. 装运港　　XIAMEN
19. 目的地　　LISBON
20. 分批装运　　☐ 允许　　☑ 不允许
21. 转运　　☑ 允许　　☐ 不允许
22. 运输标志　　/
23. 运输方式　　☑ 海运　　☐ 空运　　☐ 陆运
24. 应向银行提交的单据及具体份数

名称	汇票	发票	装箱单	重量单	尺码单	海运提单	空运提单	货物承运收据	原产地证明	保险单
份数	2	3+2 份副本	5	/	/	2/3 正本+2 份副本	/	/	2	3

名称	检验书	装船通知	寄单通知	受益人证明（其他内容）	承运人/船公司证明	其他单据 原包装清单
份数	2	3	/	1	1	/

25. 单据要求

1) 汇票
   - 金额　　　　　　　　发票全额
   - 付款期限　　　　　　见票后 30 天
   - 付款人（受票人）　　BANCO COMERCIAL PORTUGUES

2) 发票
   - 种类　　　　商业发票
   - 出具人　　　XIAMEN YITONG TECHNOLOGY CO., LTD.
   - 特殊要求　　手签，注明生产厂家及原产地，信用证的货物描述全部要体现

3) 包装单据（装箱单/重量单/尺码单）
   - 种类　　　　装箱单
   - 出具人　　　XIAMEN YITONG TECHNOLOGY CO., LTD.
   - 特殊要求　　手签，显示总箱数和每个纸箱的毛重和体积，信用证的货物描述全要体现

4) 提单
   - 种类　　　　指示提单
   - 出具人　　　/
   - 特殊要求　　凭指示抬头，空白背书，标明"运费到付"，被通知人为开证申请人（指明其全称、地址和电话号码），注明承运人在卸货港的代理名称和地址

5) 原产地证明
   - 种类　　　　普惠制原产地证书格式 A
   - 出具人　　　中国出入境检验检疫局
   - 特殊要求　　说明货物原产于中国

6) 保险单
   - 种类　　　　保险单
   - 出具人　　　/
   - 特殊要求　　空白背书，按发票金额的120%，投保一切险和战争险

7) 检验证书
   - 种类　　　　品质检验证书
   - 出具人　　　开证申请人
   - 特殊要求　　经签署

8) 装船通知
   - 种类　　　　/
   - 出具人　　　XIAMEN YITONG TECHNOLOGY CO., LTD
   - 特殊要求　　装运后的48小时内寄送给开证申请人

9) 寄单证明
   - 种类　　　　/
   - 出具人　　　/
   - 特殊要求　　/

10) 受益人证明

　　　　　种类　　　　　　　／
　　　　　出具人　　　　　XIAMEN YITONG TECHNOLOGY CO., LTD
　　　　　特殊要求　　　　证明一套不可议付的装运单据连同 3 份正本提单中的 1 份已经在装船后的 2 天内通过 DHL 寄送给开证申请人

11）承运人/船公司证明
　　　　　种类　　　　　　　／
　　　　　出具人　　　　　　船公司
　　　　　特殊要求　　　　证明承运船只隶属于班轮公会，船龄不超过 20 年

12）其他单据
　　　　　种类　　　　　　　／
　　　　　出具人　　　　　　／
　　　　　特殊要求　　　　　／

26．特别条款
　　①所有单据须注明信用证号码。
　　②需要另外提交两份发票副本和两份提单副本，供开证银行参考。
　　③承运船只隶属于班轮公会，船龄不超过 20 年。船公司要开立以上证明且要作为议付单据提交。
　　④不接受第三方提单、租船提单、简式提单和备运提单。
　　⑤每套不符单据费用为 100 美元，而且该不符费用应从索赔金额中扣除。

27．银行费用
　　①　　　所有银行费用均由受益人承担。

本案例信用证的全文翻译

报文页次	27:	第 1 页，共 1 页
跟单信用证形式	40A:	不可撤销跟单信用证
跟单信用证号码	20:	RGB2016935
开证日期	31C:	180715
适用规则	40E:	UCP600
到期日及到期地点	31D:	到期日：180909；地点：葡萄牙
开证银行	51A:	BANCO COMERCIAL PORTUGUES RUA ACTOR ANTONIO SILVA N7 1600-321 LISBON, PORTUGAL
开证申请人	50:	DYNASTY DEVELOPMENT CAMPANY R. X AVIER CORDIEIRO 63-6 LISBON, PORTUGAL
受益人	59:	厦门易通科技有限公司 厦门思明路 163 号，邮编：361000
跟单信用证的货币及金额	32B:	货币：美元；金额：43412.04
兑付银行及兑付方式	41D:	中国银行厦门分行，议付
汇票付款期限	42C:	见票后 30 天

汇票受票人（付款人）	42A：	BANCO COMERCIAL PORTUGUES RUA ACTOR ANTONIO SILVA N7 1600-321 LISBON, PORTUGAL
分批装运	43P：	不允许
转运	43T：	允许
装船、发运和接受监管的地点	44A：	福州
货物发送最终目的地	44B：	里斯本
最迟装运日期	44 C：	180825
货物或服务描述	45A：	GM85S 1080P 摄像机 828PCS　FD-C84-R1，每部 19.21 美元 828PCS　FD-C84-R2，每部 33.20 美元 所有细节参照 FYEE2018C748 号合同 交货条件：CIF 里斯本（2010 国际贸易术语解释通则） 上述内容均需在发票和装箱单上说明。
应提交单据	46A：	＋手签商业发票三份，标明生产厂商和货物原产地。 ＋手签装箱单/重量但一式五份，显示总箱数和每个纸箱的毛重和体积。 ＋普惠制原产地证书格式 A 一式两份，标明货物原产于中国，由中国出入境检验检疫局签发。 ＋2/3 正本清洁已装船海运提单，做成凭指示抬头，空白背书，标明运费到付，被通知人为开证申请人（指明其全称、地址和电话号码），注明承运人在卸货港的代理名称和地址。 ＋保险单一式三份，空白背书，按发票价值的 120%投保一切险和战争险。 ＋品质检验证书一式两份，由开证申请人签发和签署。 ＋受益人证明，证明一套非议付装运单据和一份正本提单已在装运后 2 天内通过 DHL 寄给开证申请人。 ＋装船通知一式三份，必须在装运后 48 小时内寄送给开证申请人。
附加条款	47A：	＋所有单据都要显示信用证号码。 ＋需要另外提交两份的发票副本和两份提单副本，供开证银行参考。 ＋运载的船隶属于班轮公会，船龄不超过 20 年，船公司要开立以上证明，该证明须随附其他信用证项下单据一并提交议付。 ＋不接受第三方提单、租船提单、简式提单和备运提单。 ＋每套不符单据费用为 100 美元，而且该不符费用应从索赔金额中扣除。
费用负担	71B：	所有银行费用均由卖方承担。
交单期限	48：	单据必须在装运日后 15 天内且在信用证有效期内提交。
保兑指示	49：	无保兑
给付款行、承兑行或议付行的指示	78：	＋汇票议付金额必须在信用证背面背书。 ＋你方通知/偿付费用以及其他费用由受益人承担。

		+我们将根据议付行的指示，在收到的运输单据跟信用证条款严格一致时才安排付款。
通知银行	57A：	中国银行厦门分行
附言	72：	本信用证以跟单信用证统一惯例（2007年修订本）国际商会第600号出版物为准。

第二节　信用证的审核

按合同规定的时间开立信用证是买方的基本义务。卖方一般在开证日前，通过催证督促买方及时开出信用证。卖方收到信用证后，必须依据贸易合同的内容对信用证的条款进行逐项审核，如果与合同规定的内容不符，或具有不能接受的其他内容，应及时向买方提出修改。如有多项修改内容必须一次提出。

一、银行审证的重点

（1）从政策上审核。主要看来证各项内容是否符合我国的方针政策以及是否有歧视性内容，若有则须根据不同情况向开证行交涉。

（2）对开证行的审核。主要对开证行所在国家的政治经济状况、开证行的资信、经营作风等进行审查。对于资信欠佳的银行应酌情采取适当的保全措施。

（3）对信用证性质与开证行付款责任的审核。出口业务中，我方不接受带"可撤销"字样的信用证；对于不可撤销的信用证，如附有限制性条款或保留字句，使"不可撤销"名不副实，应提醒对方修改。

二、出口企业审证的重点

信用证付款方式强调"单单相符、单证相符"的"严格符合"原则，如果受益人（通常为出口商）提供的单据有错漏，不仅会产生额外费用，而且还会遭到开证行的拒付，对安全、及时收汇带来很大的风险。事先对信用证条款进行审核，对于不符合出口合同规定或无法办到的信用证条款及时提请开证人（通常为进口方）进行修改，可以大大避免今后不符合信用证规定情况的发生。

（1）信用证的付款保证是否有效。应注意有下列情况之一的，不是一项有效的付款保证，或该项付款保证是存在缺陷问题的。

1）信用证明确表明是可以撤销的。此信用证由于无须通知受益人或未经受益人同意可以随时撤销或变更，应该说对受益人是没有付款保证的，对于此类信用证，一般不予接受。若信用证中如没有表明该信用证是否可以撤销，按照UCP600的规定，应理解为是不可以撤销的。

2）应该保兑的信用证未按要求由有关银行进行保兑。

3）信用证未生效。有条件的生效的信用证，如"待获得进口许可证后才能生效"。

4）信用证密押不符。

5）信用证简电或预先通知。

6）由开证人直接寄送的信用证。

（2）信用证的付款时间是否与有关合同规定相一致。

1）信用证中规定有关款项须在向银行交单后若干天内或见票后若干天内付款等情况。对此，应检查此类付款时间是否符合合同规定或公司的要求。

2）信用证在国外到期。若规定信用证国外到期，有关单据必须寄送国外。由于我们无法掌握单据到达国外银行所需的时间且容易延误或丢失，存在一定的风险，通常我们要求在国内交单付款，在来不及修改的情况下，必须提前一个邮程（邮程的长短应根据地区远近而定），以最快方式寄送；如信用证中的装期和效期是同一天即通常所称的"双到期"，在实际业务操作中，应将装期提前一定的时间（一般在效期前 10 天），以便有合理的时间来制单结汇。

（3）审核信用证受益人和开证人的名称和地址是否完整和准确。受益人应特别注意信用证上的受益人名称和地址应与其印就好的文件上的名称和地址内容相一致。

（4）检查装期的有关规定是否符合要求。超过信用证规定装期的运输单据将构成不符点，银行有权拒绝付款。检查信用证规定的装期应注意以下几点：能否在信用证规定的装期内备妥有关货物并按期出运，如来证收到时装期太近，无法按期装运，应及时与客户联系修改；实际装期与交单期时间相距时间太短，信用证中规定了分批出运的时间和数量，应注意能否办到，否则，任何一批未按期出运，以后各期即告失效。

（5）检查能否在信用证规定的交单期交单。如来证中规定向银行交单的日期不得迟于提单日期后若干天，如果过了限期或单据不齐有错漏，银行有权不付款。

（6）检查信用证内容是否完整。如果信用证是以电传或电报拍发给了通知行即"电讯送达"，那么应核实电文内容是否完整，如果电文无另外注明，并写明是根据国际商会丛刊第 600 号出版物即《跟单信用证统一惯例解释通则》，那么，该电文可以被当作有效信用证执行。

（7）检查信用证的通知方式是否安全、可靠。信用证一般是通过受益人所在国家或地区的通知/保兑行通知给受益人的。这种方式的信用证通知比较安全，因为根据《跟单信用证统一惯例解释通则》的有关规定，通知行应对所通知的信用证的真实性负责；如果不是这样寄交的，遇到下列情况之一的应特别注意：信用证是直接从海外寄过来的，那么就应该小心查明它的来历；信用证是从本地某个地址寄出的，要求出口商把货运单据寄往海外，而出口商并不了解他们指定的那家银行。对于上述情况，应该首先通过银行调查核实。

（8）检查信用证的金额、币制是否符合合同规定。信用证的金额应该与事先协商的相一致，信用证中的单价与总值要准确，大小写并用，内容要一致。如数量上可以有一定幅度的伸缩，信用证也应相应规定在支付金额时允许有一定幅度。如合同中规定的币制是"英镑"，而信用证中使用的是"美元"，也应加以注意。

（9）检查信用证的数量是否与合同规定相一致。应注意以下几点：除非信用证规定数量不得有增减，那么，在付款金额不超过信用证金额的情况下，货物数量可以容许有 5%的增减。特别注意的是以上提到的货物数量可以有 5%增减的规定一般适用于大宗货物，对于以包装单位或以个数为计算单位的货物不适用。如 5000PCS 100% COTTON SHIRTS（5000 件全棉衬衫）由于数量单位是"件"，实际交货时只能是 5000 件，而不能有 5%的增减。

（10）检查价格条款是否符合合同规定。不同的价格条款涉及具体的费用如运费、保险费由谁分担。例如，合同中的规定是 FOB SHANGHAI AT USD50/PC，根据此价格条款有关的运费和保险费由买方即开证人承担；如果信用证中的价格条款没有按合同的规定作上述表示，而是作了如下规定：CIF NEW YORK AT USD50/PC。对此条款如不及时修改，那么受益人将承担有关的运费和保险费。

（11）检查货物是否允许分批出运和转运。除非信用证另有规定，货物是允许分批装运的。特别应当注意的是：如果信用证中规定了每一批货物出运的确切时间，则必须按此照办，如不能办到，必须修改。除信用证另有规定外，货物也是允许转运的。

（12）检查有关的费用条款。信用证中规定的有关费用如运费或检验费等应事先协商一致，否则，对于额外的费用原则上不应承担；银行费用如事先未商定，应以双方共同承担为宜。

（13）检查信用证中有无陷阱条款。应特别注意下列信用证条款是有很大陷阱的条款，具有很大的风险：1/3 正本提单直接寄送客人的条款（如果接受此条款，将随时面临货、款两空的危险）；将客检证作为议付文件的条款（接受此条款，受益人正常处理信用证业务的主动权很大程度上掌握在对方手里，影响安全收汇）。

（14）检查信用证中有无矛盾之处。如：空运却要求提供海运提单；价格条款是 FOB，保险应由买方办理，而信用证中却要求提供保险单。

（15）检查有关信用证是否受 UCP600 的约束。明确信用证受 UCP600 的约束可以使我们在具体处理信用证业务中，对于信用证的有关规定有一个公认的解释和理解，避免因对某一规定的不同理解产生争议。

（16）检查信用证规定的文件能否提供或及时提供。一些需要认证的单据特别是使馆认证等能否及时办理和提供。由其他机构或部门出具的有关文件如出口许可证、运费收据、检验证明等能否提供或及时提供。信用证中指定船龄、船籍、船公司或不准在某港口转船等条款能否办到等。

三、信用证常见软条款介绍

信用证的软条款（Soft Clause），就是指开证申请人（进口商）在申请开立信用证时，故意设置若干隐蔽性的"陷阱"条款，以便在信用证运作中置受益人（出口商）于完全被动的境地，而开证申请人或开证行则可以随时将受益人置于陷阱而以单据不符为由，解除信用证项下的付款责任。换言之，信用证的软条款属于引而不发的高风险条款，是否引发的决定权掌握在开证申请人的手中。软条款信用证的根本特征在于它赋予了开证申请人或开证银行单方面撤销付款责任的主动权。

由于 UCP600 强调信用证业务只管单据，不管货，单据、货物绝对独立的原则，因而带有软条款的信用证主要是在货物的问题上设置陷阱，诱人上当受骗。常见的软条款大致可归纳为如下几种。

（一）变相可撤销信用证条款

当开证银行在某种条件得不到满足时（如未收到对方的汇款、信用证或保函等），可利用条款随时单方面解除其保证付款责任。

（二）暂不生效条款

信用证暂时不生效，何时生效由银行另行通知或以修改书通知。如信用证约定：信用证暂不能执行，待日后收到修改通知后才能生效执行；信用证暂不生效，须经开证申请人领取进口许可证、备妥通关的必备文件、取得配额或符合当地法律、政府规定后生效执行；L/C 的开证申请人须收到受益人提供的样品合格后生效执行等。如果信用证不生效，即无法出运货物，而一旦这期间货物的国际市场价格下跌或有其他对申请人（进口商）不利的因素，申请人就会趁机拒发装运通知，使信用证无法生效，从而最终使受益人不能及时提交完整的出口单据给议付行寄单索汇，也使开证行自行免除跟单信用证项下的付款责任。

例：This credit is non-operative unless the name of carrying vessel has been approved by the applicant.

（三）赋予开证申请人决定权的条款

信用证中规定一些非经开证申请人指示而不能按正常程序进行的条款。如发货须等申请人通知，有关运输事项如船名、装船日期、装卸港等须以申请人修改后的通知为准。也有的要求，货物检验证明或货运收据由进口商或其授权的人出具和签署，且印鉴应由开证行证实方可议付的条款等。这些条款对受益人来说极为不利，因为进口商或进口商授权人如果不来履行就不能出具检验证书或货运收据，这必然影响货物出运。但是，即使进口商检验并出具了证书或货运收据，如果未经开证行证实，也会造成单证不符。

（四）信用证规定的要求与有关国家的法律规定不符或有关部门规章不符

实践中，卖方不可疏忽大意的是虽然信用证表面规定有利于己方的条件，但有关国家或地方的法律以及有关出单部门的规定，不允许信用证上的规定得以实现，因此，应预防在先，了解在先，适当时应据理力争，删除有关条款，不应受别国法律的约束。例如，国外开来的远期信用证中，规定利息或最终贴现费由买方负担，但到期付款，开证行又要求扣除利息所得税，因为根据有关国家或地方法律，对利息收入均课征所得税。作为出口商应予充分考虑，电洽国外买方修改信用证中可能涉及扣除利息所得税的条款。又如，国外开来的信用证规定，要求投保伦敦协会货物保险条款和中国人民保险公司的保险条款，根据信用证要求投保伦敦保险协会货物保险条款的 ICC（A）险和中国人民保险公司的战争险（War Risks）条款，虽然这两种险别可以同时投保，但根据中国人民保险公司的规定，不能同时投保中外两个保险条款，只能取其一。因此，中方出口商应及时联系客户，删除其中一个保险条款，然后再投保。

（五）进口商规定要求出口商不易获得的单据的信用证

如规定某特定人签字的单据，或注明货物配船部位或装在船舱内的货柜提单，或明确要求 FOB 或 CFR 条件下凭保险公司回执申请议付，这些对作为受益人的卖方来说根本无法履行或非卖方所能控制。例如，信用证规定，要求受益人提供由商检局出具品质、数量和价格检验证明的条款，根据中国出入境检验检疫局的规定，出入境检验检疫局只能出具品质和数量的检验证明，但不能出具价格的检验证明。因此，非卖方所能获得，应及时要求买方通过银行修改，取消有关价格检验的词句。

又如，我国对国外出口的陶瓷、散装矿石等，信用证规定瓷管需装单舱、散装矿石要求装单舱或不准装深柜，必须在提单上加注"不准装深柜"。在实际工作中固然应适当考虑收货人的要求，但不能作为一条规定列入信用证内，因为配舱是属船方的权力范围，只要承运人对货物不违反适当地、谨慎地装船配载原则，货主是不能干涉的；另外，船方配货是根据全船货物全盘考虑的，不可能由货主分别指定部位装船。

（六）规定要求的内容已非信用证交易实质

如果信用证规定必须在货物运至目的地后，货物经检验合格后或经外汇管理当局核准后才付款；或规定以进口商承兑汇票为付款条件，如买方不承兑，开证行就不负责任。这些已非信用证交易，对出口商也没有保障可言。

（七）信用证前后条款互相矛盾

受益人无论如何也做不到单单一致。如信用证中规定禁止分批装运却又限定每批交货的期限，或既允许提交联运提单却又禁止转船，或者要求的保险的种类相互重叠等，这些无疑是相互矛盾的，将直接影响要求提交的单据，有可能成为开证行拒付的理由。

※应用案例分析 8-2

2018 年 7 月 16 日，厦门易通科技有限公司业务员对信用证进行审核，并列出审证意见。

信用证审核意见

1）信用证条款：31D   PLACE OF EXPIRY   PORTUGAL

　　存在问题：与合同规定 valid in China 不符

　　修改意见：改为在中国到期

2）信用证条款：42C   AT   SIGHT

　　存在问题：与合同规定 AT 30 DAYS   AFTER SIGHT 不符

　　修改意见：改为 AT 30 DAYS   AFTER SIGHT

3）信用证条款：43P   PARTIAL SHIPMENT   NOT ALLOWED

　　存在问题：与合同规定 PARTIAL SHIPMENT   ALLOWED 不符

　　修改意见：改为 ALLOWED

4）信用证条款：44C   180825

　　存在问题：与合同规定 By the end of Aug, 2018 不符

　　修改意见：改为 180831

5）信用证条款：31D   180909

　　存在问题：最迟装运日期推迟后，信用证到期日应作相应顺延

　　修改意见：改为 180915

6）信用证条款：45A   AT USD 33.20/PC

　　存在问题：与合同 USD 33.22/PC 不符

　　修改意见：改为 33.22

7）信用证条款：46A + 2/3 ORIGINAL CLEAN ON BOARD OCEAN BILLS OF
　　　　　　　　LADING
　　　　　　　　+ BENEFICIARY'S CERTIFICATE …OGETHER WITH ONE
　　　　　　　　 ORIGINAL
　　　　　　　　B/L…WITHIN 2 DAYS AFTER SHIPMENT

　　存在问题：是软条款，装运后 2 天内将 1/3 正本提单直接寄给客户，无法保证出口商在收到货款之前掌握货权

　　修改意见：将 3/3 正本提单交给银行，删除受益人证明有关寄送 1/3 正本提单的内容

8）信用证条款：46A   +INSURANCE POLICY IN TRIPLICATE ENDORSED IN BLANK FOR
　　　　　　　　120% OF THE INVOICE VALUE COVERING ALL RISKS AND WAR RISKS。

　　存在问题：与合同 for 110% invoice value covering all risks and strike risks. 不符

　　修改意见：改为按发票金额 110%投保，投保一切险和罢工险

9）信用证条款：46A   +QULITY INSPECTION CERTIFICATE IN DUPLICATE   ISSUED AND
　　　　　　　　SIGNED BY THE APPLICANT.

　　存在问题：软条款，检验证书由开证申请人签发，无法保证受益人及时正确交单

　　修改意见：改为由中国出入境检验检疫局签发

10）信用证条款：71B   ALL BANKING CHARGES ARE TO BE BORN BY THE BENEFICIARY

存在问题：<u>不能所有银行费用都由卖方承担，开证费用是买方负担的</u>

修改意见：<u>改为受益人承担发生在开证国以外的银行费用</u>

第三节　信用证的修改

一、信用证修改的规则

通过对信用证的全面审核，如发现问题，应分情况及时处理。对于影响安全收汇，难以接受或做到的信用证条款，必须要求国外买方进行修改。信用证修改的规则如下：

（1）只有开证申请人有权决定是否接受修改信用证；修改信用证只能由受益人向开证申请人提出，经开证申请人同意后再由其通知开证行。

（2）只有信用证受益人有权决定是否接受信用证修改，受益人只有在收到开证行通过通知行转递的修改通知后，对信用证的修改才有效。直接由受益人向开证行提出的改证申请是无效的。

二、修改信用证的注意事项

（1）凡是需要修改的内容，应做到一次性向对方提出，避免多次修改信用证，既节省时间又避免增加双方的手续和费用。

（2）对于不可撤销信用证中任何条款的修改，都必须取得当事人的同意后才能生效。

（3）收到信用证修改后，应及时检查修改内容是否符合要求，并根据情况表示接受或提出重新修改。同一修改书的内容，要么全部接受，要么全部拒绝，对修改书的部分接受是无效的。

（4）有关信用证修改必须通过原信用证通知行才真实、有效；通过买方直接寄送的修改申请书或修改书复印件不是有效的修改。

（5）明确修改费用由谁承担，一般按照责任归属来确定。

三、改证函的基本结构

出口商在审核信用证后，一旦发现有不符合合同或不利于出口方安全收汇的信用证条款，应该及时跟进口商联系，要求进口商通过开证银行修改信用证。信用证的修改要求应尽可能一次性具体明确地提出，以避免或减少往返改证，耽误时间，从而影响出口方业务的履行。

一封规范的改证函，应包括以下内容：

（1）感激对方开来的信用证。

（2）列明不符点并说明如何修改。

（3）感谢对方合作，并希望信用证修改书早日开到，以利于继续履行。

例句：

1) However, we are sorry to find it contains the following discrepancies.

2) But the following points are in discrepancy with the stipulations of our S/C No. 3467.

3) As to the description of the goods, please insert the word "red" before "sun".

4) Please amend the amount in figure to USD78470.00.

5) The expiry date should be February 15,2010 instead of February 5,2018.

※应用案例分析 8-3

2018年7月16日,厦门易通科技有限公司业务员根据信用证审核的结果,向DYNASTY发出一封改证函。

XIAMEN YITONG TECHNOLOGY CO., LTD NO.163 SIMING ROAD, XIAMEN, FUJIAN, CHINA TEL: (0592)24588666   FAX: (0592)24588999
ZIP CODE: 361000

JUL 16, 2018

DYNASTY DEVELOPMENT CAMPANY
R. Xavier Cordieiro 63-6
LISBON, PORTUGAL
TEL:00351-21-7904860
FAX: 00351-21-7904835
E-mail: Lettow@gmail.com

Dear Mr. Lettow,
Thank you for your L/C No. RGB2016935 issued by Banco Commercial Portugues dated June 15, ever2018. However, we have found the following discrepancies after checking with our S/C No. FYEE2018C748:

1. 31D Date and place of expiry
   The expiry date should be extended to 180915.
   The expiry place should be China instead of Porgual.
2. 42C Draft at
   The draft should be paid at 30 days after sight instead of at sight.
3. 43P Partial shipment
   The partial shipment should be allowed instead of not allowed.
4. 44C Latest date of shipment
   Latest date of shipment should be 180731 instead of 080725.
5. 45A Description of goods and /or services
   The unit price of FD-C84-R2 should be USD 33.22/PC instead of 33.20.
6. 46A Documents required
   + Please amend " + 2/3 orignal clean on board ocean bill of lading…. marked freight collected…" to " Full set(3/3) orignal clean on board ocean bill of lading….marked freight prepaid …." . And consequently delete the wording "the 1/3 original B/L" in the clause "Beneficiary's certificate stating that…sent to the applicant DHL within 2 days after shipment."
   +We have noticed that you increase the insurance amout to 120% of the invoice value instead of 110%.This will incur the additional premium,which is contracted to be borne by you.Please confirm the change. And the insurance should be covered "all risks and strike risks" instead of "all risks and war risks".
   +Please amend "Quality inspection certificate in duplicate issued and signed by the applicant" to "Quality inspection certificate in duplicate issued and signed by China Entry-Exit Inspection and Quarantine Bureau."
7. 71B Charges
   Please amend the clause "All banking charges are to be borne by the beneficiary" to "All banking charges outside Portugal are to be borne by the beneficiary".
   Please let us have the L/C amendment soon so that we can effect shipment within the contracted time.

Yours faithfully,
XIAMEN YITONG TECHNOLOGY CO., LTD
Zhang guo

2018 年 7 月 18 日，厦门易通科技有限公司接到中国银行厦门分行通知，收到 BANCO COMERCIAL PORTUGUES 银行开立的信用证修改书，经审核，符合公司的改证要求。

信用证修改书

2018JUL18 08:27:35		LOGICAL ERMINAL	146		
MT S700	ADMENDMENT OF A DOCUMENTARY CREDIT		PAGE	00001	
			FUNC	SWPRT	
			UMR	18329094	

MSGACK   DWS765I   AUTH OK, KEY B201881684531BT5, BKCHCNBJ   LJHISARI RECORD
BASIC HEADER   F 01   BKCHCNBJ73A   3548 372165
APPLICATION HEADER   0 700   1854   013426   LJHISARIAXXX 7277 977367 020213 1407 N
                                            * BANCO COMERCIAL PORTUGUES
                                            *LISBON
                                            *PORGUTAL
USER HEADER   SERVICE CODE   103:
                         BANK. PRIORITY   113:
                         MSG USER REF.   108:
                         INFO. FROM CI   115:
SENDER'S REFERENCE   20:   RGB2016935
RECEIVER'S REFERANCE   21:   NONREF
NUMBER OF AMENDMENT   26E: 1
DATE OF AMENDMENT   30:   180718
DATE OF ISSUE   31C: 180715
BENEFICIARY (BEFORE THIS AMENDMENT)   59: XIAMEN YITONG TECHNOLOGY CO., LTD.
                                          NO.163 SIMING ROAD,XIAMEN,
                                          FUJIAN, CHINA 361000
NARRATIVE   79:

++ UNDER FIELD 31D
   AMEND "DATE 180909" TO "DATE 180915"
   "PLACE PORGUAL" TO "PLACE CHINA"
 ++ UNDER FIELD 42C
AMEND TO READ: AT 30 DAYS AFTER SIGHT
 ++ UNDER FIELD 43P
AMEND "NOT ALLOWED" TO "ALLOWED"
 ++ UNDER FIELD 44C
AMEND TO READ: 180731
 ++ UNDER FIELD 45A
   AMEND "FD-C84-R2 AT USD 33.20/PC" TO "FD-C84-R2 AT USD 33.22/PC"
 ++ UNDER FIELD 46A
AMEND "2/3 ORIGINAL CLEAN ON BOARD OCEAN BILLS OF LADING... MARKED FREIGHT

COLLECTED AND NOTIFY APPLICANT…" TO "3/3 ORIGINAL CLEAN ON BOARD OCEAN BILLS OF LADING… MARKED FREIGHT PREPAID AND NOTIFY APPLICANT…"

++ UNDER FIELD 46A

AMEND "INSURANCE POLICY… FOR 120% OF THE INVOICE VALUE COVERING ALL RISKS AND WAR RISKS" TO "INSURANCE POLICY… FOR 110% OF THE INVOICE VALUE COVERING ALL RISKS AND STRIKE RISKS".

++ UNDER FIELD 46A

AMEND THE CLAUSE "QULITY INSPECTION CERTIFICATE IN DUPLICATE ISSUED AND SIGNED BY THE APPLICANT. TO "QULITY INSPECTION CERTIFICATE IN DUPLICATE ISSUED AND SIGNED BY GENERAL ADMINISTRATION OF CUSTOMS,P.R.CHINA".

++ UNDER FIELD 71B

ADMEND TO READ:

ALL BANKING CHARGES OUTSIDE PORTUGAL ARE FOR BENEFICIARY'S ACCOUNT.
ALL OTHER TERMS AND CONDITIONS REMAIN UNCHANGED
SEND. TO REC. INFO.   72:/PHONBEN/
TRAILER   <MAC:9K E93765> <CHK:6C3E87934S7B>

模拟练习题

1. 信用证条款的翻译

1) SIGNED COMMERCIAL INVOICE IN QUADRUPLICATE CERTIFING TO BE TRUE AND CORRECT MENTIONING TERMS OF DELIVERY AND THIS CREDIT NUMBER.

2) FULL SET OF CLEAN ON BOARD OCEAN BILLS OF LADING MADE OUT TO OUR ORDER BALANK ENDORSED MARKED FREIGHT COLLECT AND NOTIFY APPLICANT WITH FULL NAME AND ADDRSS.

3) BENEFICIARY SHOULD SEND SHIPPING ADVICE TO APPLICANT WITHIN 48 HOURS AFTER SHIPEMNT INDICATING VESSEL'S NAME, DATE OF SHIPMENT, MARKS, QUANTITY, TOTAL NET WEIGHT AND GROSS WEIGHT .

4) CERTIFICATE OF ORIGIN IN TRIPLICATE STATING THAT GOODS ARE OF CHINA ORIGIN ISSUED BY CHINA COUNCIL FOR THE PROMOTION OF INTERNATIONAL TRADE, MENTIONING NAME AND ADDRESS OF THE MANUFACTURER.

5) INSURANCE POLICY OR CERTIFICATE IN 3-FOLD, TO BE COVERED BY THE SELLER FOR 110% OF TOTAL INVOICE VALUE AGAINST F.P.A AND WAR RISKS AS PER THE RELAVANT OCEAN MARINE CARGO CLAUSES OF PICC DATED 1/1/1981.

6) SIGNED PACKING LIST IN QUINTUPLICATE SHOWING THE INNER PACKING SPECIFICATION AND GROSS WEIGHT AND NET WEIGHT OF EACH PACKAGE.

7) 2/2 SETS OF ORIGINAL INSURANCE POLICY OR CERTIFICATE ，BLANK ENDORSED , COVERING ALL RISKS AND WAR RISKS FOR 110% INVOICE VALUE, SHOWING CLAIMS PAYABLE IN INDIA.

8) BENEFICIARY'S CERTIFICATE STATING THAT ONE SET OF NON-NEGOTIABLE SHIPPING DOCUMENTS HAVE BEEN SENT TO THE APPLICANT BY EMS WITHIN 48 HOURS

AFTER SHIPMENT.

9）DOCUMENTS MUST BE PRESENTED TO THE NEGOTIATING BANK WITHIN 15 DAYS AFTER THE DATE OF SHIPMENT BUT WITHIN THE VALIDITY OF THIS CREDIT.

10）GOODS ARE PACKED IN NEW GUNNY BAGS OF 100 KGS EACH TOTAL 2000 BAGS AND BUYER'S LABELS MUST REACH THE SELLER 45 DAYS BEFORE THE MONTH OF SHIPMENT.

2. 信用证的审核

SALES CONTRACT

SELLER:	FUZHOU INTERNATIONAL TRADE CO., LTD. NO.28, WUYI ROAD, FUZHOU, FUJIAN, CHINA 350002	NO.:	FIT17G046
		DATE:	OCT. 10, 2017
		SIGNED IN:	FUZHOU
BUYER:	SUNSHINE TRADE CO., LTD 157 NE 39th St MIAMI, FL 33102, USA		

This contract Is made by and agreed between the BUYER and SELLER, in accordance with the terms and conditions stipulated below.

1. Commodity & Specification	2. Quantity	3. Unit Price	4. Amount
CIF MIAMI			
MEN'S T-SHIRT 20PCS PER CARTON COLOR: WHITE FABRIC CONTENT:100% COTTON	6200 PCS	USD9.26/PC	USD57412.00
Total:	6200 PCS		USD57412.00
With		More or less of shipment allowed at the sellers' option	

5. Total Value	SAY US DOLLARS FIFTY SEVEN THOUSAND FOUR HUNDRED AND TWELVE ONLY
6. Packing	EACH IN A PLASTIC BAG, 20 PCS IN A CARTON. GROSS WEIGHT 3.80KGS/CTN AND NET WEIGHT 3.40KGS/CTN.
7. Shipping Marks	SUNSHINE / FIT17G046 / MIAMI / C/NO.: 1-UP
8. Shipment	TO BE EFFECTED BEFORE THE END OF DEC., 2017 BY SEA FROM FUZHOU, CHINA TO MIAMI, USA WITH TRANSSHIPMENT AND PARTIAL SHIPMENTS NOT ALLOWED.
9. Insurance	TO BE EFFECTED BY THE SELLER FOR 110% INVOICE VALUE COVERING INSTITUTE CARGO CLAUSES (A) ANDD INSTITUTE WAR CLAUSES (CARGO).
11. Payment	BY IRREVOCABLE L/C PAYABLE AT SIGHT FOR 100% CONTRACT VALUE AND VALID FOR NEGOTIATION IN CHINA UNTIL THE 15TH DAY AFTER THE DATE OF SHIPMENT.

12. Remarks	

The Buyer	The Seller
COCO	Lily
SUNSHINE TRADE CO., LTD	FUZHOU INTERNATIONAL TRADE CO., LTD.
(signature)	(signature)

-- LETTER OF CREDIT--

SEQUENCE OF TOTAL	27:	1 / 1
FORM OF DOC. CREDIT	40 A:	IRREVOCABLE
DOC. CREDIT NUMBER	20:	TL17101801C12
DATE OF ISSUE	31 C:	171018
APPLICABLE RULES	40 E:	UCP LATEST VERSION
DATE AND PLACE OF EXPIRY	31 D:	DATE 180115 PLACE MIAMI USA
APPLICANT BANK	51A:	CITIBANK, MIAMI BRANCH 168 NE 37th St MIAMI, FL 33103, USA
APPLICANT	50:	SUNSHINE TRADE CO., LTD 157 NE 39th St MIAMI, FL 33102, USA
BENEFICIARY	59:	FUZHOU INTERNATIONAL TRADE CO., LTD. NO.28, WUYI ROAD, FUZHOU, FUJIAN, CHINA 350002
AMOUNT	32 B:	CURRENCY HKD AMOUNT **57421.00**
AVAILABLE WITH/.BY ...	41 D:	ANY BANK IN CHINA, BY NEGOTIATION
DRAFTS AT...	42 C:	AT SIGHT FOR FULL INVOICE VALUE
DRAWEE	42 A:	SUNSHINE TRADE CO., LTD
PARTIAL SHIPMENT	43 P:	NOT ALLOWED
TRANSSHIPMENT	43 T:	NOT ALLOWED
PORT OF LOADING	44 E:	FUZHOU, CHINA
PORT OF DISCHARGE	44 F:	MIAMI,USA
LATEST DATE OF SHIPMENT	44 C:	171210
DESCRIPT OF GOODS.	45 A:	MEN'S T-SHIRT 20PCS PER CARTON COLOR:WHITE FABRIC CONTENT:100% COTTON CIF MIAMI

		AS PER SALES CONTRACT NO. FIT17G046
DOCUMENTS REQUIRED	46 A:	+ SIGNED COMMERCIAL INVOICE IN QUADUPLICATE SHOWING THAT THE GOODS ARE OF CHINESE ORIGIN. + SIGNED PACKING LIST IN TRIPLICATE INDICATE GROSS WEIGHT AND MEASUREMENT PER CARTON. + CERTIFICATE OF ORIGIN GSP FORM A IN DUPLICATE INDICATE THAT THE GOODS ARE OF CHINESE ORIGIN. + INSURANCE POLICY ENDORSED IN BLANK FOR 110 PCT OF CIF VALUE, COVERING ALL RISK AND WAR RISK. + FULL SET CLEAN ON BOARD OCEAN BILLS OF LADING MADE OUT TO ORDER OF SHIPPER BLANK ENDORSED MARKED FREIGHT COLLECT AND NOTIFY APPLICANT SHOW THAT GOODS ARE SHIPPED FROM CHINESE PORT TO MIAMI. +CERTIFICATE OF QUALITY ISSUED AND SIGNED BY THE BUYER.
CHARGES	71 B:	ALL BANKING CHARGES OUTSIDE USA ARE TO BE BORN BY BENEFICIARY.
PERIOD FOR PRESENTATION	48:	DOCUMENTS MUST BE PRESENTED WITHIN 15 DAYS AFTER THE DATE OF ISSUANCE OF THE SHIPPING DOCUMENTS BUT WITHIN THE VALIDITY OF THE CREDIT.
CONFIRMATION INSTRUCTION	49:	WITHOUT
ADDITIONAL COND.	47B:	+ "MADE IN CHINA" MUST BE STICKED ON EACH PAIR AND THE RELATIVE. INVOICES MUST CERTIFY TO THIS EFFECT. + ALL DOCUMENTS REQUIRED UNDER THIS DOCUMENTARY CREDIT MUST MENTION.THIS DC NUMBER AND THE ISSUING BANK NAME.

3. 试翻译以下 SWIFT 信用证

-- LETTER OF CREDIT--		
SEQUENCE OF TOTAL	27:	1 / 1
FORM OF DOC. CREDIT	40 A:	IRREVOCABLE
DOC. CREDIT NUMBER	20:	06660801
DATE OF ISSUE	31 C:	JUNE 10,2014
APPLICABLE RULES	40 E:	UCP LATEST VERSION
DATE AND PLACE OF EXP.	31 D:	AUG.15,2014 IN THE UNITED STATES
APPLICANT	50:	PUSH ENTERPRISE 246, IMAMGONJ NEW YORK, THE UNITED STATES

ISSUING BANK	52 A:	AB BANK LIMITED NEW YORK BRANCH,
BENEFICIARY	59:	FUZHOU DA CHAO CO.LTD UNIT C 5/F JINGMAO TOWER FUZHOU, CHINA
AMOUNT	32 B:	CURRENCY HKD AMOUNT 168200.00
AVAILABLE WITH/.BY …	41 D:	ANY BANK IN CHINA, BY NEGOTIATION
DRAFTS AT…	42 C:	DRAFTS AT 60 DAYS SIGHT FOR 100PCT INVOICE VALUE
DRAWEE	42 D:	AB BANK LIMITED NEW YORK BRANCH
PARTIAL SHIPMENT	43 P:	NOT ALLOWED
TRANSSHIPMENT	43 T:	ALLOWED
LOADING/DISPATCHING/TAKING	44 A:	FUZHOU, CHINA
FOR TRANSPORT TO…	44 B:	NEW YORK
LATEST DATE OF SHIPMENT	44 C:	JULY.20，2014
DESCRIPT OF GOODS.	45 A:	CHINESE CERAMIC DINNERWARE 　(1)2DT-SG01 @HKD23.60 PER SET CIF NEW YORK 　(2) DT-GS02 @HKD24.20 PER SET CIF NEW YORK
DOCS REQUIRED	46 A:	+SIGNED COMMERCIAL INVOICE IN TRIPLICATE INDICATING FOB VALUE, FREIGHT AND INSURANCE CHARGES + SIGNED PACKING LIST IN TRIPLICATE + CERTIFICATE OF ORIGIN IN DUPLICATE +BENEFICIARY'S CERTIFICATE STATING THAT ONE SET OF ORIGINAL SHIPPING DOCUMENTS INCLUDING ORIGINAL "FORM A" HAS BEEN SENT DIRECTLY TO THE APPLICANT AFTER THE SHIPMENT. +INSURANCE POLICY OR CERTIFICATE ENDORSED IN BLANK FOR 110 PCT OF CIF VALUE,COVERING W.P.A. RISK AND WAR RISK +3/3 PLUS ONE COPY OF CLEAN "ON BOARD" OCEAN BILLS OF LADING MADE OUT TO ORDER AND BLANK ENORSED MARKED "FREIGHT COLLECT" AND NOTIFY APPLICANT.
ADDITIONAL CONDITION	47 A:	+ALL DRAFTS DRAWN HEREUNDER MUST BE MARKED "DRAWN UNDER AB BANK LIMITED NEW YORK BRANCH CREDIT No.06660801 DATED JUNE 10,2014" +T/T REIMBURSEMENT IS NOT ACCEPTABLE

DETAILS OF CHARGES	71 B:	ALL BANKING CHARGES OUTSIDE BANGLADESH ARE FOR BENEFICIARY'S ACCOUNT.
PRESENTATION PERIOD	48:	DOCUMENTS MUST BE PRESENTED WITHIN 15 DAYS AFTER THE DATE OF ISSUANCE OF THE SHIPPING DOCUMENTS BUT WITHIN THE VALIDITY OF THE CREDIT.
CONFIRMATION	49:	WITHOUT
	78:	THE AMOUNT AND DATE OF NEGOTIATION OF EACH DRAFT MUST BE ENDORSED ON THE REVERSE OF THIS CREDIT. ALL DOCUMENTS INCLUDING BENEFICIARY'S DRAFTS MUST BE SENT BY COURIER SERVICE DIRECTLY TO US IN ONE LOT. UPON OUR RECEIPT OF THE DRAFTS AND DOCUMENTS WE SHALL MAKE PAYMENT AS INSTRUCTED BY YOU.

第九章 备货订舱

 教学目标

通过本章的学习，了解订舱的步骤和业务流程，熟悉订舱业务中的国际贸易单据，了解商业发票、装箱单、出口订舱委托书的内容，掌握出口订舱文件的制作要求和注意事项，能够结合具体贸易背景准确及时缮制相关出口订舱所需的单据。

 教学要求

知识要点	能力要求	相关知识
订舱的业务流程	了解出口订舱的步骤和业务流程	（1）订舱 （2）十联单 　　装货单 　　场站收据 　　配舱回单
商业发票	（1）了解商业发票的概念和作用 （2）掌握商业发票的栏目和内容 （3）熟悉商业发票的应用案例分析 （4）学会正确缮制商业发票的技巧	商业发票的项目
装箱单	（1）了解包装单据的概念和作用 （2）掌握装箱单的栏目和内容 （3）熟悉装箱单制作的应用案例分析 （4）学会正确缮制装箱单的技巧	装箱单的栏目
出口订舱委托书	（1）了解出口订舱委托书的概念和作用 （2）掌握出口订舱委托书的栏目和内容 （3）熟悉出口订舱委托书的应用案例分析 （4）学会正确缮制出口订舱委托书的技巧	出口订舱委托书的栏目

备货是指卖方按合同和信用证的规定，按时、按质、按量准备好交付的货物，并做好申请报验等工作。备货过程中应按照合同与信用证规定的时间，及时对货物进行加工包装。包装标志也应按合同和信用证的要求，清晰地刷在外包装的两端。

订舱是托运人（Shippers）或其代理人向承运人（Carrier），即班轮公司或它的营业所或代理机构等申请货物运输，承运人对这种申请给予承诺的行为。与租船运输不同，班轮运输中承运人与托运人之间通常是以口头或订舱函电（Booking Memo）进行预约的。只要船公司对这种预约给予承诺，并在舱位登记簿（Space Book）上登记，即表明承、托双方已建立了有关货物运输的关系，并开始着手货物装船承运的一系列准备工作。

第一节 备货订舱的业务流程

一般,在国际贸易中,出口商总是力争以 CIF 价格条件成交。在这种情况下,出口商须承担出口货物的托运工作,将货物运交国外的进口商,所以订舱工作多数在装货港或货物输出地由出口商办理。但是,如果出口货物是以 FOB 价格条件成交,则订舱工作就可能在货物的输入地或卸货港由进口商办理。这样的订舱称为卸货地订舱(Home Booking)。

一、订舱的准则

(1)出口公司根据船公司提供的船期表掌握船、货情况,在船舶抵达港口或截止签单前,及时办理托运手续。

(2)出口公司办理订舱手续时,力求准确无误,尽量避免加载(增加订舱数量)、退载和变载的情况发生,以免影响承运人和船、货代理人以及港务部门的工作。

(3)对于发生额外特殊货物,如散装油类、冷藏货和鲜活货物的订舱,出口公司应事先通知承运人或船、货代理人,并列明要求。

二、订舱的程序

订舱通常由船舶代理机构办理,也可向船公司直接洽订。一般来说,当货方需要洽订整船舱位时,常以航次租船方式来完成货物的运输;其余情况下通常都选用班轮订舱的方式。班轮订舱的操作流程主要分为以下几个步骤。

(一)询价

货方首先需掌握发货港至各大洲、各大航线常用的以及货主常需服务的港口、价格及主要船公司的船期信息。

(二)订舱

货方经过比较之后选择合适的船公司,并根据合适的班轮船期向船方订舱,填写出口货物订舱委托书。

出口商委托货运代理订舱时,要将出口货物订舱委托书、商业发票和装箱单,一并交给货代,而货代收到出口商的委托书后,缮制集装箱货物海运托运单(俗称"十联单"),向船公司订舱。

(三)船方拟定装运方案

船方根据货方提供的载重量、货舱容积及订舱货载的具体特点,拟定合理装运方案,并通过代理与货方联系。

(四)签发订舱单

双方协商一致后,船方签发订舱单(Book Note,Berth Note)。

📖 知识链接 十联单

第 1 联:集装箱货物托运单(货主留底)(B/N)
第 2 联:集装箱货物托运单(船代留底)
第 3 联:运费通知(1)
第 4 联:运费通知(2)
第 5 联:装货单 场站收据副本(SHIPPING ORDER,S/O)

附页：缴纳出口货物港务费申请书
第6联：大副联（场站收据副本）
第7联：场站收据（DOCK RECEIPT，D/R）
第8联：货代留底
第9联：配舱回单（1）
第10联：配舱回单（2）

其中，装货单、场站收据和配舱回单是十联单的核心单据。

第5联：装货单（SHIPPING ORDER，S/O），也叫关单或下货纸，经船代盖章有效，海关完成验关手续后，在装货单上加盖海关放行章，船方收货装船，并在收货后留底。

第7联：场站收据（DOCK RECEIPT，D/R），是国际集装箱运输专用出口货运单证，它是由承运人委托集装箱堆场、货运站在收到整箱货或拼箱货后，签发给托运人的证明已收到托运货物并对货物开始负有责任的凭证。场站收据一般是在托运人口头或书面订舱，与船公司或船代达成货物运输的协议，船公司确认订舱后由船代交托运人或货代填制。托运人或其代理人可凭场站收据向船代船公司换取已装船或待装船提单。

第9联 配舱回单（EQUIPMENT INTERCHANGE RECEIPT）是货代在取得货主的定舱资料再向船公司定舱后取得的单证，即船公司或代理人接受托运并配妥船只舱位后退回给托运单位的单据。是船公司给货代的十联单中涉及的单据，内容与集装箱货物托运单完全相同。托运单位收到配舱回单后，可据此编制有关单证。

出口流程示意图

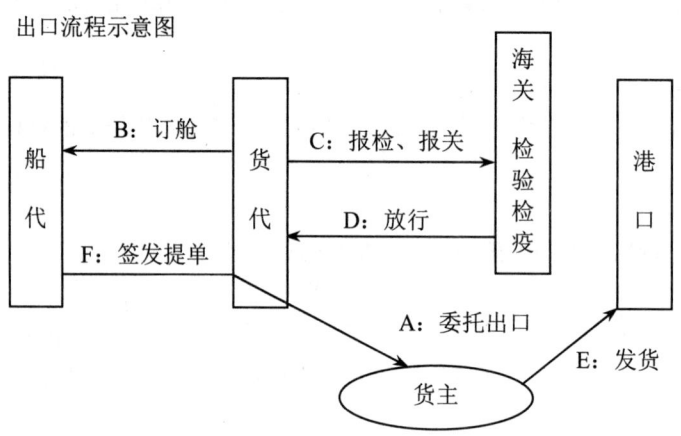

图9-1　海运出口货物托运的流转程序

第二节　商业发票

商业发票是整套单据的核心，其他单据均是以商业发票为核心来缮制的，在外贸制单工作程序中，一般也先缮制好商业发票，然后才制作其他单据。

一、商业发票的概念

商业发票（Commercial Invoice），简称为发票（Invoice），是在货物装出时，卖方开立的凭以向买方索取货款的价目清单和对整个交易和货物有关内容的总体说明。它全面反映了合同内容，虽不是物权凭证，但是全套单据的中心，是进出口贸易结算中使用的最主要的单据之一。

二、商业发票的作用

（1）便于进、出口商核对已发货物是否符合合同或信用证规定。
（2）作为进口方和出口方记账的依据。
（3）在出口地和进口地作为报关、清关及纳税的凭据。
（4）在不用汇票的情况下，可代替汇票作为付款依据。
（5）凭光票付款时，通常用以确定有关交易的细节。
（6）是整套出口单据的中心及其填制和审核的依据。
（7）可作为索赔、理赔的凭据。

三、商业发票的内容及缮制方法

商业发票无统一格式，但它的内容既要符合合同的规定，其文字描述又必须和信用证完全一致。缮制发票是一项复杂而细致的工作，缮制时要求符合规范，保证质量，做到正确无误、排列合理、缮打清楚、整洁美观。

（一）发票抬头（MESSRS/ TO：…）

除信用证有其他要求之外，发票抬头一般缮制为开证申请人（APPLICANT）或托收的委托人。信用证中一般表示为"FOR ACCOUNT OF×××"，或"TO THE ORDER OF×××"，其中的"×××"部分就是发票抬头。当采用托收或其他方式支付货款时，填写合同买方的名称和地址。填写时需注意的是，公司名称和地址要分两行打，而且必须打上名称和地址的全称。名称一般一行打完，不能换行，地址则可合理分行。如抬头可打成 FOR ACCOUNT OF×××、TO THE ORDER OF×××、TO MESSERS、TO×××等。

（二）发票出票人的名称和地址（EXPORTER）

填写出口商名称及地址，有时包括电传、电话号码等。该项目必须同货物买卖合同的签约人及信用证对受益人的描述一致。信用证项下即为受益人，一般表示为"BENEFICIARY:×××"。通常出口商名称及地址都已事先印好。

（三）装运工具及起讫地点（MEANS OF TRANSPORT AND ROUTE）

在装运工具及起讫地点填写时应一并填写货物的实际起运港（地）、目的港（地）以及运输方式，如果货物需经转运，应把转运港的名称打上。如 Shipment from Shanghai to Hamburg with transshipment at Hong Kong by vessel（装运自上海到汉堡，在香港转运）。

（四）单据名称

商业发票上应明确标明"INVOICE"（发票）或"COMMERCIAL INNOICE"（商业发票）字样。在信用证项下，为防止单、证不符，发票名称应与信用证一致。另外，还需注意，发票名称中不应有联合发票（COMBINED INVOICE）、宣誓发票（SWORN INVOICE）等字样。

（五）发票号码和日期（INVOICE NUMBER AND DATE）

发票号码和日期由出口公司根据实际情况自行编制。一般在编制时，在发票号码的顺序数字中能看出这一票业务是哪个部门及谁做的，具体的年份，以便于日后查找。发票日期最好不要晚于提单的出具日期，而且要在信用证规定的议付期之前。此外，卖方经常签订合同后即开立发票，出具日期也就早于信用证开立日期，根据UCP600的规定，这是允许的，但必须在信用证及UCP600规定的期限内提交。

（六）信用证号码（L/C NUMBER）

当采用信用证结算方式时，填写信用证号码（L/C NO）。如果信用证没有要求在发票上标明信用证号码，此项可以不填，当采用其他支付方式时，此项也可不填。

（七）合同号码（S/C NUMBER）

合同号码应与信用证上所列的相一致，如果一笔交易牵涉到几个合同时，应在发票上全部表示出来。

（八）支付方式（TERMS OF PAYMENT）

填写交易合同所采用的支付方式，如信用证、汇付、托收等。

（九）唛头及件数编号（MARKS AND NUMBERS）

唛头一般包括客户名称缩写、合同号、目的港、件数号等部分，如货物还要转运到内陆目的地，可打上"IN TRANSIT TO×××"等字样，一般由卖方自行设计。若信用证或合同中有规定，必须按规定填写，并与提单、托运单等单据严格一致。如果无唛头，或者裸装货、散装货等，则应填写"NO MARK"（缩写 N/M）。

（十）货物描述（DESCRIPTION OF GOODS）

货物描述包括货物的品名、规格、等级、尺寸、颜色等，一般用列表的方式将同类项并列集中填写。内容必须与信用证规定的货描完全一致，必要时要照信用证原样打印，不得随意减少内容，否则有可能被银行视为不符点。但有时信用证货描表述非常简单，此时按信用证打印完毕后，再按合同要求列明货物具体内容。若信用证对此部分有开错的，应将错就错，或用括号将正确的描述注明。信用证中此栏所用的词汇或词组一般有：DESCRIPTION OF GOODS；COVERING SHIPMENT OF；DESCRIPTION OF MERCHANDISE；SHIPMENT COVERING FOLLOWING GOODS；SHIPMENT OF GOODS AS FOLLOWING；COVERING VALUE OF；COVERING；COVERING THE FOLLOWING GOODS BY。

（十一）商品数量（QUANTITY）

货物数量的描述受到信用证和提单的两项约束，可以有出入，因此在信用证无相反规定时，货物的实际出运量允许有5%或10%的增减。若货物品种规格较多，则每种货物应写明小计数量，最后再进行合计。

（十二）单价和总值（UNIT PRICE /AMOUNT）

单价（UNIT PRICE）须显示计价货币、计量单位、单位金额和贸易术语四部分内容。发票的总值（AMOUNT）不能超过信用证规定的最高金额。但是信用证总值前有"约""大概""大约"或类似词语的，允许有 10%的增减幅度。单价和总金额是发票的主要项目，必须准确计算，正确缮打，并认真复核，特别要注意小数点的位置是否正确，金额和数量的横乘、竖加是否有矛盾。凡"大约""大概"或类似的词语，用于信用证金额、单价时，应理解为有关金额或单价有不超过10%的增减幅度。

如来证规定的数量已装完，而发票金额还有一些多余，在议付行表示接受的情况下，可采取"扣除""放弃"的办法处理，即在总额下面减除差额零头，减除后的发票总金额不超过信用证所允许的金额。如信用证规定发票金额要扣除相应佣金的，例如信用证条款规定"5% COMMISSION TO BE DEDUCTED FROM INVOICE VALUE"或有其他类似的条款规定的话，商业发票总金额应按规定表示扣除佣金，同时在扣除后计算净额。另外，有的信用证并没有明确规定这样的扣佣条款，但信用证总金额中已经扣除了佣金，则商业发票仍要计算扣除佣金。

例如，发票扣佣的表示方法：

QTY.	Unit Price	Amount
	CIFC5 NEW YORK	
100pcs	USD100.00/pc	USD10,000.00
	Less 5% Commission:	USD500.00
	CIF NET VALUE:	USD9,500.00

（十三）其他（OTHER CONTENTS）

位于信用证下方的空白处，可填写信用证的规定或特别需要在发票上注明的内容，特别是声明文句。

声明文句是根据不同国家（地区）及不同信用证的要求缮打的，要求确切、通顺、简洁。例如：

（1）WE CERTIFY THAT THE GOODS NAMED ABOVE HAVE BEEN SUPPLIED IN CONFORMITY WITH ORDER NO.12345.（兹证明本发票所列货物与合同号 12345 相符。）

（2）THIS IS TO CERTIFY THAT THE GOODS NAMED HEREIN ARE OF CHINESE ORIGIN.（兹证明所列商品系中国产。）

（3）WE HEREBY CERTIFY THAT THE ABOVE MENTIONED GOODS ARE OF CHINESE ORIGIN.（兹证明上述产品在中国制造。）

（4）WE HEREBR CERTIFY THAT WE ARE THE ACTUALLY MANUFACTURER OF THE GOODS INVOICED.（兹证明发票所列产品确为本厂制造。）

（5）WE HEREBY CERTIFY THAT THE ABOVE MENTIONED PARTICULARS AND FIGURES ARE TRUE AND CORRECT.（我们仅此证明发票所述详细内容真实无误。）

（6）WE CERTIFY THAT THE GOODS MENTIONED IN THIS INVOICE HAVE NOT BEEN SHIPPED ON BOARD OF ANY VESSEL FLYING ISRAELI FLAG OR DUE TO CALL AT ANY ISRAELI PORT.（兹证明本发票所列货物不装载于悬挂以色列国旗或驶靠任何以色列港口的船只。）

（7）THIS IS TO CERTIFY THAT TWO COPIES OF INVOICE、PACKING LIST AND BILL OF LADING HAVE BEEN AIRMAILED DIRECT TO APPLICANT IMMEDIATELY AFTER SHIPMENT EFFECTED.（兹证明发票、箱单和提单各两份副本，已于装运后立即直接航空快邮寄开证人。）

（8）IT IS HEREBY CERTIFIED THAT THIS INVOICE SHOWS THE ACTUAL PRICE OF THE GOODS DESCRIBED, THAT NO OTHER INVOICE HAS BEEN OR WILL BE ISSUED AND THAT ALL PARTICULARS ARE TRUE AND CORRECT.（兹证明本发票的价格系所述商品的真实价格，并未签发其他发票。）

（十四）出票人签章

根据 UCP600 第 18 条的规定,商业发票无须签署,但如果信用证要求提交签署的发票"SIGNED COMMERCIAL INVOICE…"或手签的发票"MANUALLY SIGNED…"，则发票必须签署，且后者还必须由发票授权签字人手签。我国出口企业一般手签或手签并盖章。

四、部分国家对发票的特殊规定

（1）智利。发票内要注明运费、保险费和 FOB 价值。

（2）澳大利亚。发票内应加发展中国家声明,可享受优惠关税待遇。声明文句: DEVELOPING COUNTRY DECLARATION THAT THE FINAL PROCESS OF MANUFACTURE OF THE FOODS FOR WHICH SPECIAL RATES ARE CLAIMED HAS BEEN PERFORMED IN CHINA AND THAT NOT LESS THAN ONE HALF OF THE FACTORY OR WORKS COST OF THE GOODS IS

REPRESENTED BY THE VALUE OF THE LABOUR OR MATERIALS OR OF LABOR AND MATERIALS OF CHINA AND AUSTRALIA.

（3）黎巴嫩。发票应加证实其真实性的词句。如：WE HEREBY CERTIFY THAT THIS INVOICE IS AUTHENTIC, THAT IT IS THE ONLY ONE ISSUED BY US FOR THE GOODS HEREIN, THAT THE VALUE AND PRICE OF THE GOODS ARE CORRECT WITHOUT ANY DEDUCTION OF PAYMENT IN ADVANCE AND ITS ORIGIN IS EXCLUSIVELY CHINA.

（4）科威特。发票内要注明制造厂商名称和船名，并注明毛、净重并以千克表示。

（5）巴林。发票内应加注货物原产地证明，并且手签。

（6）阿拉伯地区。一般都要求发票注明货物原产地，并由贸促会签证，或者由贸促会出具产地证书。

※应用案例分析 9-1

2018 年 7 月 20 日，厦门易通科技有限公司业务员张国根据合同和信用证缮制商业发票，着手准备订舱文件。

XIAMEN YITONG TECHNOLOGY CO., LTD
NO.163 SIMING ROAD, XIAMEN, FUJIAN, CHINA
TEL: (0592)24588666   FAX: (0592)24588999

COMMERCIAL INVOICE

To:	DYNASTY DEVELOPMENT CAMPANY R. XAVIER CORDIEIRO 63-6 LISBON, PORTUGAL		Invoice No.:	GHI65731
			Invoice Date:	JUL.20,2018
			S/C No.:	FYEE2018C748
			S/C Date:	JUL.5,2018
From:	XIAMEN		To:	LISBON
Marks and Numbers	Description of goods	Quantity	Unit Price	Amount
DDC FYEE2018C748 LISBON C/NO. 1-276	GM85S 1080P CAMERA FD-C84-R1 FD-C84-R2	828PCS 828PCS	CIFC5 LISBON USD19.21/PC USD33.22/PC	USD15905.88 USD27506.16
TOTAL:		1658PCS		USD43412.04
TOTAL AMOUNT:	SAY U.S. DOLLARS FORTY THREE THOUSAND FOUR HUNDRED AND TWELVE AND FOUR CENTS ONLY.			

XIAMEN YITONG TECHNOLOGY CO., LTD.

张国

(SIGNATURE)

第三节　包装单据

除散装货物外，包装商品一般都需要提供包装单据。进口地海关验货、公证行检验、进口商核对货物时，都以包装单据为依据，以了解包装件号内的具体内容和包装情况。

一、包装单据的种类

包装单据是指记载或描述货物包装情况的单据，是商业发票的附属单据，也是货运单据中一种重要单据，其主要作用是弥补商业发票的不足。包装单据的种类很多，主要有以下几种：

（1）装箱单（PACKING LIST 或 PACKING SLIP）。装箱单是信用证经常要求的单据之一，重点说明包装情况、包装条件和每件的毛重、净重等方面的内容，也是发票的辅助单据。

（2）重量单/磅码单（WEIGHT MEMO/ LIST/ NOTE）。一般以重量计价的商品，收货人对商品的重量比较重视，或当商品的重量对其质量能有一定的反映时，一般会要求重量单。

（3）尺码单（MEASUREMENT LIST）。尺码单偏重于说明所装运货物的体积，即每件商品的包装尺码以及总尺码。

（4）详细装箱单（DETAILED PACKING LIST）。

（5）包装声明（PACKING DECLARATION）。有些国家对进口货物的包装有一些特殊规定，如新西兰、澳大利亚等国规定，凡进口货物使用木材为包装材料，木材必须无虫、无菌、经过熏蒸处理才准许入境。对美国、加拿大出口，木质包装货物均需进行杀虫处理，按《国际植物保护公约》，对木质包装进行热处理时，一般要求温度达到56℃，并持续30分钟以上，还建议对有些木质包装采取烘干或化学处理，熏蒸时要采用甲基溴化处理。凡是向以上这些国家出口时，都需要采用包装声明。

（6）规格单（SPECIFICATION LIST）。规格单从内容上来讲，与PACKING LIST基本一致，只是从名称的要求上要与规定相符，并重点说明包装的规格，如：每箱装24打，每两打装一小盒，每打用塑料袋包装等细节。

（7）花色搭配单（ASSORTMENT LIST）。花色搭配单是说明商品花色搭配情况的单据。之所以有这样一些形式起因于进口商对所购商品的某一或某几方面比较关注，希望出口方重点提供该方面的单据；这类单据由受益人用英文制作，格式自定义，内容繁简应以满足合同或信用证规定、符合银行惯例和适应客户需要为准。

二、装箱单的内容与缮制方法

（1）单据的名称。按信用证要求的类型和名称提供，如要求Detailed Pakcing List，可通过在单据中详细显示单件货物的毛重、净重和体积加以实现；如要求Neutral Packing List（中性装箱单），所提供的单据只要不打印受益人名称，不签章就可满足要求；ISBP规定，只要单据中包括了装箱细节，即使没有单据名称也视为符合信用证规定；如信用证规定为"Weight Memo"，则单据名称不能用"Weight List"。

（2）出单方（Issuer）。一般情况下，填写出口公司的名称及地址。

（3）抬头人（To）。除非信用证特别要求，否则银行可接受箱单表面无抬头人（即无信用证申请人名称和地址）的表示。

（4）装箱单据的号码、日期（No., Date）。一般填写发票号码、日期。

（5）箱号（C/NOS）。即包装件号，应根据实际按序编写。有的信用证规定箱单中应注明件号为"1-UP"，这里的 UP 应理解为总箱数。

（6）唛头（SHIPPING MARK）。与发票和信用证上的规定一致，也可以只注明"as per invoice No.×××"。

（7）商品数量（No. and Kinds of Packages）。该数量为运输包装单位的数量，而不是计价单位的数量。

（8）商品名称（Name of Commodity）。装箱单中所标明的货物应为发票中所描述的货物，但可用与其他单据无矛盾的统称表示。除非信用证明确规定装箱单必须表明货物表述，否则银行可接受没有货物描述的装箱单，只要装箱单内容与发票有充分的联系。

（9）商品的毛重（Gross Weight，GW）、净重（Net Weight，NW）和体积（Measurement，Meas）。毛重应注明每个包装件的毛重和此包装件内不同规格、品种、花色货物各自的总毛重（Subtotal），最后在合计栏处标注所有货物的总毛重；净重应注明每个包装件的净重和此包装件内不同规格、品种、花色货物各自的总净重，最后在合计栏处标注所有货物总净重；体积则要求注明每个包装件的尺寸和总体积。

（10）签署（Signature）。装箱单上一般不用签署，除非信用证条款中有特别指示。

三、其他包装单据的制作

包装单据的内容及缮制要点因公司不同、产品不同、合同/信用证中的要求不同，会略有区别。如上所述，装箱单的主要内容有单据名称、号码、收货人、箱号/包装件号、装卸港、包装件数的大小写、货物描述、货物的数量、毛重、净重、体积、包装情况、出单人及其签字盖章等；重量单的内容则在装箱单基础上进一步明确每件货物的毛重、净重、体积、皮重情况；尺码单则侧重说明货物的体积，即每件商品的包装尺码及总尺码，如果不是统一尺码，则应逐一列明，注意尺码要用公制表示。用托盘装运时，除了说明货物装上托盘后的总尺码外，还需说明托盘本身的尺码。还有其他一些包装单据根据具体要求不同可以有不同的侧重点。

四、制作包装单据应注意的事项

（1）一份信用证同时要求装箱单和重量单的业务处理。如要求两种单据分别出具，应按来证办理；如是合二为一，则只需按装箱单规定操作。

（2）如实反映信用证关于装箱的规定。不管是笼统规定（Seaworthy Packing 或 Standard Export Packing）还是具体要求（Packed in Woven Bags 等）均应准确显示在单据之上。

（3）有些公司将两种单据名称印在一起，来证仅要求其中一种时，应将另一种单据的名称删除。

（4）如来证规定包装单以"Plain Paper"或"in Plain"或"in White Paper"等形式出具，单据上不应显示双方的名称，也不可签章。

（5）如要求在箱单上标明商品的标签上的内容，应予以满足。如信用证要求："EACH PIECE HAS A SEWING LABEL STATING 100% COTTON MADE IN CHINA AND WASHING INSTRUCTIONS."（标签应缝制在每件商品上，应明确纯棉产品、中国制造、洗涤注意事项）。

（6）有的信用证要求将制作完毕的装箱单粘贴在盛装货物的集装箱箱门内侧，也必须照办。

（7）货物如装托盘，尺码单上应同时标明托盘本身尺码和装货后总的尺码。

（8）如合同（或信用证）对 Outer/Master Packing（外/主包装）和 Inner Packing（内包装）提出具体要求的话应予以满足。

（9）包装单据一般不显示货物的单价、总价。进口商转售时通常自制发票、使用出口商提供的原始包装单据，这样就可以避免泄露其购买成本。

（10）有时信用证要求包装单据名称为"CERTIFICATE OF…"则在单据中加注"WE CERTIFY THAT…ARE TRUE AND CORRECT"的文句。

表 9-1　单据份数的英文表示方法

In Duplicate	2-Fold	一式二份
In Triplicate	3-Fold	一式三份
In Quadruplicate	4-Fold	一式四份
In Quintuplicate	5-Fold	一式五份
In Sextuplicate	6-Fold	一式六份
In Septuplicate	7-Fold	一式七份
In Octuplicate	8-Fold	一式八份
In Nonuplicate	9-Fold	一式九份
In Decuplicate	10-Fold	一式十份

※应用案例分析 9-2

2018 年 7 月 20 日，厦门易通科技有限公司业务员张国根据合同和信用证缮制装箱单，着手准备订舱文件。

XIAMEN YITONG TECHNOLOGY CO., LTD
NO.163 SIMING ROAD, XIAMEN, FUJIAN, CHINA
TEL: (0592)24588666　　　FAX: (0592)24588999

PACKING LIST

To:	DYNASTY DEVELOPMENT CAMPANY R. XAVIER CORDIEIRO 63-6 LISBON, PORTUGAL	Invoice No.:	GHI65731
		3)Invoice Date:	JUL.20,2018
		S/C No.:	FYEE2018C748
		S/C Date:	JUL.5,2018
From:	XIAMEN	To:	LISBON

Marks and Numbers	Description of goods	Package	Quantity	G.W (KGS)	N.W (KGS)	MEAS. (CBM)
DDC FYEE2018C748 LISBON C/NO. 1-276	GM85S 1080P CAMERA FD-C84-R1 FD-C84-R2	138CTNS 138CTNS	828PCS 828PCS	378.12 485.76	320.16 386.40	24.84 24.84

TOTAL:		276CTNS	1656 PCS	863.88	706.56	49.68
TOTAL PACKAGES:	SAY TWO HUNDRED AND SEVENTY SIX CARTONS ONLY.					
		XIAMEN YITONG TECHNOLOGY CO., LTD. 张国 (SIGNATURE)				

第四节 订舱委托书

订舱委托书（Booking Note）简称托书，是进/出口商为了买卖商品，通过船公司和货代公司进行船运订舱的申请书。

订舱委托书没有固定格式，不同进出口公司缮制的委托书不尽相同，但主要内容都要包含在内。其中主要包括托运人、收货人、装货港、卸货港、唛头、货物描述、货物毛重、货物体积、运费的支付方式、所订船期，订舱章以及其他需求要在订舱委托书体现，例如目的港免用箱期申请等。

一、填制订舱委托书的主要注意事项

（1）确认委托书所载品名是否是危险品，是否是液体（对接载液体以及电池有特殊要求），确认品名的另外一个作用就是查明货物是否对该产品存在海关监管条件。

（2）确认件数，确认货物尺寸体积是否超过装载装箱能力，确认重量是否有单件货物超过 3 吨，如果超过 3 吨需要和仓库确认是否有装箱能力。

（3）委托书是预配舱单以及提单确认的初步依据，如果一次性正确可为提单确认省去许多麻烦。

（4）如需要投保、熏蒸、打托缠膜、拍照、换单，要在订舱委托书显要位置注明。

（5）所订船期受到外商订购合同、备货时间、商检时间等制约，根据时间合理安排订舱日期。

（6）遇到拼箱出口未能按时出运，并未按时撤载，会产生亏舱费。

二、订舱委托书的基本内容

（1）托运人（Shipper）的名称和营业所。此栏填写出口商或信用证没有特殊规定时应填写信用证受益人的名称和地址，如果信用证要求以第三者为托运人必须按信用证的要求予以缮制。

（2）收货人或指示（Consignee or Order）的名称。收货人的指定关系到提单能否转让，以及货物 的归属问题，收货人的名称必须按信用证的规定填写。

（3）被通知人（Notify Party）。被通知人即进口方或进口方的代理人，如信用证有具体规定，要严格按照信用证规定缮制。被通知人信息要非常具体，不仅要有名称、地址，如有联系方式等也要注明。如果来证未说明哪一方为被通知人，那么将 L/C 中的申请人名称、地址填入副本 B/L 中，正本先保持空白。

（4）收货地点（Place of Receipt）。本栏只有在转船运输时填写。

（5）海运船只（Ocean Vessel）。本栏按实际情况填写承担本次运输货物的船舶的名称。

（6）航次（VOYAGE NO.）。本栏按实际情况填写承担本次运输货物的航次。

（7）装货港（Port of Lading）。本栏填写货物的实际装船的港口名称，即启运港。

（8）卸货港（Port of Discharge）。本栏填写海运承运人终止承运责任的港口名称。

（9）交货地点（Place of Delivery）。本栏只有在转船运输时填写。

（10）托运单的号码（D/R.NO._____）。承运人或其代理人按承运人接受托运货物的先后次序或按舱位入货的位置编排的号码。

（11）标志和号码（Marks and No.）。又称唛头，是提单与货物联系的主要纽带，是收货人提货的重要依据，必须按信用证或合同的规定填写。如无唛头规定时可注：NO MARKS（N/M）。

（12）总计（SAY TOTOL）。用大写填表示集装箱或其他形式最大外包装件数。

（13）提单签发的时间与地点（PLACE AND DATE）。时间指货物实际装运的时间或已接受船方监管的时间；地点指的是货物实际装运的港口或接受监管的地点。

（14）正本提单份数（NO. OF ORIGINAL B/L）。正本提单签发的份数必须符合信用证规定的份数。

※应用案例分析9-3

2018年7月20日，厦门易通科技有限公司业务员张国缮制订舱委托书，连同商业发票和装箱单一起提交给货代订舱。

厦门易通科技有限公司
XIAMEN YITONG TECHNOLOGY CO., LTD.

出 口 货 物 订 舱 委 托 书　　日期　2018年7月20日

发货人	信用证号码	RGB2016935		
XIAMEN YITONG TECHNOLOGY CO., LTD. NO.163 SIMING ROAD,XIAMEN, FUJIAN, CHINA 361000	开证银行	BANCO COMERCIAL PORTUGUES		
	合同号码	FYEE2018C748	成交金额	USD43412.04
	装运口岸	XIAMEN	目的港	LISBON
收货人 TO ORDER	转船运输	ALLOWED	分批装运	ALLOWED
	信用证有效期	2018-9-15	装船期限	2018-8-31
	运费	PREPAID	成交条件	CIF
	公司联系人	张国	电话/传真	059224588666
通知人 DYNASTY DEVELOPMENT CAMPANY R. XAVIER CORDIEIRO 63-6 LISBON, PORTUGAL	特别要求			

标记唛头	货物描述	总件数	总毛重	总尺码
DDC FYEE2018C748 LISBON C/NO. 1-276	GM85S 1080P CAMERA	276CTNS	863.88KGS	49.68CBM

备注
1. 提单需注明"FREIGHT PREPAID"。

2. 提单需注明信用证号 RGB2016935。

3. 承运船只隶属于班轮公会且船龄不超过 20 年。船公司还需就此另行出具一份证明。

厦门思明路 136 号

NO.163 SIMING ROAD,XIAMEN, FUJIAN, CHINA

TEL: (0592)24588666　　　　FAX: (0592)24588999

※应用案例分析 9-4

2018 年 7 月 23 日，厦门易通科技有限公司获得舱反馈文件，也就是"十联单"的第五至七联和第九、第十联。其中，第五至七联主要用于日后报关，第九、十联则为配舱回单。取得配舱回单，出口方要摘取船名、航次、提单号信息。

配舱回单上有与提单号码一致的 D/R 编号、船名、航次、装船日期等信息，还有船公司的签单章，即表示船公司已经确认了订货人的订舱。

Shipper XIAMEN YITONG TECHNOLOGY CO., LTD. NO.163 SIMING ROAD,XIAMEN, FUJIAN, CHINA 361000				D/R No.: COSU88699228	
Consignee TO ORDER				^	
Notify Party DYNASTY DEVELOPMENT CAMPANY R. XAVIER CORDIEIRO 63-6 LISBON, PORTUGAL				配舱回单	
Pre-carriage by			Place of Receipt		
Vessel　Voy.No. XINOU8/123E			Port of Loading XIAMEN		
Port of Discharge LISBON			Place of Delivery	Final　Destination　for　the Merchant's Reference	
Container No.	Marks & Nos DDC FYEE2018C748 LISBON C/NO. 1-276 || Nos. Kinds of Packages 276CTNS	Description of Goods GM85S 1080P CAMERA	Gross Weight(kg) 863.88KGS	Measurements 49.68CBM
Total Number of Containers of Packages(In Words)			SAY TWO HUNDRED SEVEN HUNDRED AND SIX CARTONS ONLY.		
Container No. 装船日期：2018 年 8 月 15 日					Seal No.
Freight & Charges			Revenue Tons	RATE	Prepaid	Collect
Ex.Rate	Prepaid at			Payable at	Place of Issue

	Total Prepaid		No. of Original B(s)/L
			THREE
Service Type on Receiving	Service Type on Delivery		提单签发:
☑CY ☐CFS ☐DOOR	☑CYFS ☐CFS ☐DOOR		
可否转船: YES	可否分批: YES		厦门中远集装箱船务代理有限公司
装期: AUG.31, 2018	效期: SEP.15, 2018		签单章
金额: USD43412.04			
制单日期: JUL. 23, 2018			

模拟练习题

根据以下信息和合同、信用证填制出口订舱文件（出口货物订舱委托书、商业发票和装箱单）：

2017年3月22日，中国银行厦门省分行通知厦门金世国际贸易有限公司，收到了渣打银行转来的信用证，经审核，厦门金世国际贸易有限公司认为其符合要求，随即开始根据信用证的有关规定备货出运。4月12日，厦门金世国际贸易有限公司委托货运代理人（厦门凯捷国际货运代理有限公司）向船公司订舱。

CONFIRMATION

卖方 SELLER:	XIAMEN JINSHI TRADING CO., LTD. HUARONG MANSION RM2901 NO.85 GUANJIAQIAO, XIAMEN 361002, CHINA TEL: 0086-592-4715004 FAX: 0086-592-4711363	编号 NO.:	NEO2017026
		日期 DATE:	Feb. 28, 2017
		地点 SIGNED IN:	NANJING, CHINA
买方 BUYER:	BRO GENERAL TRADING CO. P.O. BOX 99552, RIYADH 22766, KSA TEL: 00966-1-4659220 FAX: 00966-1-4659213		

买卖双方同意以下条款达成交易:

This contract Is made by and agreed between the BUYER and SELLER , in accordance with the terms and conditions stipulated below.

1. 品名及规格 Commodity & Specification	2. 数量 Quantity	3. 单价及价格条款 Unit Price & Trade Terms	4. 金额 Amount
CFR DAMMAM PORT, SAUDI ARABIA			
CANNED MUSRHOOMS PIECES & STEMS 24 TINS×425 GRAMS NET WEIGHT (D.W. 227 GRAMS) AT USD7.80 PER CARTON. ROSE BRAND.	1700CARTONS	USD7.80	USD13260.00

G.W.: 19074.44KGS

Total:		1700CARTONS	USD13260.00
	允许 With	溢短装，由卖方决定 More or less of shipment allowed at the sellers' option	
5.	总值 Total Value	USD THIRTEEN THOUSAND TWO HUNDRED AND SIXTY ONLY.	
6.	包装 Packing	EXPORTED BROWN CARTON	
7.	唛头 Shipping Marks	BRO 178/2017 RIYADH	
8.	装运期及运输方式 Time of Shipment & means of Transportation	Not Later Than Apr.30, 2017 BY VESSEL	
9.	装运港及目的地 Port of Loading & Destination	From : SHANGHAI PORT, CHINA To : DAMMAM PORT, SAUDI ARABIA	
10.	保险 Insurance	TO BE COVERED BY THE BUYER.	
11.	付款方式 Terms of Payment	The Buyers shall open through a bank acceptable to the Seller an Irrevocable Letter of Credit payable at sight of reach the seller 30 days before the month of shipment, valid for negotiation in China until the 15th day after the date of shipment.	
12.	备注 Remarks		

The Buyer

BRO GENERAL TRADING CO.

The Seller

XIAMEN JINSHI TRADING CO., LTD.

(signature)　　　　　　　　　　　　(signature)

2017MAR22 09:18:11			LOGICAL TERMINAL E102
MT S700	ISSUE OF A DOCUMENTARY CREDIT		PAGE 00001
			FUNC MSG700
			UMR 06881051
MSGACK DWS765I AUTH OK, KEY B198081689580FC5, BKCHCNBJ RJHISARI RECORO			
BASIC HEADER		F 01 BKCHCNBJA940 0588 550628	
APPLICATION HEADER		0 700 1057 010320 RJHISARIAXXX 7277 977367 020213 1557 N	

　　　　　　　　　　　　　　　　*ALRAJHI BANKING AND INVESTMENT
　　　　　　　　　　　　　　　　*CORPORATION
　　　　　　　　　　　　　　　　*RIYADH
　　　　　　　　　　　　　　　　*(HEAD OFFICE)

USER HEADER		SERVICE CODE 103:	（银行盖信用证通知专用章）
		BANK. PRIORITY 113:	
		MSG USER REF. 108:	
		INFO. FROM CI 115:	
SEQUENCE OF TOTAL	* 27	1 / 1	
FORM OF DOC. CREDIT	* 40 A	NON-TRANSFERABLE	
DOC. CREDIT NUMBER	* 20	0091LC123756	
DATE OF ISSUE	31 C	170320	
APPLICABLE RULES	* 40 E	UCP LATEST VERSION	
DATE/PLACE EXP.	* 31 D	DATE 09170515 PLACE CHINA	
APPLICANT	* 50	BRO GENERAL TRADING CO. P.O. BOX 99552, RIYADH 22766, KSA TEL: 00966-1-4659220 FAX: 00966-1-4659213	
BENEFICIARY	* 59	XIAMEN JINSHI TRADING CO., LTD. HUARONG MANSION RM2901 NO.85 GUANJIAQIAO, XIAMEN 361002, CHINA TEL: 0086-592-4715004 FAX: 0086-592-4711363	
AMOUNT	* 32 B	CURRENCY USD AMOUNT13260,00	
AVAILABLE WITH/BY	* 41 D	ANY BANK IN CHINA, BY NEGOTIATION	
DRAFTS AT ...	42 C	SIGHT	
DRAWEE	42 A	RJHISARI *ALRAJHI BANKING AND INVESTMENT *CORPORATION *RIYADH *(HEAD OFFICE)	
PARTIAL SHIPMTS	43 P	NOT ALLOWED	
TRANSSHIPMENT	43 T	NOT ALLOWED	
PORT OF LOADING	44 E	CHINA MAIN FORT, CHINA	
PORT OF DISCHARGE	44 F	DAMMAM PORT, SAUDI ARABIA	
LATEST SHIPMENT	44 C	170430	
GOODS DESCRIPT	45 A	CANNED MUSRHOOM PIECES & STEMS 24 TINS×425 GRAMS NET WEIGHT (D.W. 227 GRAMS) AT USD7.80 PER CARTON. ROSE BRAND.	
DOCS REQUIRED	46 A	DOCUMENTS REQUIRED: + SIGNED COMMERCIAL INVOICE IN TRIPLICATE ORIGINAL AND MUST SHOW BREAK DOWN OF THE AMOUNT AS FOLLOWS: FOB VALUE, FREIGHT CHARGES AND TOTAL AMOUNT C AND F. + FULL SET CLEAN ON BOARD BILL OF LADING MADE OUT TO THE ORDER OF AL RAJHI BANKING AND INVESTMENT CORP,	

		MARKED FREIGHT PREPAID AND NOTIFY APPLICANT, INDICATING THE FULL NAME, ADDRESS AND TEL NO. OF THE CARRYING VESSEL'S AGENT AT THE PORT OF DISCHARGE. + PACKING LIST IN ONE ORIGINAL PLUS 5 COPIES, ALL OF WHICH MUST BE MANUALLY SIGNED. + INSPECTION (HEALTH) CERTIFICATE FROM C.I.Q. (ENTRY-EXIT INSPECTION AND QUARANTINE OF THE PEOOPLES REP. OF CHINA) STATING GOODS ARE FIT FOR HUMAN BEING. + CERTIFICATE OF ORIGIN DULY CERTIFIED BY C.C.P.I.T. STATING THE NAME OF THE MANUFACTURERS OF PRODUCERS AND THAT GOODS EXPORTED ARE WHOLLY OF CHINESE ORIGIN. + THE PRODUCTION DATE OF THE GOODS NOT TO BE EARLIER THAN HALF MONTH AT TIME OF SHIPMENT. BENEFICIARY MUST CERTIFY THE SAME. +SHIPMENT TO BE EFFECTED BY CONTAINER AND BY REGULARE LINE. SHIPMENT COMPANY'S CERTIFICATE TO THIS EFFECT SHOULD ACCOMPANY THE DOCUMENTS.
DD. CONDITIONS	47 A	ADDITIONAL CONDITION: A DISCREPANCY FEE OF USD50.00 WILL BE IMPOSED ON EACH SET OF DOCUMENTS PRESENTED FOR NEGOTIATION UNDER THIS L/C WITH DISCREPANCY. THE FEE WILL BE DEDUCTED FROM THE BILL AMOUNT.
CHARGES	71 B	ALL CHARGES AND COMMISSIONS OUTSIDE KSA ON BENEFICIARIES' ACCOUNT INCLUDING REIMBURSING, BANK COMMISSION, DISCREPANCY FEE (IF ANY) AND COURIER CHARGES.
CONFIRMAT INSTR	* 49	WITHOUT
REIMBURS. BANK	53 D	/ / AL RAJHI BANKING AND INVESTMENT CORP RIYADH (HEAD OFFICE)
INS PAYING BANK	78	DOCUMENTS TO BE DESPATCHED IN ONE LOT BY COURIER. ALL CORRESPONDENCE TO BE SENT TO ALRAJHI BANKING AND INVESTMENT COPRORATION RIYADH (HEAD OFFICE)
SEND REC INFO TRAILER	72	L/C IS SUBJECT TO UCP DC ICC IN USE ORDER IS <MAC:> <PAC:> <ENC:> <CHK:> <TNG:> <PDE:> MAC:E55927A4 CHK:7B505952829A HOB:

出口货物订舱委托书

日期　　年　月　日

发货人	信用证号码	
	开证银行	
	合同号码	成交金额
	装运口岸	目的港
收货人	转船运输	分批装运
	信用证有效期	装船期限
	运费	成交条件
	公司联系人	电话/传真
通知人	特别要求	

标记唛头	货物描述	总件数	总毛重	总尺码

备注

FUZHOU INTERNATIONAL TRADE CO., LTD.
NO.28, WUYI ROAD, FUZHOU, FUJIAN, CHINA 35000

COMMERCIAL INVOICE

To:		Invoice No.:	
		Invoice Date:	
		S/C No.:	
		S/C Date:	
From:		To:	

Marks and Numbers	Description of goods	Quantity	Unit Price	Amount

TOTAL:

TOTAL AMOUNT:

FUZHOU INTERNATIONAL TRADE CO., LTD.
NO.28, WUYI ROAD, FUZHOU, FUJIAN, CHINA 35000

PACKING LIST

To:		Invoice No.:	
		Invoice Date:	
		S/C No.:	
		S/C Date:	

From:	XIAMEN	To:	LISBON			
Marks and Numbers	Description of goods	Package	Quantity	G.W (KGS)	N.W (KGS)	MEAS. (CBM)
TOTAL:						
TOTAL PACKAGES:						

第十章 出口货运投保

 教学目标

通过本章的学习,了解出口投保的步骤和程序,学会确定投保的险别和保险金额,了解货物运输保险投保单和保险单的内容,掌握出口投保文件的制作要求和注意事项,能够结合具体贸易背景准确及时缮制相关出口投保所需的单据。

 教学要求

知识要点	能力要求	相关知识
出口投保的程序	(1) 了解出口投保的步骤和程序 (2) 学会保险金额的确定方法	(1) 保险金额 (2) 保险费
出口货物运输保险投保单	(1) 了解投保单的概念 (2) 掌握投保单的栏目和内容 (3) 熟悉投保单的应用案例分析 (4) 学会正确缮制投保单	投保单的栏目
保险单	(1) 掌握保险单的栏目和内容 (2) 熟悉保险单制作的应用案例分析 (3) 学会正确缮制保险单的技巧	(1) 中国海洋货物运输保险条款(2009) (2) 伦敦保险协会海运货物保险条款(2009) (3) 保险单的栏目

投保是投保人与保险人(一般是保险公司)订立保险合同,并按照保险合同支付保险费的过程。贸易过程当中的投保通常是指办理货物运输保险。

对于贸易合同,凡是按CIF/CIP(到岸价)价格成交的出口合同,卖方在装船前,须及时到保险公司办理投保手续,填制投保单。商品的投保顺序一般都是逐笔办理的。在办理时应注意:应根据出口合同或信用证规定,在备妥货物并已确定装运日期和运输工具后,按约定的保险险别和保险金额,向保险公司投保。投保人在投保时应将货物名称、保额、运输路线、运输工具、开航日期、投保险别等一一列明。

第一节 出口投保的程序

在国际货物买卖过程中,由哪一方负责办理投保国际货物运输保险,应根据买卖双方商订的价格条件来确定。例如按FOB/FCA条件和CFR/CPT条件成交,保险即应由买方办理;如按CIF/CIP条件成交,保险就应由卖方办理。办理国际货物运输保险的一般程序如下所述。

一、确定保险金额

保险金额是诸保险费的依据,又是货物发生损失后计算赔偿的依据。按照国际惯例,保险金额应按商业发票上的CIF/CIP的预期利润加一成计算。但是,各国市场情况不尽相同,对进出口贸易的管理办法也各有异。向中国人民保险公司办理进出口货物运输保险,有两种办法:一种是逐笔投保；另一种是按签订预约保险总合同办理。

二、填写国际运输保险投保单

投保单是投保人向保险人提出投保的书面申请，其主要内容包括被保险人的姓名、被保险货物的品名、标记、数量及包装、保险金额、运输工具名称、开航日期及起讫地点、投保险别、投保日期及签章等。

三、支付保险费，取得保险单

保险费按投保险别的保险费率计算。保险费率是根据不同的险别、不同的商品、不同的运输方式、不同的目的地，并参照国际上的费率水平而制订的。它分为"一般货物费率"和"指明货物加费费率"两种。前者是一般商品的费率，后者是指特别列明的货物（如某些易碎、易损商品）在一般费率的基础上另行加收的费率。

交付保险费后，投保人即可取得保险单（Insurance Policy）。保险单实际上已构成保险人与被保险人之间的保险契约，是保险人与被保险人的承保证明。在发生保险范围内的损失或灭失时，投保人可凭保险单要求赔偿。

四、提出索赔手续

当被保险的货物发生属于保险责任范围内的损失时，投保人可以向保险人提出赔偿要求。被保险货物运抵目的地后，收货人如发现整件短少或有明显残损，应立即向承运人或有关方面索取货损或货差证明，并联系保险公司指定的检验理赔代理人申请检验，提出检验报告，确定损失程度；同时向承运人或有关责任方提出索赔。属于保险责任的，可填写索赔清单，连同提单副本、装箱单、保险单正本、磅码单、修理配置费凭证、第三者责任方的签证或商务记录以及向第三者责任方索赔的来往函件等向保险公司索赔。索赔应当在保险有效期内提出并办理，否则保险公司可以不予办理。

第二节　投保单的填写

一、投保单的概念

投保单是发货人或被保险人在货物发运前，确定装运工具并缮制发票以后，向保险公司（保险人）办理投保手续所填制和提交的单据。投保单由出口公司在投保时填写，其内容应按合同或信用证要求仔细、认真填写，不能有错，保险公司根据投保单的内容来缮制和签发保险单。

二、投保单的内容

各保险公司的投保单格式不尽相同，但内容基本一致，内容如下：

（1）被保险人。除非信用证有特别规定，一般应为信用证的受益人或合同的卖方即发货人。

（2）唛头。要求按信用证规定，或与发票等其他单据上的唛头一致。

（3）数量和保险物资项目。数量即出口货物的总数量，如总重量或总包装件数；保险物资项目即货物的品名或规格，一般按提单的填法，填大类名称或货物的统称，不必详细列明各种规格等细节。

（4）保险金额。填写计算投保加成后的总保险金额，或成交金额，但需标明成交价格条件。

注意：保险金额采用进一取整的原则，小数为 0。

（5）装运路线。即装于何种运输工具，开航日期即为提单签发日期，运输路线即货物装运地和目的地。

（6）提单、通知单或邮局收据号次。根据不同的运输方式，填写运单号，如提单号、航空运单号或其他运输单据号。

（7）保费给付地点及赔款地点。一般在 CIF 条件下，卖方支付保险费，地点为卖方所在地，赔款偿付地点一般为买方所在地。

（8）保险险别。按合同规定或信用证条款。

（9）保险加成。按规定，保险公司一般能接受的最高加成是 30%，超过此比例，保险公司一般不予承保。

（10）包装情况。集装箱或散货运输。

（11）保单号次和费率。由保险公司负责填写。

（12）投保人签章。上述内容填完后投保人须签字盖章才能生效。

除上述的投保单外，有时，出口企业也可用出口货物明细单或发票副本来代替投保单，但必须加注有关的保险项目，如运输工具、开航日期、承保险别、投保金额或投保加成、赔款地、保单份数等要求。

※应用案例分析 10-1

2018 年 7 月 24 日，厦门易通科技有限公司向中国人民保险公司厦门分公司投保，投保险别一切险和罢工险。

出口货物投保单

1）保险人 THE PEOPLE'S INSURANCE COMPANY OF CHINA XIAMEN BRANCH		2）被保险人 XIAMEN YITONG TECHNOLOGY CO., LTD.	
3）标记 DDC FYEE2018C748 LISBON C/NO. 1-276	4）包装及数量 276 CTNS	5）保险货物项目 GM85S 1080P CAMERA	6）保险货物金额 USD47754.00
7）总保险金额（大写） SAY US DOLLARS FORTY SEVEN THOUSAND SEVEN HUNDRED AND FIFTY FOUR ONLY.			
8）运输工具（船名）（航次） XINOU8/123E			
9）装运港　XIAMEN		10）目的港　LISBON	
11）投保险别 AGAINST ALL RISKS AND STRIKE RISKS AS PER AS PER OCEAN MARINE CARGO CLAUSES OF PICC 1/1/2009.		11）货物起运日期 AUG.15,20118	
13）投保日期 JUL.24,2018		14）投保人签字 XIAMEN YITONG TECHNOLOGY CO., LTD 张国	

第三节 保险单的内容和填制方法

一、保险单的内容

（一）保险人名称（NAME OF INSURANCE COMPANY）

在保险单顶端已经用中英文印制好保险公司的名称。国际贸易当事人应根据信用证和合同的规定由相应的保险公司办理保险，如信用证规定"INSURANCE POLICY IN DUPLICATE BY PICC"，则保险人必须是中国人民保险公司。

（二）保险单据名称（INSURANCE POLICY）

在保险人名称下方已经印制好单据名称，需要注意的是，保险单据名称必须与合同和信用证的要求一致。

（三）发票号码（INVOICE NUMBER）

此处填写发票号码。

（四）合同号（CONTRACT NO）

填写本批货物的合同号码。

（五）保险单号码（POLICY NO）

填写保险公司编制的保险的保险单号码。

（六）信用证号（L/C NO）

若是信用证支付，则在此处填写信用证号，若不是信用证支付，则此处可以不填。

（七）被保险人（INSURED）

被保险人就是保险单的抬头，信用证项下按信用证要求填写，一般有以下几种情况：

（1）如信用证规定以某公司或某银行为被保险人，可以直接在本栏上填写所规定的名称，无须背书。

（2）如果信用证规定"TO ORDER"，保单为空白抬头，此处填写"TO ORDER"。

（3）如信用证规定保险单为"TO ORDER OF ×××"，即应在被保险人处填写"TO ORDER OF ×××"，并由"×××"作记名背书。

（4）如果信用证规定，保单为第三者名称即中性名义，可打成"被保险利益人"即填写"TO WHOM IT MAY CONCERN"。

（5）如信用证有特殊要求，所有单据以"×××"为抬头人，那么应在被保险人栏以"×××"为被保险人，这种保险单就不要背书了。

（6）如信用证无特别规定，保险单的被保险人应是信用证的受益人。托收项下填出口商名称。

（八）唛头（MARKS AND NOS）

保险单唛头应与发票、提单等一致，目前保险公司采取打上"AS PER INVOICE NO. ×××"的做法，原因在于办理保险索赔时，必须提供商业发票，在此处打上发票号，便于参照发票进行核对。

（九）包装及数量（QUANTITY）

（1）如以包装件数计价，则将最大外包装的总件数和计量单位填入，如"500 BAGS"。

（2）如以毛重或净重计价，可填件数及毛重或净重，如果是裸装货物，则表示其件数即可。

（3）散装货物则表示其净量，并在其后注明"IN BULK"。

(十)保险货物项目(DESCRIPTION OF GOODS)

填写货物名称,应与信用证或商业发票上的货物名称一致,但信用证或发票的名称过于详细时,此栏允许填写统称。

(十一)保险金额(AMOUNT INSURED)

即投保金额,一般应在 CIF 价的基础上按信用证规定的加成计算得出,若无从得知 CIF 价,则以发票价为基础计算,若信用证未规定保险加成,则按 110%计算,小数点后尾数一律进为整数,使用的币制与信用证相同。

(十二)总保险金额(TOTAL AMOUNT INSURED)

即保险金额的大写数字,以英文表示,末尾应加"ONLY",以防涂改。此处的大写与上面所述的小写金额和货币必须保持一致。

(十三)保费,费率(PREMIUM,RATE)

一般已由保险公司印就"AS ARRANGED"(按约定)字样。除非信用证另有规定,每笔保费及费率可以不具体表示。若信用证要求保费和费率,则应将印就的"AS ARRANGED"删去,加盖核对章后加上按要求填上具体的保费和费率。

(十四)装载运输工具(PER CONVEYANCE)

填写装载运输工具的名称或代码。

(1)当货物是海运而且是直达船,直接填写船名和航次。

(2)如果是海运且中途转船,则应分别填写一程船名和二程船名,填写方法根据具体情况不同略有区别:

如果知道第二程船的船名和转船地点,则在一程船后面打上二程船名,如"CHANGFA TO BE TRANSHIPPED AT HONGKONG ON HONGYUN"或"CHANGHONGYUN AT HONGKONG";

如果二程船名无法确定,则在一程船名后填写"W/T",即"WITH TRANSHIPMENT",如"CHANGFA W/T AT HONGKONG"。

(3)如果采用其他运输方式,则应相应填写:"BY AIR"或"BY AEROPLANE"(空运);"BY TRAIN""BY WAGON NO. ×××"(陆运);"BY PARCEL POST"(邮包);

若采用海陆联运方式,则填"BY S.S ××× AND THENCE BY OVERLAND TRANSPORT TO ×××";如再转运到内陆,则在一程船后填写"— OR OTHER CONVEYANCE"。

(十五)开航日期(SLG. ON OR ABT)

一般填写运输单据的签发日期,也可填写运输单据签发日前后各五天之内任何一天的日期,或填"AS PER B/L";陆运填"AS PER CARGO RECEIPT";空运填"AS PER AIRWAY BILL"。

(十六)起运地和目的地(FROM…TO…)

此栏填写起运地和目的地名称。当货物经转船到达目的港时,可填写 FROM 装运港 TO 目的港 W/T AT 转运港(WITH TRANSIPMENT AT ×××),或 VIA 转运港 AND THENCE TO 投保最终目的地。例如:货物由上海运达纽约港后,转运到芝加哥。保险单上可打成"FROM SHANHGAI TO NEW YORK AND THENCE TO CHICAGO"或"FROM SHANGHAI TO NEW YORK IN TRANSIT TO CHICAGO"。

有时信用证未明确列明起运港和目的港,如"ANY CHINESE PORT"或"ANY AMERICAN PORT",应根据实际情况选定一个具体的港口,如 GUANGZHOU 或 VICTORIA 等。

(十七) 承保险别 (CONDITIONS)

本栏是保险单的核心内容，填写时应与信用证严格一致，即使信用证中有重复语句，为了避免混乱和误解，最好按信用证规定的顺序填写。如信用证没有规定具体险别，或只规定"MARINE RISK""USUAL RISK"或"TRANSPORT RISK"等，则可投保一切险（ALL RISKS）、水渍险（WA 或 WPA）、平安险（FPA）三种基本险中的任何一种。投保的险别除注明险别名称外，还应注明险别适用的文本及日期。

另外，我国人保规定不能同时投保 ICC 和 CIC 两个不同的保险条款，只能取其一，若国外来证有此种要求，应及时联系客户删除其中一个再投保。

(十八) 保险勘察代理人 (SURVEYING AGENT)

该栏填写保险公司在目的港或目的港的代理人，应注明代理人的详细地址。

(十九) 赔付地点和货币 (CLAIM PAYABLE AT/IN)

此栏按合同或信用证要求填制，如果信用证中未指明或是托收，一般将目的港作为赔付地点，如果来证规定两个或两个以上赔付地，则应全部打上。赔款的货币应为与投保金额相同的货币。

(二十) 日期 (DATE)

日期填写保险单的签发日期。由于保险公司提供仓至仓（WAREHOUSE TO WAREHOUSE）服务，所以要求保险手续在货物离开出口方仓库前办理，保险单的日期也应是货物离开出口方仓库前的日期，不晚于提单签发的日期。

(二十一) 投保地点 (PLACE)

一般为装运港（地）的名称。

(二十二) 签章 (AUTHORIZED SIGNATURE)

由保险公司签字或盖章以示保险单正式生效。

(二十三) 正本份数 (NUMBER OF ORIGINA LPOLICY)

当信用证没有特别说明保险单份数时，出口公司一般提交一套完整的保险单（一份正本 ORIGINAL，一份复联本 DUPLICATE）。当来证要求提供的保险单"IN DUPLICATE/IN TWO FOLDS/IN 2 COPIES"时，出口商提交给议付行的是正本保险单（ORIGINAL）和复联保险单（DUPLICATE）构成全套保险单，其中的正本保险单可经背书转让。

根据 UCP600 规定，正本必须有"正本"（ORIGINAL）字样。在实务中，可根据信用证或合同规定使用一份、两份或三份正本保单，每份正本上分别印有"第一正本"（THE FIRST ORIGINAL）、"第二正本"（THE SECOND ORIGINAL）及"第三正本"（THE THIRD ORIGINAL）以示区别。

(二十四) 背书 (ENDORSED)

保险单的背书必须在正本上。背书的方式主要有以下三种：

（1）记名背书。当来证要求"DELIVERY TO（THE ORDER OF）×××CO.（BANK）"或"ENDORSED IN THE NAME OF ×××"，即规定使用记名方式背书。此时，需要在保险单背面注明被保险人的名称和经办人的名字后，打上"DELIVERY TO ××× COMPANY（BANK）"或"IN THE NAME OF ×××"的字样。记名背书在出口业务中较少使用。

（2）记名指示背书。当来证保险条款规定为："TO THE ORDER OF"或"TO ×××'S ORDER"时，即要求记名指示背书，具体做法是：在保险单背面打上"TO ORDER OF ×××"或"TO ×××'S ORDER"，然后签署被保险人的名称。

（3）空白背书（BLANK ENDORSED）。若信用证要求"INDORSED IN BLANK"或"BLANK

ENDORSED",即要求空白背书。空白背书只需在保险单背面注明被保险人(包括出口商名称和经办人的名字)名称。当来证没有规定使用哪一种背书时,也可使用空白背书方式。

二、信用证中有关保险单据条款举例

(1) INSURANCE POLICIES OR CERTIFICATE IN TWO FOLD PAYABLE TO THE ORDER OF COMMERCIAL BANK OF LONDON COVERING MARINE INSTITUTE CARGO CLAUSES A (1.1.2009), INSTITUTE STRIKE CLAUSES CARGO(1.1.2009),INSTITUTE WAR.

(2) INSTITUTE CARGO CLAUSES (1.1.2009) FOR INVOICE VALUE PLUS 10% INCLUDING WAREHOUSE TO WAREHOUSE UP TO THE FINAL DESTINATIN AT ZURICH,MARKED PREMIUM PAID,SHOWING CLAIMS IF ANY,PAYABLE IN SWISS,NAMING SETTLING AGENT IN SWISS.(保险单或保险凭证一式二份,由伦敦商业银行作记名指示背书,按伦敦保险协会条款(2009年1月1日版)投保ICC(A)、协会罢工险条款(货物)(2009年1月1日版)和协会战争险条款(货物)(2009年1月1日版)投保,按发票金额加10%投保,包括仓至仓条款到达最后目的地苏黎世,标明保费已付,在瑞士赔付,同时表明在瑞士理赔代理人的名称。)

(3) INSURANCE POLICY/CERTIFICATE ISSUED TO THE APPLICANT (AS INDICATED ABOVE), COVERING RISKS AS PER INSTITUTE CARGO CLAUSES(A) AND INSTITUTE WAR CLAUSES(CARGO) INCLUDING WAREHOUSE TO WAREHOUSE CLAUSE UP TO FINAL DESTINATION AT HANNOVER, FOR AT LEAST 110PCT OF CIF VALUE,MARKED PREMIUM PAID SHOWING CLAIMS IF ANY PAYABLE IN GERMANY,SHOWING SETTLING AGENT IN GEERMANY.(此保单或保险凭证签发给如上所述的开证申请人,按伦敦保险协会条款投保ICC(A)和协会战争险,包括仓至仓条款到达最后目的地汉诺威,至少按CIF价发票金额110%投保,标明保费已付,注明在德国赔付,同时表明在德国理赔代理人的名称。)

(4) MARINE INSURANCE POLICY OR CERTIFICATE IN DUPLICATE,INDORSED INBLANK,FOR FULL INVOICE VALUE PLUS 10 PERCENT STATING CLAIM PAYABLE IN THAILAND COVERING F.P.A. AS PER OCEAN MARINE CARGO CLAUSE OF THE PEOPLES INSURANCE COMPANY OF CHINA DATED 1/1/2009,INCLUDING T.P.N.D.,LOSS AND /OR DAMAGE CAUSED BY HEAT,SHIP'S SWEAT AND ODOUR,HOOP-RUST,BREAKAGE OF PACKING.(保险单或保险凭证一式二份,空白背书,按发票金额加10%投保,声明在泰国赔付,根据中国人民保险公司1981年1月1日的海洋运输货物保险条款投保平安险,包括偷窃提货不着、受热船舱发汗、串味、铁箍锈损、包装破裂所导致的损失。)

(5) INSURANCE PLOICIES OR CERTIFICATE IN DUPLICATE ENDORSED IN BLANK OF 110% OFINVOICE VALUE COVERING ALL RISKS AND WAR RISKS AS PER CIC WITH CLAIMS PAYABLE AT SINGAPORE IN THE CURRENCY OF DRAFT(IRRESPECTIVE OF PERCENTAGE), INCLUDING 60 DAYS AFTER DISCHARGES OF THE GOODS AT PORT OF DESTINATION(OF AT STATION OF DESTINATION) SUBJECT TO CIC.(保单或保险凭证做成空白背书,按发票金额的110%投保中国保险条款的一切险和战争险,按汇票所使用的货币在新加坡赔付(无免赔率),并根据中国保险条款,保险期限在目的港卸船(或在目的地车站卸车)后60天为止。)

※应用案例分析10-2

2018年7月29日厦门易通科技有限公司取得保险公司开立的保险单,保险单号为IEFZ35012015061911。

中国人民财产保险有限公司厦门市分公司
PICC Property and Casualty Company Limited XIAMEN Branch

总公司设于北京	一九四九年创立	
Head Office Beijing	Established in 1949	

货物运输保险单
CARGO TRANSPORTATION INSURANCE POLICY

发票号码（INVOICE NO.）	GHI65731	保险单号次 Policy No.	IEFZ35012015061911
合同号（CONTRACT NO.）	FYEE2018C748		
信用证号（L/C NO.）	RGB2016935		

被保险人:
Insured: XIAMEN YITONG TECHNOLOGY CO., LTD.

中国人民保险有限公司（以下简称本公司）根据被保险人的要求，由被保险人向本公司缴付约定的保险费，按照本保险单承担险别和背面所载条款与下列特别条款承保下列货物运输保险，特立本保险单。

This policy of Insurance witnesses that the People's Insurance Company of China (hereinafter called "The Company"), at the request of the Insured and in consideration of the agreed premium paid to the company by the Insured, undertakes to insure the undermentioned goods in transportation subject to conditions of the Policy as per the Clauses printed overleaf and other special clauses attached hereon.

标记 Marks & Nos	包装及数量 Quantity	保险货物项目 Descriptions of Goods	保险金额 Amount Insured
DDC FYEE2018C748 LISBON C/NO. 1-276	276CTNS	GM85S 720P CAMERA	USD 47754.00

总保险金额: Total Amount Insured:	SAY US DOLLARS FORTY SEVEN THOUSAND SEVEN HUNDRED AND FIFTY FOUR ONLY.

保费 Premium	AS ARRANGED	启运日期 Date of commencement:	AUG.15,2018	载运输工具 Per conveyance:	XINOU8 /123E
自 Form	XIAMEN	经 VIA		至 To	LISBON

承保险别
Conditions: FOR 110% INVOICE VALUE COVERING ALL RISKS AND STRIKE RISK AS PER OCEAN MARINE CARGO CLAUSES OF PICC 1/1/2009.

所保货物，如发生本保险单项下可能引起索赔的损失或损坏，应立即通知本公司下述代理人查勘。如有索赔，应向本公司提交保险单正本（本保险单共有 __2__ 份正本）及有关文件。如一份正本已用于索赔，其余正本则自动失效。

In the event of loss or damage which may result in acclaim under this Policy, immediate notice must be given to the Company's Agent as mentioned here under. Claims, if any, one of the Original Policy which has been issued in TWO original (s) together with the relevant documents shall be surrendered to the Company. If one of the Original Policy has been accomplished, the others to be void.

	中国人民财产保险有限公司厦门市分公司 PICC Property and Casualty Company Limited XIAMEN Branch		
赔款偿付地点 Claim payable at	LISBON IN USD		王华 Authorized Signature
出单日期 Issuing Date	JUl.29th, 2018		
地址： Address:	中国厦门湖滨北路 68 号 邮编（POST CODE）：361000	电话（TEL）：（0592）5316228 传真（FAX）：（0592）5316232	

模拟练习题

1. 在合同中订立保险条款要注意哪些问题？

2. 如何理解货物运输保险可以自由转让保单，即无须保险人同意的保单转让，合同效力依然有效。这一规定的主要意义是什么？

3. 请根据以下贸易背景和商业发票及信用证条款填制投保单和保险单：

2018 年 3 月 9 日，厦门捷达国际货运代理有限公司通知厦门琳达纺织服装有限公司其所订舱位已经确认，该批货物将于 3 月 25 日装上由上海港开往加拿大蒙特利尔港的"HUA CHANG"轮 V.09981 船次。在得到了船公司关于确认订舱的配舱回单后，厦门琳达纺织有限公司即于 3 月 16 日按照信用证的有关规定填写"投保单"，并随附商业发票向中国人民财产保险有限公司厦门分公司（PICC Property and Casualty Company Limited XIAMEN Branch）办理保险手续，保险公司于 3 月 18 日签发保险单，保险单号次 PCC3501XM20180619。

ISSUER XIAMNE LINDA TEXTILE GARMENT CO., LTD. JINYU MANSION RM2305 NO.81 XIAFANG ROAD, XIAMEN 361004, CHINA		商业发票 COMMERCIAL INVOICE		
TO FASHION FORCE CO., LTD P.O.BOX 8935 NEW TERMINAL, ALTA, VISTA OTTAWA, CANADA		NO. XL01F875		DATE Mar.9, 2018
TRANSPORT DETAILS SHIPMENT FROM SHANGHAI TO MONTREAL BY VESSEL		S/C NO. XF2018R356		L/C NO. LC8392T2049
		TERMS OF PAYMENT L/C AT SIGHT		
Marks and Numbers	Number and kind of package Description of goods	Quantity	Unit Price	Amount
FASHION FORCE				CIF MONTREAL, CANADA

F01LCB05127 CTN NO. MONTREAL MADE IN CHINA	LADIES COTTON BLAZER (100% COTTON, 40SX20/140X60)	2550PCS	USD12.80	USD32640.00
	Total:	2550PCS		USD32640.00

SAY TOTAL: USD THIRTY TWO THOUSAND SIX HUNDRED AND FORTY ONLY

SALES CONDITIONS: CIF MONTREAL/CANADA
SALES CONTRACT NO. F01LCB05127
LADIES COTTON BLAZER (100% COTTON, 40SX20/140X60)

STYLE NO.	PO NO.	QTY/PCS	USD/PC
46-301A	10337	2550	12.80

（出口商签字和盖单据章）

2018JAN31 15:23:46		LOGICAL TERMINAL E102	
MT S700	ISSUE OF A DOCUMENTARY CREDIT	PAGE 00001	
FUNC		MSG700	
UMR		06607642	
MSGACK	DWS765I AUTH OK, KEY B110106173BAOC53B, BKCHCNBJ BNPA**** RECORO		
BASIC HEADER		F 01 BKCHCNBJA940 0542 725524	
APPLICATION HEADER		0 700 1122010129 BNPACAMMAXXX4968 839712 010130 0028 N	
		*BNP PARIBAS (CANADA)	
		*MONTREAL	
USER HEADER	SERVICE CODE 103:		
	BANK. PRIORITY 113:		
	MSG USER REF. 108:	（银行盖信用证通知专用章）	
	INFO. FROM CI 115:		
SEQUENCE OF TOTAL	* 27	1 / 1	
FORM OF DOC. CREDIT	* 40 A:	NON-TRANSFERABLE	
APPLICABLE RULES	40E	UCP LATEST VERSION	
DOC. CREDIT NUMBER	* 20	LC8392T2049	
DATE OF ISSUE	31 C:	180129	
EXPIRY	* 31 D:	**DATE 180410 PLACE IN BENEFICIARY'S COUNTRY**	
APPLICANT	* 50 :	FASHION FORCE CO., LTD	
		P.O.BOX 8935 NEW TERMINAL, ALTA, VISTA OTTAWA, CANADA	
BENEFICIARY	* 59 :	XIAMNE LINDA TEXTILE GARMENT CO., LTD.	
		JINYU MANSION RM2305 NO.81 XIAFANG ROAD,	

			XIAMEN 361004, CHINA
AMOUNT	*	32 B:	CURRENCY USD AMOUNT 32640,
AVAILABLE WITH/BY	*	41 D:	ANY BANK
			BY NEGOTIATION
DRAFTS AT ...		42 C:	SIGHT
DRAWEE		42 A:	BNPACAMMXXX
			*BNP PARIBAS (CANADA)
			*MONTREAL
PARTIAL SHIPMTS		43 P:	NOT ALLOWED
TRANSSHIPMENT		43 T:	ALLOWED
PORT OF LOADING		44 E:	CHINA
PORT OF DISCHARGE..		44 F:	MONTREAL
LATEST DATE OF SHIP.		44 C:	180331
DESCRIPT OF GOODS		45 A:	SALES CONDITIONS: CIF MONTREAL/CANADA
			SALES CONTRACT NO. XF2018R356
			LADIES COTTON BLAZER (100% COTTON, 40SX20/140X60)
			STYLE NO. PO NO. QTY/PCS
			46-301A 10337 2550 12.80
DOCUMENTS REQUIRED		46 A:	

+ FULL SET OF ORIGINAL MARINE BILLS OF LADING CLEAN ON BOARD
FLUS 2 NON NEGOTIABLE COPIES MADE OUT OR ENDORSED TO ORDER
OF BNP PARIBAS (CANADA) MARKED FREIGHT PREPAID AND NOTIFY APPLICANT'S
FULL NAME AND ADDRESS.

+ INSURANCE POLICY OR CERTIFICATE IN 1 ORIGINAL AND
1 COPY ISSUED OR ENDORSED TO THE ORDER OF BNP PARIBAS (CANADA)
FOR THE CIF INVOICE PLUS 10 PERCENT COVERING ALL RISKS, INSTITUTE STRIKES,
INSTITUTE WAR CLAUSES AND CIVIL COMMOTIONS CLAUSES.

...

TRAILER   ORDER IS <MAC:> <PAC:> <ENC:> <CHK:> <TNG:> <PDE:>
                           MAC:F344CA36
                           CHK:AA6204FFDFC2

出口货物投保单

1）保险人　　　　　　　　　　　　　　　2）被保险人

3）标记	4）包装及数量	5）保险货物项目	6）保险货物金额

7）总保险金额（大写）

8）运输工具（船名）（航次）

9）装运港　　　　　　　　　　　　　　　10）目的港

11）投保险别　　　　　　　　　　　　　　12）货物起运日期

13）投保日期　　　　　　　　　　　　　　14）投保人签字

中国人民财产保险有限公司厦门市分公司
PICC Property and Casualty Company Limited XIAMEN Branch

总公司设于北京   一九四九年创立
Head Office Beijing   Established in 1949

货物运输保险单
CARGO TRANSPORTATION INSURANCE POLICY

发票号码（INVOICE NO.）

合同号（CONTRACT NO.）   保险单号次

信用证号（L/C NO.）   Policy No.

被保险人：

Insured:

中国人民保险有限公司（以下简称本公司）根据被保险人的要求，由被保险人向本公司缴付约定的保险费，按照本保险单承担险别和背面所载条款与下列特别条款承保下列货物运输保险，特立本保险单。

This policy of Insurance witnesses that the People's Insurance Company of China (hereinafter called "The Company"), at the request of the Insured and in consideration of the agreed premium paid to the company by the Insured, undertakes to insure the undermentioned goods in transportation subject to conditions of the Policy as per the Clauses printed overleaf and other special clauses attached hereon.

标记 Marks & Nos	包装及数量 Quantity	保险货物项目 Descriptions of Goods	保险金额 Amount Insured

总保险金额：
Total Amount Insured:

保费 Premium	启运日期 Date of commencement:	装载运输工具 Per conveyance:
自 Form	经 VIA	至 To

承保险别

Conditions:

所保货物，如发生本保险单项下可能引起索赔的损失或损坏，应立即通知本公司下述代理人查勘。如有索赔，应向本公司提交保险单正本（本保险单共有 ___ 份正本）及有关文件。如一份正本已用于索赔，其余正本则自动失效。

In the event of loss or damage which may result in acclaim under this Policy, immediate notice must be given to the Company's Agent as mentioned here under. Claims, if any, one of the Original Policy which has been issued in original (s) together with the relevant documents shall be surrendered to the Company. If one of the Original Policy has been accomplished, the others to be void.

中国人民财产保险有限公司厦门市分公司
PICC Property and Casualty Company Limited   XIAMEN Branch

赔款偿付地点	
Claim payable at _____	
出单日期	Authorized Signature
Issuing Date _____	
地址： 中国厦门湖滨北路 68 号	电话（TEL）：（0592）5316228
Address: 邮编（POST CODE）：361000	传真（FAX）：（0592）5316232

第十一章　出口货物原产地认证

 教学目标

通过本章的学习，了解出口货物原产地证书的作用和类型，熟悉一般原产地证（C/O）和普惠制原产地证书（GSP FORM A）的栏目和内容，掌握一般原产地证和普惠制原产地证书的填制要求和技巧，会根据具体贸易背景正确缮制原产地证书。

 教学要求

知识要点	能力要求	相关知识
原产地证书的作用和类型	（1）了解原产地证书的概念和作用 （2）掌握原产地证书的类型	（1）C/O （2）GSP FORM A
原产地证书的内容	（1）了解一般原产地证书（C/O）的栏目和内容 （2）了解普惠制原产地证书的栏目和内容 （3）掌握 C/O 和 GSP C/O FORM A 的填制要求 （4）学会正确缮制一般原产地证书和普惠制原产地证书	中国海关签发的新版"优惠原产地证书"

产地证（Certificate of Origin），是证明特定进出口货物的原产国/地区的一种证书，即证明一批货物原产于某国家或地区，或在某国家或地区制造。其主要作用是申请进口国关税减免（优惠原产地证的主要用途）和便于进口国进行特定贸易管制（非优惠原产地证的主要用途）。通常多用于不需要提供海关发票或领事发票的国家或地区。

原产地证书最常见的是中华人民共和国出口货物原产地证明书 CO 和普惠制原产地证书 FORM A。除此之外，还有具有优惠关税功能的原产地证，例如亚太贸易协定原产地证书 FORM B、中国东盟自由贸易区优惠原产地证书 FORM E、中国－智利自由贸易区优惠原产地证书 FORM F、中国－巴基斯坦自由贸易区原产地证书 FORM P、中国－新西兰自贸区原产地证书 FORM N、中国－新加坡自由贸易区优惠原产地证书 FORM X、中国－秘鲁自由贸易区优惠原产地证书、中国－哥斯达黎加自由贸易协定原产地证书 FORM L、海峡两岸经济合作框架协议原产地证书等。

第一节　原产地证书

一、原产地证书的基本内容

（一）原产地证书的概念和作用

1. 原产地证书的概念

原产地证书是出口商应进口商要求而提供的，由公证机构或政府、出口商出具的证明货物原产地或制造地的一种证明文件。

2. 原产地证书的作用

(1) 用于确定货物"国籍"的一种特定格式的有效证明文件。

(2) 出口国享受配额待遇，体现货物享有关税和非关税待遇的国别政策的凭证。

(3) 进口国通关验收、征收关税的有效凭证。

(4) 海关统计的主要依据之一。

(5) 贸易关系人交接货物、结算货款、索赔理赔的主要依据之一。

（二）原产地证书的类型

按照不同的标准，原产地证书可以划分为不同的种类。

1. 根据签发者不同，原产地证书一般可分为四种

(1) 政府部门出具的原产地证书。如中国海关出具的普惠制产地证格式 A（GSP FORM A）、一般原产地证书（CERTIFICATE OF ORIGIN）。

(2) 商会出具的产地证书。如中国国际贸易促进委员会（CCPIT）出具的一般原产地证书，简称贸促会产地证书（CCPIT CEERTIFICATE OF ORIGIN）。

(3) 制造商或出口商出具的产地证书。

(4) 生产厂商出具的产地证书。

上述四种原产地证书，以第一种和第二种最具权威性。在国际贸易实践中，应该提供哪种产地证明书，主要依据合同或信用证的要求。一般对于实行普惠制国家出口货物，都要求出具普惠制产地证明书。如果信用证并未明确规定产地证书的出具者，那么银行应该接受任何一种产地证明书。

2. 根据性质不同，可以划分为三种

(1) 非优惠原产地证书，又称一般原产地证书。英文名称为 Certificate of Origin，简称 C/O 或 CO。签发这种证书的，通常出口到是中东、非洲、东南亚、中南美洲等地的国家。

(2) 优惠原产地证书。优惠原产地证书包括绝大多数发达国家给予我国的普惠制待遇（FORM A 证书），以及中国与一些国家或地区签订有双边或多变优惠贸易协定的证书（FORM B 证书、FORM E 证书、FORM F 证书、FORM P 证书、FORM N 证书、FORM X 证书等）。优惠原产地证书原来一般由各地出入境检验检疫机构签发，2018 年 8 月 20 日后由中国海关签发。

(3) 专用原产地证书。专用原产地证书是专门针对一些特殊行业的特殊产品，比如农产品、葡萄酒、烟草、奶酪制品、毛坯钻石等，根据进出口监管的特殊需要而产生的原产地证书。这些特殊行业的特殊产品应符合一定的原产地规则才能合法进出口。专用原产地证书的签证依据为中国政府与外国政府所签订的双边或多边协议。专用原产地证书主要有"输欧盟农产品原产地证书""烟草真实性证书""金伯利进程国际证书""手工制品原产地证书""原产地标记证书"等，以及各种原产地命名证书，如"奶酪制品证书""托考依葡萄酒原产地名称证书""皇帝牌葡萄酒真实性证书"等。

3. 根据用途不同，可以划分为四种

(1) 普通产地证。用以证明货物的生产国别，进口国海关凭以核定应征收的税率。在我国，普通产地证可由出口商自行签发，或由进出口商品检验局签发，或由中国国际贸易促进委员会签发。实际业务中，应根据买卖合同或信用证的规定，提交相应的产地证。在缮制产地证时，应按《中华人民共和国原产地规则》及其他规定办理。

(2) 普惠制产地证（GSP Certificate of Origin）。目前给予我国普惠制待遇的有澳大利亚、新西兰、日本、加拿大、挪威、瑞士、俄罗斯及欧盟 15 国，以及部分东欧国家。凡是向给惠国出口受惠商品，均须提供普惠制产地证，才能被受关税减免的优惠，所以不管来证是否要求提供这种产

地证，我出口商均应主动提交。在我国，普惠制产地证由进出口商品检验局签发。

（3）纺织品产地证（Certificate of Origin Textile Product）。对欧盟国家出口纺织品，需提交该产地证。该证是进口国海关控制配额的依据。在我国，该证由地方外经贸委（厅）颁发。GSP 产地证是取得关税优惠，而纺织品产地证是取得配额的证明。对欧盟出口有关产品时，需同时提交两种产地证。

（4）对美国出口的原产地声明书。凡属对美国出口的配额商品，如纺织品等，应由出口商填写原产地声明书。有三种格式：

格式 A：单一国家声明书（Single Country Declaration），声明商品产地只有一个国家。

格式 B：多国家产地声明书（Multiple Country Declaration），声明商品的原材料是由两个或两个以上国家生产的。

格式 C：非多种纤维纺织品声明书，亦称否定声明书（Negative Declaration），凡纺织品的主要价值或主要重量属于麻或丝的原料或含羊毛量不超过 17%，则可填用此格式，以说明该类商品为非配额产品。

由于一般原产地证书和普惠制原产地证书格式 A 在实践中使用最多，因此，我们主要介绍这两种原产地证书。

📖 知识链接

2018 年 8 月 20 日启用中国海关签发的新版"优惠原产地证书"和印章，以保障我国出口企业使用海关签发的优惠原产地证书在相关国家享惠通关。本次证书和印章更新仅涉及由中国海关签发的证书，中国贸促会及其地方分支机构签发的原产地证书无变化。此次新版各类原产地证书共计 22 种，证书均印有防伪印记和流水号，将原证书防伪印记中的 AQSIQ 改为中国海关关徽，去掉原证书左下角印刷流水号中的 AQSIQ，证书格式、内容和背页注释保持不变。新版的签证印章共分 3 种，印章为 42 个直属海关名称，将原印章中原直属检验检疫局中英文名称调整为对应直属海关中英文名称。

表 11-1 新版原产地证书种类清单（22 种）

序号	证书类别
1	中国—东盟自贸协定原产地证书 FORM E
2	中国—智利自贸协定原产地证书 FORM F
3	中国—巴基斯坦自贸协定原产地证书 FORM P
4	中国—新西兰自贸协定原产地证书 FORM N
5	中国—新加坡自贸协定原产地证书 FORM X
6	中国—秘鲁自贸协定原产地证书 FORM R
7	中国—哥斯达黎加自贸协定原产地证书 FORM L
8	中国—瑞士自贸协定原产地证书 FORM S
9	中国—冰岛自贸协定原产地证书 FORM I
10	中国—韩国自贸协定原产地证书 FORM K
11	中国—澳大利亚自贸协定原产地证书
12	中国—格鲁吉亚自贸协定原产地证书
13	海峡两岸经济合作框架原产地证书（ECFA 原产地证书）FORM H
14	亚太贸易协定原产地证书 FORM B
15	普惠制原产地证书　FORM A

续表

序号	证书类别
16	输欧盟托考伊葡萄酒原产地名称证书
17	输欧盟奶酪制品证书
18	输欧盟烟草真实性证书
19	输欧盟农产品原产地名称证书
20	非优惠原产地证书
21	加工装配证书
22	转口证明书

表 11-2　新版原产地证书签证印章样式

简称：FORM A 章	简称：ECFA 章	简称：原产地 ORIGIN 印章
范围：直属海关	范围：直属海关	范围：直属海关
材质：光敏	材质：光敏	材质：光敏
编号：章壳 AG 开头加编号	编号：章壳 AE 开头加编号	编号：章壳 AF 开头加编号

二、一般原产地证书

（一）一般原产地证书的主要内容和制作方法

一般原产地证书是证明货物原产于某一特定国家或地区，享受进口国正常关税（最惠国）待遇的证明文件。它的适用范围是：征收关税、贸易统计、保障措施、歧视性数量限制、反倾销和反补贴、原产地标记、政府采购等方面。

1. 出口方（EXPORTER）

填写出口公司的详细地址、名称和国家/地区名，一般填写有效合同的卖方或发票的出票人。本栏不得留空。

2. 收货人（CONSIGNEE）

可以是外贸合同中的买方、信用证的开证申请人或信用证上规定的提单通知人。如信用证规定所有单证收货人一栏留空，在这种情况下，此栏应加注"TO WHOM IT MAY CONCERN"或"TO ORDER"，但此栏不得留空。若需填写转口商名称时，可在收货人后面加填英文 VIA，然后再写转口商名称、地址、国家。如果是托收，一般填写合同中的买方。

3. 运输方式和路线（MEANS OF TRANSPORT AND ROUTE）

本栏主要填写以下三项内容：

（1）起运地至目的地"FROM…TO…"。

（2）运输方式"BY SEA/AIR/RAILWAY"。

（3）若经转运，还应注明转运地，"VIA…"或"WITH TRANSHIPMENT …"，或"W/T…"，转运地若不明确，也可只填"WITH TRANSHIPMENT"。

例如：通过海运，由上海港经香港转运至纽约港，应填为：

FROM SHANGHAI TO NEW YORK BY VESSEL VIA HONGKONG。

4. 目的地国家或地区名称（COUNTRY/REGION OF DESTINATION）

填写该批货物的最终运抵目的地国家或地区名称，应与最终收货人或最终目的港（地）国别相一致，一般将目的地和国名一起列出，这里不能填写中间商国家名称。

5. 签证机构专用栏（FOR CERTIFYING AUTHORITY USE ONLY）

由签证机构在此加注时使用，一般情况下，该栏不填，证书申领单位应将此栏留空。加注的情况主要有：证书丢失、证书更改、重新补发等。

6. 运输标志（MARKS AND NUMBERS）

即唛头。应与其他单据此栏内容完全一致，按信用证、合同及发票上所列唛头完整填写文字标记、包装号码及图案，不可简单填写"AS PER INVOICE NO."或者"AS PEER B/L NO."。如唛头多，本栏目填写不够，可填写在第7、8、9栏内的空白处，如还是不够，可用附页填写。此栏不得留空，如无唛头，应填写"NO MARK"或"N/M"。

7. 包装数量及种类、商品描述（NUMBEER AND KIND OF PACKAGES，DESCRIPTION OF GOODS）

填写包装数量及商品描述。具体要求有以下几点：

（1）商品名称要填写具体名称，不能用概括性表述。

（2）包装数量及种类要按具体单位填写，应与信用证及其他单据严格一致，包装数量应在阿拉伯数字后加注英文表述，如"100（ONE HUNDRED） CARTONS OF LEATHER BAGS"。

（3）如货物为散装，在商品名称后加注"散装"（IN BULK）字样。

（4）有时信用证要求在所有单据上加注信用证号、合同号码等，可加注在此栏内。

（5）本栏的末行要打上表示结束的符号"***************"或"××××××"或"--------"，以防添加或伪造。

8. 商品编码（H.S.CODE）

此栏要求填写 HS 编码，应与报关单一致。如果同一证书包含几种商品，则应将相应的税目号分别列出。此栏不得留空。

9. 数量（QUANTITY）

此栏要求填写出口货物的数量及其计量单位，如"500 SETS"。以重量计算应分别注明毛重和净重。

10. 发票号及发票日期（NUMBER AND DATE OF INVOICE）

填写商业发票号码及日期，此栏不得留空。月份一律用英文缩写表示，如2018年3月21日，应写为 MAR.21,2018。

11. 出口方声明（DECLARATION BY THE EXPORTER）

本栏应由已在签证机构注册的人员签名并加盖有中英文的印章。加盖有中英文的印章，签字和盖章不得重叠。另外，本栏还要填写申报日期和地点。

12. 签证机构签字、盖章（CERTIFICATION）

由授权的签证机构签证人经审核后在此栏手签姓名，盖签证印章，并填写签署日期和地点，此处日期不能早于发票日期和申报日期。

（二）一般原产地证书的申请

出口企业应在货物装运前3天向签证机构申请，签证机构审核无误即予签发。申请时应提交：
（1）一般原产地证书/加工装配证明书申请书（1份）。
（2）中华人民共和国原产地证书（1正3副）。
（3）商业发票、箱单。
（4）合同等其他证明文件。

示例 11-1 一般原产地证书申请书

申请单位注册号：40032157　　　　　　　　　　　证书号：C17400321573809

申请人郑重声明：

本人被正式授权代表本企业办理和签署本申请书。

本申请书及一般原产地证书所列内容正确无误，如发现弄虚作假，冒充证书所列货物，擅改证书，自愿接受签发机构的处罚并承担法律责任，现将有关情况申报如下：

企业名称	冠新贸易有限公司	发票号	2017WT753
商品名称	蘑菇罐头	H.S.编码（六位数）	200310
商品FOB总值（以美元计）	184509.50美元	最终目的地国家/地区	沙特阿拉伯
拟出运日期	2017年6月20日	转口国（地区）	

贸易方式和企业性质（请在适用处画"√"）					
√一般贸易		三来一补		其他贸易方式	
国有企业	三资企业	国有企业	三资企业	国有企业	三资企业

包装数量或毛重或其他数量	1700纸箱	
证书种类（画"√"）	√一般原产地证书	加工装配证明书

现提交中国出口货物商业发票副本一份，一般原产地证书/加工装配证明书一正三副，以及其他附件　　　份，请予审核签证。

申请单位盖章
GUANGXIN　TRADING CO., LTD.　　　　　　　　申请人（签名）张国

　　　　　　　　　　　　　　　　　　　　　　　　电话：
　　　　　　　　　　　　　　　　　　　　　　　　日期：2017年　6月　10日

一般原产地证书

ORIGINAL

1.Exporter GUANGXIN TRADING CO., LTD. YINSHANG MANSION RM201 NO.18 GUANJIAQIAO, NANJING 210005, CHINA TEL: 0086-25-4715004 FAX: 0086-25-4711363	Certificate No.C17400321573809 CERTIFICATE OF ORIGIN OF THE PEOPLE'S REPUBLIC OF CHINA
2.Consignee RTG GENERAL TRADING CO. P.O. BOX 99550, RIYADH 22750, SAUDI ARABIA TEL: 00966-1-4659220 FAX: 00966-1-4659213	
3.Means of transport and route SHIPMENT FROM SHANGHAI PORT TO DAMMAM PORT BY SEA	5.For certifying authority use only
4.Country / region of destination SAUDI ARABIA	

6.Marks and numbers	7.Number and kind of packages; description of goods	8.H.S.Code	9.Quantity	10.Number and date of invoices
RTG GW70382 RIYADH C/NO.1-1700	1700 CARTONS CANNED MUSRHOOMS PIECES & STEMS 24 TINS X 425 GRAMS NET WEIGHT	2003101100	1700 CARTONS	2017WT753 Apr. 25, 2017

SAYTOTAL: ONE THOUSAND SEVEN HUNDRED CARTONS ONLY.

THE NAME OF THE MANUFACTURERS:
XUZHOU SHENGTONG FOODSTUFTS CO., LTD.
NO.15 HEPING ROAD, XUZHOU 221009, CHINA
TEL: 86-0516-3402323   FAX: 86-0516-3402330

WE HERBY CERTIFY THAT GOODS EXPORTED ARE WHOLLY OF CHINESE ORIGIN.

11.Declaration by the exporter	12.Certification
The undersigned hereby declares that the above details and statements are correct, that all the goods were produced in China and that they comply with the Rules of Origin of the People's Republic of China. NANJING, CHINA APR.28, 2017 -- Place and date, signature and stamp of authorized signatory	It is hereby certified that the declaration by the exporter is correct. -- Place and date, signature and stamp of certifying authority

三、普惠制产地证书

（一）普惠制原产地证书的管理

普惠制原产地证书格式 A（GENERALIZED SYSTEM OF PREFERENCE FORM A），又称为 G.S.P.FORM A，是发展中国家向发达国家出口货物，按照联合国贸发会议规定的统一格式而填制的一种证明货物原产地的文件，是出口商的声明和官方机构的证明合二为一的联合证明，又是给惠国（进口国）给予优惠关税待遇或免税的凭证。凡享受普惠制规定的关税减免者，必须提供普惠制产地证书。普惠制产地证书可由受惠国的商检机构或权威机构签发，自 1978 年 10 月我国接受普惠制待遇后，我国政府授权国家进出口商品检验检疫局全面负责普惠制的签证管理工作，由设在各地的商检机构具体负责普惠制产地证书的签发和统计工作。但 2018 年 8 月 20 日后，由中国海关颁发普惠制产地证。

1. 实施普惠制的原则

（1）非歧视性原则。把原来称作落后国家、不发达国家或新兴国家的国家统称为"发展中国家"（DEVELOPING COUNTRIES），亦称"受惠国"（BENEFICIARY COUNTRIES）；而把过去称作的先进国家或工业化国家的国家一律称为"发达国家"（ADVANCED COUNTRIES）或"给惠国"（PREFERENTIAL GIVING COUNTRIES）。

（2）普遍优惠原则。对发展中国家出口到发达国家的初级产品、半成品及商品给予普遍的、无例外的、不厚此薄彼的、一视同仁的优惠待遇。

（3）非互惠原则（NON-RECIPROCITY）。发达国家给予发展中国家或地区的普遍优惠，而不要求发展中国家给予发达国家提供反向优惠。

2. 实施普惠制的要求

（1）产地原则。享受优惠的产品必须由受惠国制造，而且规定必须完全自产。若有进口原料和零配件，不能超过成品价值的 40%，并给予实质性加工，变成另一种性质不同的产品。但所谓经实质的加工，各给惠国的规定各不相同。

（2）直接运输原则。受惠国出口商品必须直接运至给惠国，不得进入第三国市场，但允许在第三国分类、包装。若商品的运输工具不能直达给惠国而必须转船时，则须经转船地的海关封关，以防在运往给惠国途中改装，以次充好。

（3）普惠制原产地证书（格式 A）原则。享受普惠制待遇的受惠国商品必须提供受惠国权威机构签发的普惠制原产地证书（格式 A）。

📖 知识链接

目前世界上共有 40 个给惠国给予中国普惠制待遇，到这 40 个国家符合原产地标准的产品可以申请办理 FORM A 证书，它们是：欧洲联盟 28 成员国（法国、英国、爱尔兰、德国、丹麦、意大利、比利时、荷兰、卢森堡、希腊、西班牙、葡萄牙、奥地利、芬兰、瑞典、立陶宛、爱沙尼亚、拉脱尼亚、马耳他、塞浦路丝、捷克、斯洛伐克、斯洛文尼亚、波兰、匈牙利、保加利亚和罗马尼亚、克罗地亚）、挪威、瑞士、列支登士敦、土耳其和日本、白俄罗斯共和国、俄罗斯联邦、哈萨克斯坦、乌克兰、加拿大、澳大利亚、新西兰等国家。

3. 申请单位领证时需要提交的资料

（1）"原产地证明书申请书"一份。

（2）"普惠制原产地证书（FORM A）"一套。

(3) 正式出口商业发票正本一份，如发票内容不全，另附装箱单（盖章，不得涂改）。

(4) 含有进口成分的产品，必须提交"产品成本明细单"。

(5) 出口日本的来料加工产品或进料加工产品需提交"从日本进口原料证明书"。

(6) 签证机构需要的其他单据。

（二）普惠制原产地证书的内容和制作

格式 A 证书相当于一种有价证券，因而联合国贸发会议优惠特委会对原产地证明书格式 A 的印刷格式、填制方法都有严格明确的规定，对所需纸张的质量、重量、大小尺寸、使用文件作了规定，并规定仅证书的正本有效，其规格为 297mm×210mm，与国际通用规格 A4 的文件相同。还要求正本加印绿色检索图案，以便于识别任何机械或化学方法进行的涂改或伪造。因此，填制必须十分细心。本证书一般使用英文填制，也可使用法文，特殊情况下，第二栏可以使用给惠国的文种，证明书背面注释可以使用受惠国本国文字印刷。唛头标记不受文种限制，可据实填写。本证书一律不得涂改，不得加盖校正章。

1. 证书号码（REFERENCE NO.）

此栏不得留空，否则，证书无效。

2. 出口商名称、地址和国家（GOODS CONSIGNED FROM）

此栏带有强制性，必须填写出口商的详细地址，包括街道名、门牌号码等。中国地名的英文译音应采用汉语拼音。如 GUANGDONG（广东）、GUANGZHOU（广州）、SHANTOU（汕头）等。

此栏不得留空。

3. 收货人名称、地址和国家（GOODS CONSIGNED TO）

填写给惠国的最终收货人名称、详细地址及国家/地区，信用证方式下一般是开证申请人，如果信用证未明确最终收货人，可以填写商业发票的抬头人或提单的通知人，但不可填写中间商的名称。当给惠国属于某一关税同盟时，由同盟名称代替国家或地区名称。

4. 运输方式和航线（MEANS OF TRANSPORT AND ROUTE）

此栏一般填写起运地、目的地及运输方式（如海运、陆运、空运）等内容，对转运商品应加转运港，如 VIA HONGKONG。该栏还要填明预定从中国出口的地点和日期，日期须真实。

如 "ON/AFETER APRIL 15, 2005 FROM GUANGZHOU TO NEW YORK VIA SINGAPORE BY VESSEL"。

对输往内陆给惠国的商品，如瑞士、奥地利，由于这些国家没有海岸，因此，如是海运，都须经第三国，再转运至该国，在填写时应注明。如 "ON/AFTER MAY 06, 2018 BY VESSEL FROM SHANGHAI TO HAMBURG W/T HONGKONG IN TRANSIT TO SWITZERLAN"。

5. 供官方使用（FOR OFFICAL USE）

此栏在正常情况下留空，企业制单时不必填写。下列特殊情况，签证当局在此栏加注：

（1）证书遗失、被盗或损毁，签发"复本"证书时盖上"DUPLICATE"红色印章，并在此栏注明原证书的编号和签证日期，并声明原发证书作废，其文字是"THIS CERTIFICATE IS IN REPLACEMENT OF CERTIFICATE OF ORIGIN NO. …DATED…WHICH IS CANCELLED"。

（2）货物已出口，签证日期迟于出货日期，签发"后发"证书时，此栏盖上"ISSUED RETROSPECTIVELY"红色印章。

6. 商品顺序号（ITEM NUMBER）

如同批出口货物有不同品种，则按不同品种、发票号等分列"1""2""3"…如果是单项商品，此栏一般填"1"，也可以不填。

7. 唛头及包装号（MARKS AND NUMBERS OF PACKAGES）

（1）填写的唛头应与货物外包装上的唛头及发票上的唛头完全一致。

（2）唛头不得出现中国以外的地区或国家制造的字样（如 MADE IN JAPAN 等）。

（3）如果没有唛头应填"N/M"或"NO MARK"。若唛头过多，此栏不够填，可填打在第 7、8、9、10 栏的空白处。如还不够，另加附页，用附页填打所有唛头，在附页右上角打上证书号，并由申请单位和签证当局授权签字人分别在附页末页的右下角和左下角手签、盖印。附页手签的笔迹、地点、日期均与证书第 11、12 栏相一致。

8. 包装种类和件数、商品的名称（NUMBER AND KIND OF PACKAGES，DESCRIPTION OF GOODS）

该栏目填写时应注意：

（1）包装件数必须用英文和阿拉伯数字同时表示，在包装件数的阿拉伯数字后面用括号加上大写的英文数字。

（2）商品名称必须具体填写，不能笼统填写"MACHINE"（机器）、"GARMENT"（服装），但商品的商标、牌名（BRAND）及货号（ART NO.）一般可以不填。

（3）国外信用证有时要求填写合同、信用证号码等，可加填在此栏空白处。

（4）该栏末行要打上结束符号"**************""××××××"或"--------"，以防添加或伪造。

9. 原产地标准（ORIGIN CRITERION）

原产地标准是国外海关审核的重点项目，必须按规定如实填写。对含有进口成分的商品，因情况复杂，国外要求严格，极易弄错而造成退证查询，更应认真仔细填写。现将有关规定介绍如下：

（1）如果本商品完全是出口国自产的，不含任何进口成分，出口到所有给惠国，填写"P"。

（2）如果出口商品有进口成分，出口到欧盟、挪威、瑞士和日本，填"W"，其后加上出口产品的 HS 品目号，如"W"51.06。其原产地标准为：产品列入了上述给惠国的"加工清单"符合其加工条件；或产品虽未列入"加工清单"，但产品生产过程中使用的进口原材料和零部件经过充分加工，产品的 HS 号不同于所使用的原材料或零部件的 HS 号。

（3）含有进口成分的产品，但进口成分的价值未超过产品出厂价的 40%，产品出口到加拿大，填"F"。

（4）含进口成分的产品，产品进口成分的价值未超过产品离岸价的 50%，出口到保加利亚、匈牙利、波兰、捷克、斯洛伐克和独联体成员国，填"Y"，其后加上进口成分价值占该产品离岸价格的百分比，如"Y"44%。

（5）对于在一个受惠国生产而在另一个或一个以上受惠国制作或加工的产品，填"PK"。这是因为澳大利亚、新西兰、加拿大等国家实行全球性或区域性原产地累计的办法，将全球所有受惠国或某一个经济区域的若干个受惠国间的原料和劳务价值进行累计，作为判断该出口国加工产品的增值标准。这样，从其他受惠国进口原料、零部件加工成成品出口到这几个给惠国时，仍可享受到关税减免的优惠。

（6）输往澳大利亚、新西兰的商品，此栏可以留空。

10. 毛重和其他数量（GROSS WEIGHT OR OTHER QUANTITY）

此栏应按商品的正常计量单位填写。如"双""台""只""件""包""打""箱"等。以重量计算的则填毛重，只有净重的，填净重亦可，但要标上 N.W.（NET WEIGHT）。此栏内容应与运输单据的总毛重或数量相同。在该栏末行要打上结束符号"**************""××××××"或

"--------",以防添加或伪造。

11. 发票的日期和号码（NUMBER AND DATE OF INVOICE）

此栏必须按照正式商业发票填写，不得留空。为了避免月份、日期的误解，月份一律用英文表示（可用缩写）表示，日期和年用数字，按月、日、年的顺序填写。

12. 签证当局的证明（CERTIFICATE）

本栏由各地海关盖公章，并由授权的签证人手签，手签与公章不得重叠。海关原则上只签正本，副本概不签署。本栏日期不得早于发票日期（第 10 栏）和申报日期（第 12 栏），而且应早于货物出运日期（第 3 栏）。

13. 出口商声明（DECLARATION BY THE EXPORTER）

在生产国横线上填写"中国"（CHINA）。进口国横线上填最终进口国，进口国必须与第 3 栏目的国别一致，必须是给惠国，如转运内陆目的地，应与内陆目的地的国别一致。凡货物运往欧盟成员国，具体国别不明确时，进口国可填 E.U.。

在此栏底部加盖申报单位中英文印章，并由公司授权的专人手签，手签人的名单和手迹须事先向商检机构备案，并标上申报地点、日期，日期不得早于发票日期（第 10 栏）（最早是同日），不应迟于签证机构的签发日期。盖章时应避免覆盖进口国名称和手签人姓名。

应用案例分析 11-1

2018 年 8 月 10 日，厦门易通科技有限公司向出入境检验检疫局办理申请普惠制原产地证书格式 A（GSP FORMA）。

普惠制产地证明书申请书

申请单位（盖章）：厦门易通科技有限公司 证书号：G188400321573809

组织机构代码：840032157

申请人郑重声明： 注册号：015059

本人被正式授权代表本出口单位办理和签署本申请书。

本申请书及普惠制产地证格式 A 所列内容正确无误，如发现弄虚作假，冒充格式 A 所列货物，擅改证书，自愿接受签证机关的处罚及负法律责任，现将有关情况申报如下：

生产单位	厦门易通科技有限公司	生产单位联系人电话	39587066
商品名称（中英文）	GM85S 1080P CAMERA（摄像机）	H.S.税目号（以六位数码计）	852580
商品 FOB 总值（以美元计）	37802.22 美元	发票号	GHI65731
最终销售国	葡萄牙	证书种类画"√" 加急证书	普通证书√
货物拟出运日期	2018-8-15		

贸易方式和企业性质（请在适用处画"√"）							
正常贸易	来进料加工	补偿贸易	中外合资	中外合作	外商独资	零售	展卖
C √	L	B	H	Z	D	Y	M

包装数量或毛重或其他数量	1656PCS

原产地标准：

本项商品系在中国生产，完全符合该给惠国给惠方案规定，其原产地情况符合以下第 1 条；

(1) "P"（完全国产，未使用任何进口原材料）；
(2) "W" 其 H.S 税目号为＿＿＿＿＿＿＿＿＿＿＿（含进口成分）；
(3) "F"（对加拿大出口产品，其进口成分不超过产品出厂价值的 40%）。
本批产品系： 1.直接运输从＿＿厦门＿＿＿到＿＿葡萄牙＿＿；
2.转口运输从＿＿＿＿＿＿＿＿中转国（地区）＿＿＿＿到＿＿＿＿＿。

申请人说明　　　　　　　　　　　　　领证人（签名）
电话：0592-24588666

日期：2018 年 8 月 10 日

普惠制原产地证书

ORIGINAL

1.Goods consigned from (Exporter's business name, address, country) XIAMEN YITONG TECHNOLOGY CO., LTD NO.163 SIMING ROAD, XIAMEN, FUJIAN, CHINA TEL: (0592)24588666 FAX: (0592)24588999	Reference No. G188400321573809 **GENERALIZED SYSTEM OF PREFERENCES** **CERTIFICATE OF ORIGIN** (Combined declaration and certificate)
2.Goods consigned to (Consignee's name, address, country) DYNASTY DEVELOPMENT CAMPANY R. XAVIER CORDIEIRO 63-6 LISBON, PORTUGAL	**FORM A** Issued in **THE PEOPLE'S REPUBLIC OF CHINA** (country) See Notes overleaf
3.Means of transport and route (as far as known) FROM XIAMEN TO LISBON　BY VESSEL	4.For official use

5.Item number	6.Marks and numbers of packages	7.Number and kind of packages; description of goods	8.Origin criterion (see Notes overleaf)	9.Gross weight or other quantity	10.Number and date of invoices
01	DDC FYEE2018C748 LISBON C/NO. 1-276	TWO HUNDRED AND SEVENTY SIX CARTONS OF GM85S 1080P CAMERA ▬▬▬▬▬▬▬▬▬▬▬▬▬▬▬▬ CREDIT NUMBER: RGB2016935	"P"	863.88KGS	GHI65731 JUL.20,2018

11. Certification It is hereby certified, on the basis of control carried out, that the declaration by the exporter is correct.	12.Declaration by the exporter The undersigned hereby declares that the above details and statements are correct, that all the goods were produced in **CHINA** (country) and that they comply with the origin requirements specified for those goods in the Generalized System of Preferences for goods exported to

XIAMEN　AUG.11, 2018 -- Place and date, signature and stamp of certifying authority	PORTUGAL -- XIAMEN　AUG.10, 2018 -- Place and date, signature and stamp of authorized signatory

第二节　出口货物原产地认证的业务流程

我国授权的可以签发原产地证书的机构是出入境检验检疫局（2018年4月20日已并入海关）和中国国际贸易促进委员会（贸促会），其他机构无权签发。

一、（海关）申办原产地证书

（一）办理注册登记

申请签发产地证书，必须先办理注册登记，经审核确认有申请资格后，才能按正常程序进行申请签发产地证书。自注册之日起满二年需办理年审。

办理注册登记须提交以下资料：

（1）进出口经营权资格批准证书复印件或对外贸易经营者备案登记表复印件。

（2）营业执照复印件、组织机构代码证复印件。

（3）原产地证注册登记表（一式二份）。

（4）产品成本明细单。

（5）产品所用的原辅料、零部件的进料发票复印件。

注册费500元，领取产地证注册登记证和证书号，通过网上申报产地。每个注册企业都有一个注册号，该注册号在申请产地证时应填在申请书上，供计算机识别使用。

（二）办理流程

申请（网上办理，全天）→ 受理申请 → 海关审核（在受理签证申请之日起0.5个工作日内完成）→ 通知审核结果 → 签发原产地证书（审核合格的）。

（三）产地证书的申领

注册后会对产地证申请手签人员进行业务培训，考试合格后，签发申报证件。不接受非申领员办理相关业务。新注册企业为临时申领员，企业变更申领员须提供情况说明。企业变更申领员一年不超过2次。

各单位凭申领员证办理产地证书业务，特殊情况下，可凭单位介绍信办理。

申请产地证时，申请人需提交以下文件资料：

（1）"普惠制原产地证明书申请书"或"一般原产地证明书申请书"一份，申请书需盖申请单位公章。

（2）缮制完整的"普惠制原产地证书"或"一般原产地书"一套，证书需签字、盖章。签字人员应是取得产地证申领资格的人员。

（3）正式出口商业发票副本一份，发票需盖章，并应注明包装、数量、毛重，否则还需另附装箱单。

（4）含有进口成分的商品，需提供"含进口成分商品成本明细单"。

（5）后发证书，需提供提单。

（四）签发

申请人通过软件填 CO 和 FORMA，并且要通过网络将填写制好的原产地证信息发送到海关总署电子平台审核，通过后方可签发。签发 CO 时要持 CO 一份，并且需要随附原产地证书申请书和发票各一份，两者都通过软件打印。原产地证书申请书上需要盖上单位公章，而随附发票需要盖中英文条形章和法人章。申领 FORMA 需要提供空白 FORMA 一份，每联都要盖中英文条形章和申领员的签名，申领时一样要随附原产地证书和发票各一份。

接受网上产地证电子申报后，签发时间为一个工作日。产地证签证费：普惠制原产地证书每份 40 元，一般原产地证书每份 35 元。

二、（贸促会）申办原产地证书

（一）注册登记与申核

申请单位须向签证机构办理注册登记手续，并经签证机构审核合格后，享有申办原产地证资格。办理注册登记须提交以下资料：

（1）提交由工商行政管理部门颁发的当年有效的或经年审过营业执照正本或副本影印一份。

（2）提交政府主管部门授予企业进出口经营权的文件影印件一份。

（3）填写"申请中华人民共和国出口货物一般原产地证明书注册登记表"。

注册有效期为一年，以注册日年度为限。期满经年度审核合格的，续展一年。

（二）产地证书的申领

1. 申领时间

企业最迟于货物报关出运前三天向签证机构申请办理原产地证。

2. 申领人员

企业经注册登记后，其授权及委派的手签员和申领员应接受机构的业务培训，并由申领员前往签证机构申领。

3. 申领时应提交材料

申请产地证时，申请人需提交以下文件资料：

（1）"中华人民共和国出口货物原产地申请书"一份。

（2）"中华人民共和国出口货物原产地证明书"一式四份。

（3）出口货物商业发票。

4. 特殊情况的处理

签发机构通常不接受货物出运后才递交的申办原产证申请，但如遇特殊情况，签证机构可接受迟交的申请书，并酌情办理补证。在此情况下，申请单位递交原产地证明书和申请书时，必须提交下列证明书：

（1）解释迟交申请书原因的函件。

（2）商业发票及提单、报关单。

货物出运后申请原产地证，证书第十一栏应为实际申请日期和签发日期，签证机构须在证书第五栏加注英文"ISSUED RETROSPECTIVLY"印章。

（三）签发

签证机构接受企业在网上申领原产地证，企业可通过系统输入发票、原产地证等相关原始资料或数据，在保存并发送后，系统能够根据原产地证规则即时校验，将原产地证的申领住处发送到贸促会进行实时审证，并将审核结果回送到企业端显现。签证机构将及时签发经网上审核合格的原产地证书。

模拟练习题

1. 阅读并理解以下信用证下填制原产地证书的一般要求：

A requirement for a certificate of origin will be satisfied by the presentation of a signed, dated document that certifies to the origin of the goods.

Issuers of certificates of origin

A certificate of origin must be issued by the party stated in the credit. However, if a credit requires a certificate of origin to be issued by the beneficiary, the exporter or the manufacturer, a document issued by a chamber of commerce will be deemed acceptable, provided it clearly identifies the beneficiary, the exporter or the manufacturer as the case may be. If a credit does not state who is to issue the certificate, then a document issued by any party, including the beneficiary, is acceptable.

Contents of certificates of origin

The certificate of origin must appear to relate to the invoiced goods. The goods description in the certificate of origin may be shown in general terms not in conflict with that stated in the credit or by any other reference indicating a relation to the goods in a required document.

Consignee information, if shown, must not be in conflict with the consignee information in the transport document. However, if a credit requires a transport document to be issued "to order", "to the order of shipper", "to order of the issuing bank" or "consigned to the issuing bank", the certificate of origin may show the applicant of the credit, or another party named therein, as consignee. If a credit has been transferred, the name of the first beneficiary as consignee would also be acceptable. The certificate of origin may show the consignor or exporter as a party other than the beneficiary of the credit or the shipper on the transport document.

2. 请根据以下给定的资料填写一般原产地证。

Credit Number: GL25067870
Date of Issue: DEC.27,2017
Applicant: BINGO FORCE CO., LTD, DUBAI(UAE).
                 P.O.BOX No,6093, DUBAI(UAE)
Benificiary: XIAMEN TANG TEXTILE GARMENT CO., LTD.
                 12/F XIAMEN TEXTILES MANSION, NO.28 LIANQIAN ROAD,
                 XIAMEN, CHINA
Amount: USD 171000.00
Covering: 6000 DOZEN EMBROIDERED TABLE CLOTH
                 CIFC3 DUBAI USD28.50 PER DOZEN
                 PACKING: 10DOZ/CTN
                 ALL OTHER DETAILS ARE AS PER S/C No.20170S84952
Shipping Marks: BFC/ GL25067870/ NO.1-600

发票号码：XTTG2017905　　发票日期：JAN.2,2018　　产地证号码：CZC1/12018/56432
装运港：厦门港　　　　　商品编码：6302519000　　产地证申请时间：JAN.15,2018

ORIGINAL

1.Exporter	Certificate No.
2.Consignee	**CERTIFICATE OF ORIGIN** **OF** **THE PEOPLE'S REPUBLIC OF CHINA**
3.Means of transport and route	5.For certifying authority use only
4.Country / region of destination	

6.Marks and numbers	7.Number and kind of packages; description of goods	8.H.S.Code	9.Quantity	10.Number and date of invoices

11.Declaration by the exporter	12.Certification
The undersigned hereby declares that the above details and statements are correct, that all the goods were produced in China and that they comply with the Rules of Origin of the People's Republic of China. -- Place and date, signature and stamp of authorized signatory	It is hereby certified that the declaration by the exporter is correct. -- Place and date, signature and stamp of certifying authority

第十二章　商检与报关

 教学目标

通过本章的学习，了解 2018 年关检融合后出口货物通关的新要求，了解出境货物报检的基本操作和出口报检的系统——E-CIQ 系统，掌握出口检验证书的内容；了解报关的概念和业务流程，掌握新版报关单的内容和填制要求，能够结合具体贸易背景准确及时缮制相关出口报关所需的单据。

 教学要求

知识要点	能力要求	相关知识
出口报检	（1）熟悉检验检疫的范围和期限 （2）熟悉检验证书的种类	（1）法定检验 （2）《出入境检验检疫机构实施检验检疫的进出境商品目录表》
出口报关	（1）了解出口报关的基本概念 （2）熟悉出口货物的通关程序 （3）掌握出境货物报关单的基本内容和填制要求 （4）熟悉出口通关的应用案例 （5）掌握出口通关的模拟操作过程	（1）关检融合 （2）检验检疫数据项 （3）2018 新版报关单

第一节　出境货物报检

出境货物报检又称出境货物报验，指出口货物的发货人或其代理人根据有关法律、法规的规定，对外贸易合同的约定或证明履约的需要，向海关申请检验检疫、鉴定以获准出境或取得销售使用的合法凭证及某种公证证明所必须履行的法定程序和手续。

通常出口货物在装运前应向当地海关进行报验，申领有关检验检疫证书，来证明出口货物的品质、数量、包装、卫生和健康等内容。

📖 **知识链接**

2018 年 4 月 20 日起，原中国出入境检验检疫部门正式并入中国海关。关检融合后，进出口货物通关实现"三个一"：

1. 一次申报：出口企业统一通过"单一窗口" 实现报检；进一步加大"单一窗口"标准版的推进力度，提高主要申报业务覆盖率，覆盖范围涵盖检验检疫。

2. 一次查验：海关现有查验指令下达、实施查验、查验结果异常处置 3 个环节，检验检疫现有查验指令下达、进出口商品检验、后续处置 3 个环节，共计 6 个环节，合并 3 个环节，保留查验指令下达、实施查验、查验结果异常处置 3 个环节；整合查验场地，负责查验业务的检验检疫与海关科室及人员合并工作，形成统一的查验作业队伍及流程，关检双方的布控查验系统同步运行，在同一时间段内对碰各自系统。系统下发的查验指令，对于对碰成功的，根据查验指令随机派具备查验、检验检疫技能的相应人员实施作业，避免重复查验；对于对碰不成功的，根据现有作业流程实施作业。

3.一次放行：收发货人凭海关放行指令提离货物，海关向监管场所发送放行指令，在放行环节核碰，实现一次放行。

2018年6月1日起，海关总署全面取消"入/出境货物通关单"（以下简称"通关单"，是原出入境检验检疫机构对法定检验检疫商品签发的已办理报验手续证明文书）。通关单本质上是原出入境检验检疫机构用于与海关工作联系的业务单证，主要用于防范和打击逃漏检行为，是出入境检验检疫和海关业务分属两个不同部门的标志性事物。在关检融合前，通关单的存在将口岸通关流程分割为检验检疫作业和海关作业两个不同部分，两部分作业依靠通关单实现关联，组成进出口货物口岸通关完整流程；关检融合后，出入境检验检疫职责纳入海关现有通关流程，由海关统一办理进出口货物通关手续，通关单已失去了原有的职能和意义。取消通关单既可以在关检业务全面融合方面发挥立竿见影的示范作用，也为企业办理进出口通关手续带来实际便利。

对于法检商品，申报环节按照企业通过"互联网+海关"及"单一窗口"报关报检合一界面录入报关报检数据向海关一次申报。对于通过"单一窗口"单独报关、报检界面或报关报检企业客户端申报的，企业先填写报检数据取得检验检疫编号，再填写报关数据，并在报关单随附单据栏中填写检验检疫编号；对于出口法检商品，取消填报原通关单代码和编号，企业申报时填写报检电子底账数据相关编号，据此实现检验检疫电子底账数据与报关单进行自动关联对碰。

图 12-1　"单一窗口"门户网站 https://app.singlewindow.cn/cas/login?service=https%3A%2F%2Fswapp.singlewindow.cn%2Fdeskserver%2Fj_spring_cas_security_check

在放行环节，H2010系统在放行环节验核E-CIQ系统发送检验检疫口岸作业完成信息，统一发送海关放行指令，海关监管作业场所经营单位凭海关放行信息实现一次放行。

一、出口报检概述

（一）出入境检验检疫报检范围

（1）国家法律法规规定必须检验检疫的货物。具体包括列入《出入境检验检疫机构实施检验检疫的进出境商品目录》内的货物；入境废物、进口旧机电产品；出口危险货物包装容器的性能检验和使用鉴定；进出境集装箱等。

图 12-2 "互联网+海关"门户 http://online.customs.gov.cn/

📖 **知识链接**

根据 2018 法检目录，我国出入境实施法定检验的商品共涉及 4501 个税则号，其中监管条件为 A/B（入境法定检验/出境法定检验）或 B（出境法定检验）的共 2967 个。2018 年 2 月 1 日起，取消涉及卷烟产品的 4 个海关商品编码 2402100000、2402200000、2402900001、2402900009 海关监管条件"B"，检验检疫机构不再实施出境检验检疫。取消涉及食品添加剂的 90 个海关商品编码海关监管条件"B"，保留海关监管条件"A"，检验检疫部门不再实施出境检验检疫，仅实施进境检验检疫。

（2）输入国家或地区规定必须凭检验检疫机构出具的证书方准入境的货物。
（3）有关国际条约规定须经检验检疫的货物。
（4）对外贸易合同约定须凭检验检疫机构签发的证书进行交接、结算的货物。
（5）申请签发一般原产地证书、普惠制原产地证书等原产地证书的货物。

（二）出口报检时限和地点

（1）出境货物最迟应于装运前 7 天报检，对于个别检验检疫周期较长的货物，应留有相应的检验检疫时间。

（2）允许企业自主选择在口岸或者目的地办理检验检疫手续。各地不能强制要求企业必须在哪个机构申报，检验检疫受理机关可以选择口岸或者属地。进出口企业可以选择在全国任意检验检疫机构办理报检、领证等通关手续，检测结果在各机构间互认。出口货物可由产地直接办理通关手续，进口货物在口岸通关后直接转至目的地接受施检。

二、出口报检的申报方式

（一）法检货物

关检融合统一申报时要录入检验检疫名称（原 CIQ 编码）及其他检验检疫必填项 16 项。

（二）非法检货物但涉及检验检疫

关检融合统一申报时要录入检验检疫名称（原 CIQ 编码）及其他检验检疫必填项 16 项。操作上跟法检货物一样，整合申报一次即可，不需要再另外申报检验检疫。

（三）非法检货物不涉及检验检疫

关检融合统一申报时只录入报关项目即可，不需要检验检疫名称（原 CIQ 编码）及其他检验检疫必填项 16 项。

（四）多项货物，既有涉及检验检疫的货物又有不涉及检验检疫的非法检货物

关检融合统一申报时每项货物（包括非法检货物）都要录入检验检疫名称（原 CIQ 编码）及其他检验检疫必填项 16 项。

三、出口报检的申报系统——E-CIQ 系统

（一）E-CIQ 系统简介

中国电子检验检疫主干系统简称 E-CIQ 系统，于 2017 年 1 月 1 日起正式运行。主干系统实现了一体化运作和检验检疫通关一体化。企业可根据需要，通过检验检疫 E-CIQ 系统选择报检地点和通关口岸，享受全国执行标准统一、实施时间统一、执法尺度统一、业务流程统一的检验检疫服务。检测结果在各机构间互认。主干系统为实现对外数据共享提供了数据支撑。不仅对接了国际贸易"单一窗口"，为实现"三互"大通关建设奠定了基础，同时还实现了同检验检疫通关无纸化等系统的对接，更加方便进出口企业，为贸易便利化提供了开放平台。主干系统同时实现了检验检疫监管信息、进出口企业监管信息、产品检测信息、疫病疫情信息和风险预警信息的集中管理，重塑检验检疫监管模式和操作流程，加强事前、事中、事后监管，做到提前介入、全程追溯、快速验放，提升了质量安全保障和服务外贸发展的能力。

（二）E-CIQ 系统的企业回执

E-CIQ 系统企业回执按照检验检疫工作流程分步下发，是指导企业办理检验检疫业务的重要手段，是检验检疫部门与企业进行沟通的重要渠道。根据业务类型的不同，企业回执也有所不同，涉及业务类型有实施检验检疫查验并申请出具证书的情况、实施检验检疫查验并不申请出具证书的情况、实施审单放行并不出具检验检疫证书的情况、实施审单放行并出具检验检疫证书的情况、非法检实施木质包装检疫等。

这里以实施检验检疫查验并申请出具证书的情况为例，对回执下发节点及重点内容作一个简要说明。

（1）提示企业成功发送申报数据，等待电子审单。

回执内容：申请检验检疫成功！（出口）检验检疫申请号【120180000072425241】已成功接收数据，待审单。

（2）电子审单成功，提示企业办理正式申报手续，需要实施消毒处理以及其他相关事项。需要注意的是：提示的检验检疫部门为"施检部门"，而不是检务受理部门，企业可按照申请情况前往自己所选择的检验检疫受理机构的检务部门办理正式申报手续。

回执内容：检验检疫编号【1180000053S7014】，请持相关单据到【原厦门海沧出入境检验检疫局食检科】办理检疫事宜。联系电话13604526230。审单结论：★★重要提醒：2018年8月1日起，各企业（包括报检企业及收发货人等）需同时具备报关和报检双重资质才能申报新版报关单，请不具备双重资质的企业尽快通过"单一窗口"补录获得★★。命中的货物编号为【1】，发送报检信息时，请务必如实填写"报关海关"数据项。原海沧出入境检验检疫局食检科地址：厦门市海沧区建港路2165号，联系电话：0592-6584225。特别提示：请凭检验检疫编号1180000053S7014办理报关。

（3）提示检务环节已"正式受理"通过，电子信息进入施检环节。

回执内容：检验检疫编号【1180000053S7014】已正式受理通过，请与【原厦门海沧出入境检验检疫局食检科】联系办理检验检疫事宜。联系电话13604526230。报检日期：2018-08-11 11：20。审单结论：★★重要提醒：2018年8月1日起，各企业（包括报检企业及收发货人等）需同时具备报关和报检双重资质才能申报新版报关单，请不具备双重资质的企业尽快通过"单一窗口"补录获得★★。命中的货物编号为【1】，发送报检信息时，请务必如实填写"报关海关"数据项。原海沧出入境检验检疫局食检科地址：厦门市海沧区建港路2165号，联系电话：0592-6584225。特别提示：请凭检验检疫编号1180000053S7014办理报关。

（4）提示该批货物"抽批抽中"，需实施检验检疫查验或查验送检。

回执内容：检验检疫编号【1180000053S7014】被抽批抽中。请您与【原厦门海沧出入境检验检疫局食检科】联系检验检疫事宜。联系电话13604526230。

（5）提示施检部门已完成合格评定并放行。

回执内容：检验检疫编号【1180000053S7014】已检验检疫合格，请您与【原海沧出入境检验检疫局】签证部门联系放行相关事宜。联系电话13604526230。

（6）提示施检部门已经完成证稿拟制，并提交检务部门进行证单缮制。

回执内容：检验检疫编号【1180000053S7014】已被检务收单，收单日期为2018-08-13，证单类型为null，证单格式为1-1检验证书。可在原海沧出入境检验检疫局国际贸易与航运中心办事处领取证单，领取密码是4218。

（7）提示检务部门已完成证单缮制，企业可前往领取检验检疫证单。

回执内容：原海沧出入境检验检疫局检务科已缮制证单，检验检疫编号1180000053S7014，缮制日期为2018-08-13，证单类型为品质检验证书，证单格式为1-1检验证书。

📖 **知识链接**

检验检疫实操

1. 企业必须明确申报数据符合以下条件之一，就会进入E-CIQ主干系统：

（1）货物的监管条件涉及A/B。

（2）企业主动填写了"检验检疫名称"（CIQ 3位编码对应的中文名称）。

也就是说，目录外货物但是涉及检验检疫的，如疫区、旧品、木包装、危化等情况，企业必须主动填写"检验检疫名称"。如填写了检验检疫名称，那么所有数据申报要求都要符合E-CIQ申报要求，即检验检疫主动触发的申报项目（检务独有项）也必须一并填写。

2. 检验检疫主动触发申报项目

（1）表头部分。触发后必填项6项：检验检疫受理机关（必填）、领证机关（必填）、口岸检验检疫机关（必填）、目的地检验检疫机关（必填）、启运日期（必填）、B/L号（必填）。选填项6项：企业资质（企业资质代码、企业资质编号）、关联号码及理由（关联号码、关联理由）、使用人

（使用单位联系人、使用单位联系电话）、原箱运输、特殊业务标识、检验检疫签证申报要素（所需单证、境内收发货人名称外文、境外收发货人名称中文、境外发货人地址、卸毕日期、商品英文名称）。

（2）表体部分。必填项1项：用途。选填项3项：检验检疫货物规格（成分原料组分、产品有效期、保质期、境外生产企业、货物规格、货物型号、货物品牌、生产日期、生产批次）、产品资质（许可证类别、许可证编号、核销货物序号、核销数量、许可证VIN信息）、危险货物信息（非危险化学品、UN编码、货物名称、危包类别、危包规格）。

四、检验检疫证书

（一）检验证书的概念

检验证书（INSPECTION CERTIFICATE）是各种进出口商品检验证书、鉴定证书和其他证明书的统称，是对外贸易有关各方履行契约义务、处理索赔争议和仲裁、诉讼举证，具有法律依据的有效证件，也是海关验放、征收关税和优惠减免关税的必要证明。

（二）检验证书的作用

（1）对出口商品的品质规格、物理和技术指标、交货数量及重量提供科学的依据。

（2）作为议付货款的一种单据。

（3）作为出口商品的品质、重量、数量、包装以及卫生条件等是否符合合同或信用证规定的依据。

（4）作为进口当局和海关申报及清关的必要文件。

（5）作为某些商品的论质或计价依据。

（6）作为有效防止人类、牲畜病毒或传染疾病扩大传播的一道屏障。

（7）如果交货品质、重量、数量或包装以及卫生等与规定不符，检验证书是买卖双方拒收、索赔或理赔的依据。

（三）检验证书的种类

检验证书按照不同的标准，可以划分为不同的种类，这里我们介绍按照作用所划分的种类。

（1）品质检验证书。是出口商品交货结汇和进口商品结算索赔的有效凭证；是法定检验商品的证书，也是进出口商品报关、输出输入的合法凭证。

（2）重量或数量检验证书。是出口商品交货结汇、签发提单和进口商品结算索赔的有效凭证；是出口商品的重量证书，也是国外报关征税和计算运费、装卸费用的证件。

（3）卫生/健康证书。是证明可供人类食用的出口动物产品、食品等经过卫生检验或检疫合格的证件。适用于肠衣、罐头、冻鱼、冻虾、食品、蛋品、乳制品、蜂蜜等，是对外交货、银行结汇和通关验放的有效证件。

（4）兽医检验证书。是证明出口动物产品或食品经过检疫合格的证件。适用于冻畜肉、冻禽、禽畜罐头、冻兔、皮张、毛类、绒类、猪鬃、肠衣等出口商品，是对外交货、银行结汇和进口国通关输入的重要证件。

（5）货载衡量检验证书。是证明进出口商品的重量、体积吨位的证件。可作为计算运费和制订配载计划的依据。

（6）熏蒸证书。是用于证明出口粮谷、油籽、豆类、皮张等商品，以及包装用木材与植物性填充物等，已经过熏蒸灭虫的证书。

（7）残损检验证书。是证明进口商品残损情况的证件。适用于进口商品发生残、短、渍、毁等情况；可作为受货人向发货人、承运人或保险人等有关责任方索赔的有效证件。

（8）积载鉴定证书。是证明船方和集装箱装货部门正确配载积载货物，作为证明履行运输契约义务的证件。可供货物交接或发生货损时处理争议之用。

（9）集装箱租箱交货检验证书、租船交船剩水/油重量鉴定证书。可作为契约双方明确履约责任和处理费用清算的凭证。

（10）船舱检验证书。证明承运出口商品的船舱清洁、密固、冷藏效能及其他技术条件符合保护承载商品的质量和数量完整与安全的要求。可作为承运人履行租船契约适载义务，对外贸易关系方进行货物交接和处理货损事故的依据。

（11）生丝品级及公量检验证书。是出口生丝的专用证书。其作用相当于品质检验证书和重量/数量检验证书。

（12）消毒检验证书。是证明出口动物产品经过消毒处理，保证安全卫生的证件。适用于猪鬃、马尾、皮张、山羊毛、羽毛、人发等商品，是对外交货、银行结汇和国外通关验放的有效凭证。

（13）舱口检视证书、监视装/卸载证书、舱口封识证书、油温空距证书、集装箱监装/拆证书。作为证明承运人履行契约义务，明确责任界限，便于处理货损货差责任事故的证明。

（14）价值证明书。作为进口国管理外汇和征收关税的凭证。在发票上签盖商检机构的价值证明章与价值证明书具有同等效力。

（15）财产价值鉴定证书。是作为对外贸易关系人和司法、仲裁、验资等有关部门索赔、理赔、评估或裁判的重要依据。

（四）检验证书的内容和填制

检验证书因其本身所需证明的内容不同以及各国标准不一而有所区别。然而各种检验证书一般都有以下内容：

（1）证书的名称、出证机关、地点。检验证书的名称则应与合同或信用证规定相符。如果信用证并未规定出具的机关，则由出口商决定，如果信用证规定了"有权机构"（COMPETENT AUTHORITY）出证，因为有权机构是指有公证资格或经政府授权的机构，则应根据具体情况由有关的机构出具。检验证书的出证地点应为货物装船口岸，一般这些内容事先都已在证书上印制好。

（2）发货人名称及地址。一般填写出口商名称和地址，信用证方式下是受益人。该栏内容应符合合同或信用证的规定，并与其他单据保持一致。

（3）收货人名称及地址。一般为进口商的名称和地址，收货人应与合同或信用证及其他单据保持一致。

（4）品名、数量/重量、包装种类及数量、唛头、起运地（港）、目的地（港）、运输工具等。应与商业发票及提单上所描述的内容完全一致，货物名称可以用统称。

（5）检验结果。在此栏中记载报验货物经检验的现状，货物现状是衡量货物是否符合合同或信用证规定的凭证，也是交接货物或索赔、理赔的证明文件，此栏是检验证中最重要的一项。

（6）签证日期。检验证明书的出具日期应不迟于提单日期，但也不得过早于提单日期，最好在提单日之前一两天或至少与提单日期相同。

（7）签字盖章。一般而言，盖章与签字一样有效。但是有的国家则要求出具的检验证书一定要经手签，在这种情况下，只有盖章而无签字的检验证明书则被视作无效。

（五）信用证中有关检验证明书条款举例

（1）INSPECTION CERTIFICATE OF WEIGHT AND QUANTITY IN TRIPLICATE（一式三份的重量和数量检验证书）。

（2）INSPECTION CERTIFICATE OF PACKING IN FIVE COPIES（一式五份的包装检验证书）。

（3）INSPECTION CERTIFICATE OF QUALITY ISSUED BY APPLICANT AND SIGNED BY MR.BROWN（PHOTOCOPY IS ACCEPTABLE）（受益人出具的、MR.BROWN 签字的品质检验证书，可以接受影印本）。

※应用案例分析 12-1

厦门易通科技有限公司业务员张国 8 月 11 日上午通过"互联网+海关"（http://online.customs.gov.cn/）及"单一窗口"（https://app.singlewindow.cn/cas/login?service=https%3A%2F%2Fswapp.singlewindow.cn%2Fdeskserver%2Fj_spring_cas_security_check）报关报检合一界面录入报关报检数据向海关申报。厦门易通科技有限公司出口的摄像机海关编码为 8525803990，监管条件是"A"，属于入境法定检验货物，货物出境不需要法检。但是信用证（RGB2016935）有要求提供品质检验证书和普惠制原产地证书，所以该商品也属于我国出境货物检验检疫范围商品。

厦门易通科技有限公司在申报数据时主动填写"品质检验证书"，就会进入 E-CIQ 主干系统。申报成功后，E-CIQ 系统企业回执里有一系列提示：2018 年 8 月 11 日上午提示企业成功发送申报数据，等待电子审单；当天上午提示电子审单成功，检验检疫编号【1180000053S7426】，请持相关单据到【原厦门海沧出入境检验检疫局检验科】办理检验事宜，联系电话 13604526257；当天下午提示检验检疫编号【1180000053S7426】已正式受理通过，请与【原海沧出入境检验检疫局检验科】联系办理检验检疫事宜，联系电话 13604526257；当天下午再次收到提示检验检疫编号【1180000053S7426】被抽批抽中，请您与【原海沧出入境检验检疫局检验】联系检验检疫事宜。厦门易通科技有限公司业务员张国立即与海沧出入境检验检疫局检验科联系办理检验事宜。2018 年 8 月 12 日企业回执提示：检验检疫编号【1180000053S7426】已检验检疫合格，请您与【原海沧出入境检验检疫局】签证部门联系放行相关事宜，联系电话 13604526257。2018 年 8 月 13 日企业回执提示：检验检疫编号【1180000053S7426】已被检务收单，收单日期为 2018-08-13，证单类型为 null，证单格式为 1-1 检验证书。可在原海沧出入境检验检疫局国际贸易与航运中心办事处领取证单，领取密码为 4235。当天再次收到回执内容：原海沧出入境检验检疫局检务科已缮制证单，检验检疫编号 1180000053S7426，缮制日期为 2018-08-13，证单类型为品质检验证书，证单格式为 1-1 检验证书。

2018 年 8 月 13 日，厦门易通科技有限公司业务员张国取得品质检验证书，检验检疫编号【1180000053S7426】。

中华人民共和国出入境检验检疫
ENTRY-EXIT INSPECTION AND QUARANTINE OF THE PEOPLE'S REPUBLIC OF CHINA

编号 No.: 1180000053S7426

QUALITY CERTIFICATE

发货人 Consignor	XIAMEN YITONG TECHNOLOGY CO., LTD.
收货人 Consignee	DYNASTY DEVELOPMENT CAMPANY

品名 Description of Goods	GM85S 1080P CAMERA	标记及号码 Mark & No.
报检数量/重量 Quantity/Weight Declared	1665PCS	DDC FYEE2018C748
包装种类及数量 Number and Type of Packages	276CTNS	LISBON C/NO. 1-276
运输工具 Means of Conveyance	XINOU8 12E	

检验结果：
Result of Inspection:

　　At the request of consignor, our inspectors attended at the warehouse of the consignment on 2018/08/12. In accordance with the state stipulation GB/T15865-1995, 82 cartons were taken and opened at random for visual inspection, from which representative samples were drawn and inspected according to the stipulation mentioned above. The results are as follows:

　　Appearance: Pass

　　Specifications: Pass

　　Quantity: -1656-PCS, -276-CTNS

　　Safety: Pass

　　Hygienics: Pass

印章　　　　签证地点 Place of Issue ___XIAMEN___　签证日期 Date of Issue ___AUG.13,2018___
Official Stamp

授权签字人 Authorized Officer _____　　签　名 Signature _____

我们已尽所知道和最大能力实施上述检验，不能因我们签发本证书而免除卖方或其他相关方根据合同和法律所承担的产品质量责任和其他责任。All inspections are carried out conscientiously to the best of our knowledge and ability. This certificate does not in any respect absolve the seller and other related parties from his contractual and legal obligations especially when quality is concerned.

第二节　出口报关

　　出口企业在货物装运前，向当地的海关办理出口货物报关，经海关核准无误后，缴纳关税，并由海关在出口货物报关单上加盖放行章后，船运公司才可装运。

一、报关的基本概念和基本流程

（一）报关的概念

　　报关是指进出境运输工具负责人、进出口货物收发货人、进出境物品的所有人或者他们的代理人向海关办理运输工具、货物、行李物品、邮递物品和其他物品进出境手续及相关手续的全过程。

（二）报关的基本流程

1. 办理流程

（1）按照《中华人民共和国海关进出口货物报关单填制规范》的要求向海关传送报关单电子数据及随附单证。

（2）进出口货物的收发货人以自己的名义向海关申报的，报关单应当由进出口货物收发货人签名盖章，并随附有关单证。报关企业接受进出口货物的收发货人委托，以自己的名义或以委托人的名义向海关申报的，应当向海关提交由委托人签署的授权委托书，并按照委托书的授权范围办理有关海关手续。

（3）电子数据报关单经过海关计算机检查接受申报。

2. 申请材料

（1）有纸申报：

1）合同。

2）发票。

3）装箱清单。

4）载货清单（舱单）。

5）提（运）单。

6）代理报关授权委托协议。

7）进出口许可证件。

8）海关要求的加工贸易手册（纸质或电子数据的）及其他进出口有关单证。

（2）无纸申报：出口货物各类报关单，企业向海关申报时，合同、发票、装箱清单、载货清单（舱单）等随附单证可不提交，海关审核时如需要再提交。

二、报关单的概念和分类

知识链接

2018年8月1日起，海关进出口货物实行整合申报，报关单、报检单合并为一张报关单。整合申报项目主要是对海关原报关单申报项目和检验检疫原报检单申报项目进行梳理，报关报检面向企业端整合形成"四个一"，即"一张报关单、一套随附单证、一组参数代码、一个申报系统"。整合申报项目的具体内容：一是对海关原报关单和检验检疫原报检单申报项目进行梳理整合，通过合并共有项、删除极少使用项，将原报关、报检单合计229个货物申报数据项精简到105个，大幅减少企业申报项目；二是原报关报检单整合形成为一张报关单，原报关单、备案清单同时废止，原入境、出境货物报检单同时停止使用；三是整合原报关、报检重复提交的随附单据和相关单证，形成统一的一套随附单证申报；四是原报关报检申报系统整合为一个申报系统，用户由"互联网+海关"、国际贸易"单一窗口"接入。

进出口货物报关单是进出口货物的收发货人或其代理人，按照海关规定的格式对进出口货物的实际情况作出书面申明，以此要求海关对其货物按适用的海关制度办理通关手续的法律文书。

（一）进出口货物报关单的分类

（1）按进出口状态划分为进口货物报关单和出口货物报关单。

（2）按表现形式划分为纸质报关单和电子报关单。

（3）按海关监管方式划分为进料加工进（出）口货物报关单、来料加工及补偿贸易进（出）口货物报关单、一般贸易和其他贸易进（出）口货物报关单。

（4）按用途划分为报关录入凭单、预录入报关单、报关单证明联。

（二）新版报关单总体变化特点

2018年8月1日新版报关单总体变化特点：

（1）竖版改为横版。

（2）由套打改为普通打印。

（3）新增"境外收发货人""货物存放地点""启运港""入境口岸/离境口岸"和"自报自缴"等5个栏目的填制要求。

（4）修改4个栏目的名称，将"收发货人"改为"境内收发货人"，将"进口口岸/出口口岸"改为"进境关别/出境关别"，将"装货港/指运港"改为"经停港/指运港"，将"随附单证"改为"随附单证及编号"。

（5）对预录入编号、海关编号、境内收发货人、备案号、运输方式、运输工具名称及航次号、消费使用单位/生产销售单位、征免性质、包装种类、标记唛码及备注、项号、商品名称及规格型号、境内目的地/境内货源地、申报单位等栏目的填制要求作了相应调整和修改。

（6）删除了批准文号、结汇方式/征税比例、用途/生产厂家、税费征收情况、放行日期、填制日期、报关员联系方式共7个栏目。

（三）新版报关单体现的检验检疫相关数据项

为做好关检业务融合，满足检验检疫业务需求，新版报关单新增了4个检验检疫相关数据项，修改了2个检验检疫相关数据项名称，修订了5个检验检疫相关数据项内容，调整了1个数据项的机构位置。

1. 新增数据项

（1）第八项"境外收发货人"（进口/出口报关单）。

（2）第十二项"货物存放地点"（进口报关单）。

（3）第十七项"启运港"（进口报关单）。

（4）第二十二项"入境口岸/离境口岸"（进口/出口报关单）。

2. 名称修改数据项

（1）第三项"境内收发货人"（进口/出口报关单）。

由收发货人修改为境内收发货人。

（2）第二十一项"经停港/指运港"（进口/出口报关单）。

由装货港/指运港修改为经停港/指运港。

3. 内容修订数据项

（1）第二十三项"包装种类"（进口/出口报关单）。

填报内容增加其他包装包括货物的各类包装，以及植物性铺垫材料等。

运输包装即提运单所列货物件数单位对应的包装，按照海关规定的《包装种类代码表》填报运输包装对应的2位包装种类代码。

例如：使用再生木托作为运输包装的，在本栏填报中文"再生木托"或代码"92"。

若还有其他包装，包括货物的各类包装、植物性铺垫材料等，则在"其他包装"栏目的"包装材料种类"中，按照海关规定的《包装种类代码表》填报2位包装种类代码，在"包装件数"栏目中填报对应件数数字。

例如：其他包装中含有纸制或纤维板制盒（箱）包装的，在本栏填报中文"纸制或纤维板制盒（箱）"或代码"22"。

（2）第三十二项"标记唛码及备注"（进口/出口报关单）。

填报内容增加原"检验检疫特殊要求"栏内容。

例如进口直接退运的货物，填报"直接退运"字样；属于修理物品的，填报"修理物品"字样等。

（3）第三十四项"商品编号"（进口/出口报关单）。

填报由13位数字组成的商品编号，新增11～13位为检验检疫附加编号。

例如申报进口商品"活龙虾"，需先在"商品编号"栏录入"0306329000"10位数编号，再在"检验检疫名称"栏下拉菜单的"活虾"（代码101）、"鲜活或冷的带壳或去壳的龙虾（养殖）"（代码102）和"鲜或冷的带壳或去壳的龙虾（野生的）"（代码103）中，选择"活虾"检验检疫附加名称，系统会自动带入检验检疫附加代码101。

（4）第十项"运输工具名称及航次号"（进口/出口报关单）。

合并原"运输工具名称"栏和"航次号"栏。

4. 结构位置调整数据项

第四十二项"境内目的地（地区）"（进口报关单）。

由表头移至表体，按海关规定的《国内地区代码表》选择填报相应的国内地区名称及代码，并新增根据《中华人民共和国行政区划代码表》选择填报境内目的地对应的县级行政区名称及代码。

三、出口货物报关单填制的一般要求

出口货物报关单由海关统一印制，共有46个栏目，除"海关审单批注及放行日期签字"栏外，均由收发货人或其代理人填写。

申报人必须按照我国《海关法》《海关进出口申报管理规定》和《海关进出口货物报关单填制规范》的有关规定，如实向海关申报，不得伪报、瞒报及虚报。

报关单的填报必须真实、准确、齐全、字迹工整，若有更改，必须在更改项目上加盖校对章。要做到两个相符：一是单证相符，即报关单与合同、批文、发票、装箱单等相符；二是单货相符，即报关单中所报内容与实际进出口货物情况相符。

不同合同、不同运输工具名称、不同贸易方式、不同征免性质、不同许可证号的货物，不能填在同一份报关单上。一份原产地证明书只能对应一份报关单。

一份报关单最多填报20项商品。超过20项商品时，必须分单填报。一张纸质报关单上最多打印5项商品，一份纸质报关单最多允许联单4张。向海关递交的报关单，事后发现差错，须立即填写报关单更正单，向海关办理更正手续。

对于海关放行后的出口货物，由于运输工具配载等原因，全部或部分未能装载上原申报的运输工具的，出口货物发货人应向海关递交"出口货物报关单更改申请"。

示例12-1 2018年新版出口货物报关单样单如下：

中华人民共和国海关出口货物报关单

预录入编号：　　　　海关编号：　　　　　　　　　　　　　　　　　　页码/页数：

境内发货人		出境关别		出口日期		申报日期		备案号	
境外收货人		运输方式		运输工具名称及航次号		提运单号			
生产销售单位		监管方式		征免性质		许可证号			
合同协议号		贸易国（地区）		运抵国（地区）		指运港			
包装种类		件数		毛重（千克）		净重（千克）		成交方式		运费		保费		杂费

随附单证
随附单证1：　　　　　　　　　随附单证2：
标记唛码及备注

项号	商品编号	商品名称及规格型号	数量及单位	单价/总价/币制	原产国（地区）	最终目的国（地区）	境内货源地	征免
1								
2								
3								
4								
5								
6								
7								

特殊关系确认：　　　　价格影响确认：　　　　支付特许权使用费确认：　　　　自报自缴

申报人员		申报人员证号		电话		兹申明以上内容承担如实申报、依法纳税之法律责任	海关批注及签章
申报单位		申报单位（签章）					

四、出口报关单的内容及具体填制要求

（一）预录入编号

预录入编号指预录入报关单的编号，一份报关单对应一个预录入编号，由系统自动生成。

报关单预录入编号为18位，其中第1~4位为接受申报海关的代码（海关规定的《关区代码表》中相应海关代码），第5~8位为录入时的公历年份，第9位为进出口标志（"1"为进口，"0"为出口；集中申报清单"I"为进口，"E"为出口），后9位为顺序编号。

（二）海关编号

2018年8月1日起新版报关单本栏目填报海关接受申报时给予报关单的编号，一份报关单对应一个海关编号。

报关单海关编号为18位，其中第1~4位为接受申报海关的编号（海关规定的《关区代码表》中相应海关代码），第5~8位为海关接受申报的公历年份，第9位为进出口标志（"1"为进口，"0"为出口；集中申报清单"I"为进口，"E"为出口），后9位为顺序编号。

（三）境内收发货人

对应原"经营单位"。

2018年8月1日起新版报关单本栏目填报在海关注册的对外签订并执行进出口贸易合同的中国境内法人、其他组织或个人的名称及编码。编码填报18位法人和其他组织统一社会信用代码，没有统一社会信用代码的，填报其在海关的备案编码。（调整内容。）

特殊情况下填报要求如下：

（1）进出口货物合同的签订者和执行者非同一企业的，填报执行合同的企业。

（2）外商投资企业委托进出口企业进口投资设备、物品的，填报外商投资企业，并在标记唛码及备注栏注明"委托某进出口企业进口"，同时注明被委托企业的18位法人和其他组织统一社会信用代码。（删除：名称及海关注册编码。）

（3）有代理报关资格的报关企业代理其他进出口企业办理进出口报关手续时，填报委托的进出口企业。

（4）海关特殊监管区域收发货人填报该货物的实际经营单位或海关特殊监管区域内经营企业。（新增内容。）

（四）出境关别

根据货物实际出境的口岸海关，填报海关规定的《关区代码表》中相应口岸海关的名称及代码。

特殊情况填报要求如下：

出口转关运输货物填报货物出境地海关名称及代码。按转关运输方式监管的跨关区深加工结转货物，出口报关单填报转出地海关名称及代码。

在不同海关特殊监管区域或保税监管场所之间调拨、转让的货物，填报对方海关特殊监管区域或保税监管场所所在的海关名称及代码。

其他无实际进出境的货物，填报接受申报的海关名称及代码。

（五）出口日期

出口日期指运载出口货物的运输工具办结出境手续的日期，在申报时免予填报。无实际进出境的货物，填报海关接受申报的日期。

出口日期为8位数字，顺序为年（4位）、月（2位）、日（2位）。

（六）申报日期

申报日期指海关接受进出口货物收发货人、受委托的报关企业申报数据的日期。以电子数据报关单方式申报的，申报日期为海关计算机系统接受申报数据时记录的日期。以纸质报关单方式申报的，申报日期为海关接受纸质报关单并对报关单进行登记处理的日期。本栏目在申报时免予填报。

申报日期为8位数字，顺序为年（4位）、月（2位）、日（2位）。

（七）备案号

2018年8月1日起新版报关单本栏目填报进出口货物收发货人、消费使用单位、生产销售单位在海关办理加工贸易合同备案或征、减、免税备案审批等手续时，海关核发的《加工贸易手册》《征免税证明》或其他备案审批文件的编号。

一份报关单只允许填报一个备案号。具体填报要求如下：

（1）加工贸易合同项下货物，除少量低价值辅料按规定不使用《登记手册》的外，必须在报关单备案号栏目填报《登记手册》的12位编码。

加工贸易成品凭《征免税证明》转为享受减免税进口货物的，进口报关单填报《征免税证明》编号，出口报关单填报《登记手册》编号。

（2）凡涉及减免税备案审批的报关单，本栏目填报《征免税证明》编号，不得为空。

（3）无备案审批文件的报关单，本栏目免予填报。备案号长度为12位，其中第1位是标记代码。备案号的标记代码必须与"贸易方式"及"征免性质"栏目相协调，例如：贸易方式为来料加工，征免性质也应当是来料加工，备案号的标记代码应为"B"。

（八）境外收货人

境外收货人通常指签订并执行出口贸易合同中的买方或合同指定的收货人。

填报境外收货人的名称及编码。名称一般填报英文名称，检验检疫要求填报其他外文名称的，在英文名称后填报，以半角括号分隔；对于AEO互认国家（地区）企业的，编码填报AEO编码，填报样式按照海关总署发布的相关公告要求填报（如新加坡AEO企业填报样式为SG123456789012，韩国AEO企业填报样式为KR1234567，具体见相关公告要求）；非互认国家（地区）AEO企业等其他情形，编码免于填报。

特殊情况下无境外收发货人的，名称及编码填报"NO"。

📖 知识链接

AEO是Authorized Economic Operator的简称，即"经认证的经营者"。AEO制度是世界海关组织倡导的通过海关对信用状况、守法程度和安全水平较高的企业实施认证，对通过认证的企业给予优惠通关便利的一项制度。不同海关之间可以通过AEO互认制度相互给予对方的AEO企业优惠便利措施，从而显著提升两国企业跨境通关效率，压缩通关时间，降低贸易成本。

中国海关自2008年建立AEO制度，目前已步入AEO制度及互认工作的先进国家行列。截至2018年9月，我国已与35个国家和地区达成AEO互认安排，包括与欧盟、新加坡、韩国、瑞士、新西兰、以色列、澳大利亚等的互认以及中国内地和香港的互认。据统计，我国内地AEO企业货物出口至上述互认国家（地区）时，查验率降低了60%～80%，通关时间和通关成本降低了50%以上。

（九）运输方式

运输方式包括实际运输方式和海关规定的特殊运输方式，前者指货物实际进出境的运输方式，按进出境所使用的运输工具分类；后者指货物无实际进出境的运输方式，按货物在境内的流向分类。

根据货物实际进出境的运输方式或货物在境内流向的类别，按照海关规定的《运输方式代码表》

（表12-1）选择填报相应的运输方式。

表12-1 运输方式代码表

运输方式代码	运输方式名称	运输方式代码	运输方式名称
0	非保税区	9	其他运输
1	监管仓库	H	边境特殊海关作业区
2	江海运输	T	综合实验区
3	铁路运输	W	物流中心
4	汽车运输	X	物流园区
5	航空运输	Y	保税港区
6	邮件运输	Z	出口加工区
7	保税区	L	旅客携带
8	保税仓库	G	固定设施运输

特殊情况填报要求如下：

（1）非邮件方式进出境的快递货物，按实际运输方式填报。

（2）进口转关运输货物，按载运货物抵达进境地的运输工具填报；出口转关运输货物，按载运货物驶离出境地的运输工具填报。

（3）不复运出（入）境而留在境内（外）销售的进出境展览品、留赠转卖物品等，填报"其他运输"（代码9）。

（4）进出境旅客随身携带的货物，填报"旅客携带"（代码L）。

（5）以固定设施（包括输油、输水管道和输电网等）运输货物的，填报"固定设施运输"（代码G）。

无实际进出境货物在境内流转时填报要求如下：

（1）境内非保税区运入保税区货物和保税区退区货物，填报"非保税区"（代码0）。

（2）保税区运往境内非保税区货物，填报"保税区"（代码7）。

（3）境内存入出口监管仓库和出口监管仓库退仓货物，填报"监管仓库"（代码1）。

（4）保税仓库转内销货物或转加工贸易货物，填报"保税仓库"（代码8）。

（5）从境内保税物流中心外运入中心或从中心运往境内中心外的货物，填报"物流中心"（代码W）。

（6）从境内保税物流园区外运入园区或从园区内运往境内园区外的货物，填报"物流园区"（代码X）。

（7）保税港区、综合保税区与境内（区外）（非海关特殊监管区域、保税监管场所）之间进出的货物，填报"保税港区/综合保税区"（代码Y）。

（8）出口加工区、珠澳跨境工业区（珠海园区）、中哈霍尔果斯边境合作区（中方配套区）与境内（区外）（非海关特殊监管区域、保税监管场所）之间进出的货物，填报"出口加工区"（代码Z）。

（9）境内运入深港西部通道港方口岸区的货物，填报"边境特殊海关作业区"（代码H）。

（10）经横琴新区和平潭综合实验区（以下简称"综合试验区"）二线指定申报通道运往境内区外或从境内经二线指定申报通道进入综合试验区的货物，以及综合试验区内按选择性征收关税申报的货物，填报"综合试验区"（代码 T）。

（11）海关特殊监管区域内的流转、调拨货物，海关特殊监管区域、保税监管场所之间的流转货物，海关特殊监管区域与境内外之间进出的货物，海关特殊监管区域外的加工贸易余料结转、深加工结转、内销货物，以及其他境内流转货物，填报"其他运输"（代码 9）。

（十）运输工具名称及航次号

填报载运货物进出境的运输工具名称或编号及航次号。填报内容应与运输部门向海关申报的舱单（载货清单）所列相应内容一致。

（十一）提运单号

填报进出口货物提单或运单的编号。一份报关单只允许填报一个提单或运单号，一票货物对应多个提单或运单时，应分单填报。

（十二）生产销售单位

对应原"发货单位"。

（1）生产销售单位填报出口货物在境内的生产或销售单位的名称，包括：

1）自行出口货物的单位。

2）委托进出口企业出口货物的单位。

2018 年 8 月 1 日起新版报关单本栏目可选填 18 位法人和其他组织统一社会信用代码、10 位海关注册编码或 9 位组织机构代码任一项。没有代码的应填报"NO"。（新增内容。）

（2）有 10 位海关注册编码、18 位法人和其他组织统一社会信用代码或加工企业编码的消费使用单位/生产销售单位，本栏目应填报其中文名称及编码；没有编码的应填报其中文名称。

使用《加工贸易手册》管理的货物，消费使用单位/生产销售单位应与《加工贸易手册》的（删除："经营企业"字段）"加工企业"一致；减免税货物报关单的消费使用单位/生产销售单位应与《中华人民共和国海关进出口货物征免税证明》（以下简称《征免税证明》）的"减免税申请人"一致。

（十三）监管方式

对应原"贸易方式（监管方式）"。

监管方式是以国际贸易中进出口货物的交易方式为基础，结合海关对进出口货物的征税、统计及监管条件综合设定的海关对进出口货物的管理方式。其代码由 4 位数字构成，前两位是按照海关监管要求和计算机管理需要划分的分类代码，后两位是参照国际标准编制的贸易方式代码。2018 年 8 月 1 日起新版报关单本栏目应根据实际对外贸易情况按海关规定的《监管方式代码表》选择填报相应的监管方式简称及代码。一份报关单只允许填报一种监管方式。

（十四）征免性质

根据实际情况按海关规定的《征免性质代码表》选择填报相应的征免性质简称及代码，持有海关核发的《征免税证明》的，按照《征免税证明》中批注的征免性质填报。一份报关单只允许填报一种征免性质。

加工贸易货物报关单按照海关核发的《加工贸易手册》中批注的征免性质简称及代码填报。特殊情况填报要求如下：

（1）加工贸易转内销货物，按实际情况填报（如一般征税、科教用品、其他法定等）。

（2）料件退运出口、成品退运进口货物填报"其他法定"（代码 299）。

（3）加工贸易结转货物，免予填报。

（十五）许可证号

填报进（出）口许可证、两用物项和技术进（出）口许可证、两用物项和技术出口许可证（定向）、纺织品临时出口许可证、出口许可证（加工贸易）、出口许可证（边境小额贸易）的编号。

一份报关单只允许填报一个许可证号。

2017年12月22日，商务部、海关总署公告2017年第88号，公布《2018年出口许可证管理货物目录》（以下简称"目录"），列入目录的货物有44种，实行出口配额或出口许可证管理。实行出口许可证管理的货物为：活牛（对港澳以外市场）、活猪（对港澳以外市场）、活鸡（对港澳以外市场）、牛肉、猪肉、鸡肉、天然砂（含标准砂）、矾土、镁砂、滑石块（粉）、氟石（萤石）、稀土、锡及锡制品、钨及钨制品、钼及钼制品、锑及锑制品、焦炭、成品油（润滑油、润滑脂、润滑油基础油）、石蜡、部分金属及制品、硫酸钠、碳化硅、消耗臭氧层物质、柠檬酸、维生素C、青霉素工业盐、铂金（以加工贸易方式出口）、铟及铟制品、摩托车（含全地形车）及其发动机和车架、汽车（包括成套散件）及其底盘等。其中，对向港、澳、台地区出口的天然砂实行出口许可证管理，对标准砂实行全球出口许可证管理。

消耗臭氧层物质的货样广告品需凭出口许可证出口。企业以一般贸易、加工贸易、边境贸易和捐赠贸易方式出口汽车、摩托车产品，需申领出口许可证，并符合申领许可证的条件；企业以工程承包方式出口汽车、摩托车产品，需凭中标文件等相关证明材料申领出口许可证；企业以上述贸易方式出口非原产于中国的汽车、摩托车产品，需凭进口海关单据和货物出口合同申领出口许可证；其他贸易方式出口汽车、摩托车产品免予申领出口许可证。

（十六）合同协议号

填报进出口货物合同（包括协议或订单）编号。未发生商业性交易的免予填报。

（十七）贸易国（地区）

📖 知识链接

2018年8月1日起新版报关单本栏目填报对外贸易中与境内企业签订贸易合同的外方所属的国家（地区）。进口填报购自国，出口填报售予国。未发生商业性交易的填报货物所有权拥有者所属的国家（地区）。

本栏目应按海关规定的《国别（地区）代码表》选择填报相应的贸易国（地区）或贸易国（地区）中文名称及代码。无实际进出境的，填报"中国"（代码142）。主要国别（地区）代码表见表12-2。

表12-2　主要国别（地区）代码表

代码	中文名称	英文名称
CAN	加拿大	Canada
CHN	中国	China
TWN	中国台湾	Taiwan（Province of China）
FRA	法国	France
DEU	德国	Germany
HKG	中国香港	Hong Kong（Special Administrative Region of China）
IND	印度	India
IDN	印度尼西亚	Indonesia

续表

代码	中文名称	英文名称
ITA	意大利	Italy
KOR	韩国	Korea（the Republic of）
LAO	老挝	Lao People's Democratic Republic（the）
MAC	中国澳门	Macao
MYS	马来西亚	Malaysia
NLD	荷兰	Netherlands（the）
NZL	新西兰	New Zealand
PHL	菲律宾	Philippines（the）
PRT	葡萄牙	Portugal
SGP	新加坡	Singapore
VNM	越南	Viet Nam
ESP	西班牙	Spain
CHE	瑞士	Switzerland
THA	泰国	Thailand
GBR	英国	United Kingdom of Great Britain and Northern Ireland（the）
USA	美国	United States of America（the）

（十八）运抵国

运抵国（地区）填报出口货物离开我国关境直接运抵或者在运输中转国（地区）未发生任何商业性交易的情况下最后运抵的国家（地区）。

不经过第三国（地区）转运的直接运输进出口货物，以进口货物的装货港所在国（地区）为启运国（地区），以出口货物的指运港所在国（地区）为运抵国（地区）。

经过第三国（地区）转运的进出口货物，如在中转国（地区）发生商业性交易，则以中转国（地区）作为启运/运抵国（地区）。

按海关规定的《国别（地区）代码表》选择填报相应的启运国（地区）或运抵国（地区）中文名称及代码。

无实际进出境的货物，填报"中国"及代码。

（十九）指运港

指运港填报出口货物运往境外的最终目的港；最终目的港不可预知的，按尽可能预知的目的港填报。

根据实际情况，按海关规定的《港口代码表》选择填报相应的港口名称及代码。经停港/指运港在《港口代码表》中无港口名称及代码的，可选择填报相应的国家名称及代码。

无实际进出境的货物，填报"中国境内"及代码。

（二十）包装类别

填报进出口货物的所有包装材料，包括运输包装和其他包装，按海关规定的《包装种类代码表》（表 12-3）选择填报相应的包装种类名称及代码。运输包装指提运单所列货物件数单位对应的包装，其他包装包括货物的各类包装以及植物性铺垫材料等。

表 12-3　包装种类代码表

代码	中文名称
00	散装
01	裸装
22	纸制或纤维板制盒/箱
23	木制或竹藤等植物性材料制盒/箱
29	其他材料制盒/箱
32	纸制或纤维板制桶
33	木制或竹藤等植物性材料制桶
39	其他材料制桶
04	球状罐类
06	包/袋
92	再生木托
93	天然木托
98	植物性铺垫材料
99	其他包装

（二十一）件数

填报进出口货物运输包装的件数（按运输包装计）。特殊情况填报要求如下：

（1）舱单件数为集装箱的，填报集装箱个数。

（2）舱单件数为托盘的，填报托盘数。

不得填报为零，裸装货物填报为"1"。

（二十二）毛重（千克）

填报进出口货物及其包装材料的重量之和，计量单位为千克，不足1千克的填报为"1"。

（二十三）净重（千克）

填报进出口货物的毛重减去外包装材料后的重量，即货物本身的实际重量，计量单位为千克，不足1千克的填报为"1"。

（二十四）成交方式

根据进出口货物实际成交价格条款，按海关规定的《成交方式代码表》（表12-4）选择填报相应的成交方式代码。

无实际进出境的货物，进口填报CIF，出口填报FOB。

表 12-4　成交方式代码表

成交方式代码	成交方式名称
1	CIF
2	C&F
3	FOB
4	C&I
5	市场价
6	垫仓
7	EXW

（二十五）运费

填报进口货物运抵我国境内输入地点起卸前的运输费用，出口货物运至我国境内输出地点装载后的运输费用。

运费可按运费单价、总价或运费率三种方式之一填报，注明运费标记，并按海关规定的《货币代码表》选择填报相应的币种代码。

运费标记"1"表示运费率，"2"表示每吨货物的运费单价，"3"表示运费总价。例如：

5%的运费率填报为5；

35美元的运费单价填报为USD/35/2；

6000美元的运费总价填报为USD/6000/3。

（二十六）保费

填报进口货物运抵我国境内输入地点起卸前的保险费用，出口货物运至我国境内输出地点装载后的保险费用。

保费可按保险费总价或保险费率两种方式之一填报，注明保险费标记，并按海关规定的《货币代码表》选择填报相应的币种代码。

保险费标记"1"表示保险费率，"3"表示保险费总价。例如：

5‰的保险费率填报为0.5；

20000港元保险费总价填报为HKD/20000/3。

（二十七）杂费

填报成交价格以外的、按照《中华人民共和国进出口关税条例》相关规定应计入完税价格或应从完税价格中扣除的费用。可按杂费总价或杂费率两种方式之一填报，注明杂费标记（杂费标记"1"表示杂费率，"3"表示杂费总价），并按海关规定的《货币代码表》选择填报相应的币种代码。

应计入完税价格的杂费填报为正值或正率，应从完税价格中扣除的杂费填报为负值或负率。

应计入完税价格的1.5%的杂费率填报为1.5；

应从完税价格中扣除的1%的回扣率填报为－1；

应计入完税价格的500英镑杂费总价填报为GBP/500/3。

"THC"费，即"港口操作费用"应当计入进出口货物的价格中，在本栏填报。

无杂费时，本栏留空不填。

（二十八）随附单证及编号

本栏目根据海关规定的《监管证件代码表》选择填报除本规范第十八条规定的许可证件以外的其他进出口许可证件或监管证件代码及编号。本栏目分为随附单证代码和随附单证编号两栏，其中代码栏应按海关规定的《监管证件代码表》选择填报相应证件代码；编号栏应填报证件编号。

（1）加工贸易内销征税报关单，随附单证代码栏填写"c"，随附单证编号栏填写海关审核通过的内销征税联系单号。

（2）优惠贸易协定项下进出口货物有关优惠贸易协定项下报关单填制要求将另行公告。

（二十九）标记唛码及备注

2018年8月1日起新版报关单本栏目填报要求如下：

（1）标记唛码中除图形以外的文字、数字，无标记唛码的填报N/M。

（2）保税监管场所进出货物，在"保税/监管场所"栏填写本保税监管场所编码，其中涉及货物在保税监管场所间流转的，在本栏填写对方保税监管场所代码。

（3）海关加工贸易货物销毁处置申报表编号（根据 2014 年 33 号公告补充）。

（4）当监管方式为"暂时进出货物"（2600）和"展览品"（2700）时，如果为复运进出境货物，在进出口货物报关单的本栏内分别填报"复运进境""复运出境"。

（5）跨境电子商务进出口货物，在本栏目内填报"跨境电子商务"。

（6）加工贸易副产品内销，在本栏内填报"加工贸易副产品内销"。

（7）公式定价进口货物应在报关单备注栏内填写公式定价备案号，格式为："公式定价"+备案编号+"@"。对于同一报关单下有多项商品的，如需要指明某项或某几项商品为公式定价备案的，则备注栏内填写应为："公式定价"+备案编号+"#"+商品序号+"@"。

（8）获得《预审价决定书》的进出口货物，应在报关单备注栏内填报《预审价决定书》编号，格式为预审价（P+2 位商品项号+决定书编号），若报关单中有多项商品为预审价，需依次写入括号中，如：预审价（P01VD511500018P02VD511500019）。

（9）含预归类商品报关单，应在报关单备注栏内填写预归类 R-3-关区代码-年份-顺序编号，其中关区代码、年份、顺序编号均为 4 位数字，例如 R-3-0100-2016-0001。

（10）含归类裁定报关单，应在报关单备注栏内填写归类裁定编号，格式为"c"+四位数字编号，例如 c0001（新增内容）。

（11）品牌类型。品牌类型为必填项目。可选择"无品牌""境内自主品牌""境内收购品牌""境外品牌（贴牌生产）""境外品牌（其他）"如实填报。其中，"境内自主品牌"是指由境内企业自主开发、拥有自主知识产权的品牌；"境内收购品牌"是指境内企业收购的原境外品牌；"境外品牌（贴牌生产）"是指境内企业代工贴牌生产中使用的境外品牌；"境外品牌（其他）"是指除代工贴牌生产以外使用的境外品牌。

（12）出口享惠情况。出口享惠情况为出口报关单必填项目。可选择"出口货物在最终目的国（地区）不享受优惠关税""出口货物在最终目的国（地区）享受优惠关税""出口货物不能确定在最终目的国（地区）享受优惠关税"如实填报。进口货物报关单不填报该申报项。

（13）将集装箱信息填报要求纳入本栏目，填报集装箱号（在集装箱箱体上标示的全球唯一编号）、集装箱规格、集装箱商品项号关系（单个集装箱对应的商品项号，半角逗号分隔）、集装箱货重（集装箱箱体自重+装载货物重量，千克）。

其中，集装箱商品项号关系是新增内容，指一个集装箱所装货物对应品名栏中的哪几项货物，例如 APLU4116601 箱号装载了项号为 1，3 和 5 的商品时，应在商品项号关系录入"1,3,5"（用半角逗号分隔）。

（14）申报时其他必须说明的事项填报在本栏目。

（三十）项号

2018 年 8 月 1 日起新版报关单本栏目分两行填报及打印。第一行填报报关单中的商品顺序编号；第二行专用于加工贸易、减免税等已备案、审批的货物，填报和打印该项货物在《加工贸易手册》或《征免税证明》等备案、审批单证中的顺序编号。

有关优惠贸易协定项下报关单填制要求将另行公告。

加工贸易项下进出口货物的报关单，第一行填报报关单中的商品顺序编号，第二行填报该项商品在《加工贸易手册》中的商品项号，用于核销对应项号下的料件或成品数量。

（三十一）商品编号

商品编号从 10 位变为 13 位，增加填报 3 位检验检疫编码。前 8 位为《中华人民共和国进出口税则》确定的进出口货物的税则号列，同时也是《中华人民共和国海关统计商品目录》确定的商品编码,第 9 和 10 位为符合海关监管要求的附加编号,第 11～13 位为检验检疫附加编号。

(三十二)商品名称及规格型号

分两行填报。第一行填报进出口货物规范的中文商品名称,第二行填报规格型号。具体填报要求如下:

(1) 商品名称及规格型号应据实填报,并与进出口货物收发货人或受委托的报关企业所提交的合同、发票等相关单证相符。

(2) 商品名称应当规范,规格型号应当足够详细,以能满足海关归类、审价及许可证件管理要求为准,可参照《中华人民共和国海关进出口商品规范申报目录》中对商品名称、规格型号的要求进行填报。

(三十三)数量及单位

分三行填报。

(1) 第一行按进出口货物的法定第一计量单位填报数量及单位,法定计量单位以《中华人民共和国海关统计商品目录》中的计量单位为准。

(2) 凡列明有法定第二计量单位的,在第二行按照法定第二计量单位填报数量及单位。无法定第二计量单位的,第二行为空。

(3) 成交计量单位及数量填报在第三行。

(三十四)单价

填报同一项号下进出口货物实际成交的商品单位价格。无实际成交价格的,填报单位货值。

(三十五)总价

填报同一项号下进出口货物实际成交的商品总价格。无实际成交价格的,填报货值。

(三十六)币制

按海关规定的《货币代码表》(表 12-5)选择相应的货币名称及代码填报,如《货币代码表》中无实际成交币种,需将实际成交货币按申报日外汇折算率折算成《货币代码表》列明的货币填报。

表 12-5 货币代码表

代码	中文名称	英文名称
HKD	港币	Hong Kong Dollar
IDR	印度尼西亚卢比	Rupiah
JPY	日本元	Yen
MOP	澳门元	Pataca
MYR	马来西亚林吉特	Malaysian Ringgit
PHP	菲律宾比索	Philippine Piso
SGD	新加坡元	Singapore Dollar
KRW	韩国圆	Won
THB	泰国铢	Baht
CNY	人民币	Yuan Renminbi
TWD	新台币	New Taiwan Dollar
EUR	欧元	Euro
DKK	丹麦克朗	Danish Krone

续表

代码	中文名称	英文名称
GBP	英镑	Pound Sterling
NOK	挪威克朗	Norwegian Krone
SEK	瑞典克朗	Swedish Krona
CHF	瑞士法郎	Swiss Franc
RUB	俄罗斯卢布	Russian Ruble
CAD	加拿大元	Canadian Dollar
USD	美元	US Dollar
AUD	澳大利亚元	Australian Dollar
NZD	新西兰元	New Zealand Dollar

(三十七) 原产国（地区）

原产国（地区）应依据《中华人民共和国进出口货物原产地条例》《中华人民共和国海关关于执行〈非优惠原产地规则中实质性改变标准〉的规定》以及海关总署关于各项优惠贸易协定原产地管理规章规定的原产地确定标准填报。同一批进出口货物的原产地不同的，应分别填报原产国（地区）。进出口货物原产国（地区）无法确定的，填报"国别不详"（代码701）。

2018年8月1日起新版报关单本栏目应按海关规定的《国别（地区）代码表》选择填报相应的国家（地区）名称及代码。

(三十八) 最终目的国（地区）

最终目的国（地区）填报已知的进出口货物的最终实际消费、使用或进一步加工制造国家（地区）。不经过第三国（地区）转运的直接运输货物，以运抵国（地区）为最终目的国（地区）；经过第三国（地区）转运的货物，以最后运往国（地区）为最终目的国（地区）。同一批进出口货物的最终目的国（地区）不同的，应分别填报最终目的国（地区）。进出口货物不能确定最终目的国（地区）时，以尽可能预知的最后运往国（地区）为最终目的国（地区）。

(三十九) 境内货源地

境内货源地填报出口货物在国内的产地或原始发货地。出口货物产地难以确定的，填报最早发运该出口货物的单位所在地。

海关特殊监管区域、保税物流中心（B型）与境外之间的进出境货物，境内目的地/境内货源地填报本海关特殊监管区域、保税物流中心（B型）所对应的国内地区名称及代码。

按海关规定的《国内地区代码表》选择填报相应的国内地区名称及代码，并根据《中华人民共和国行政区划代码表》选择填报境内目的地对应的县级行政名称及代码。无下属区县级行政区的，可选择填报地市级行政区。

(四十) 征免

按照海关核发的《征免税证明》或有关政策规定，对报关单所列每项商品选择海关规定的《征减免税方式代码表》（表12-6）中相应的征减免税方式填报。

加工贸易货物报关单根据《加工贸易手册》中备案的征免规定填报；《加工贸易手册》中备案的征免规定为"保金"或"保函"的，填报"全免"。

表 12-6　征减免税方式代码表

征减免税方式代码	征减免税方式名称
1	照章征税
2	折半征税
3	全免
4	特案
5	随征免性质
6	保证金
7	保函
8	折半补税
9	全额退税

（四十一）特殊关系确认

新增栏目。

本栏目根据《中华人民共和国海关审定进出口货物完税价格办法》（以下简称《审价办法》）第十六条，填报确认进出口行为中买卖双方是否存在特殊关系，有下列情形之一的，应当认为买卖双方存在特殊关系，在本栏目应填报"是"，反之则填报"否"：

（1）买卖双方为同一家族成员的；

（2）买卖双方互为商业上的高级职员或者董事的；

（3）一方直接或者间接地受另一方控制的；

（4）买卖双方都直接或者间接地受第三方控制的；

（5）买卖双方共同直接或者间接地控制第三方的；

（6）一方直接或者间接地拥有、控制或者持有对方5%以上（含5%）公开发行的有表决权的股票或者股份的；

（7）一方是另一方的雇员、高级职员或者董事的；

（8）买卖双方是同一合伙的成员的。

买卖双方在经营上相互有联系，一方是另一方的独家代理、独家经销或者独家受让人，如果符合前款的规定，也应当视为存在特殊关系。

（四十二）价格影响确认

2018年8月1日起新版报关单新增栏目："特殊关系确认"和"价格影响确认"存在逻辑检控关系：

如果"特殊关系确认"填"是"，则"价格影响确认"根据实际情况填"是"或"否"；

如果"特殊关系确认"填"否"，则"价格影响确认"填"否"。

本栏目根据《审价办法》第十七条，填报确认进出口行为中买卖双方存在的特殊关系是否影响成交价格，纳税义务人如不能证明其成交价格与同时或者大约同时发生的下列任何一款价格相近的，应当视为特殊关系对进出口货物的成交价格产生影响，在本栏目应填报"是"，反之则填报"否"：

（1）向境内无特殊关系的买方出售的相同或者类似进出口货物的成交价格；

（2）按照《审价办法》倒扣价格估价方法的规定所确定的相同或者类似进出口货物的完税价格；

（3）按照《审价办法》计算价格估价方法的规定所确定的相同或者类似进出口货物的完税价格。

（四十三）支付特许权使用费确认
新增栏目。

本栏目根据《审价办法》第十三条，填报确认进出口行为中买方是否存在向卖方或者有关方直接或者间接支付特许权使用费。特许权使用费是指进出口货物的买方为取得知识产权权利人及权利人有效授权人关于专利权、商标权、专有技术、著作权、分销权或者销售权的许可或者转让而支付的费用。如果进出口行为中买方存在向卖方或者有关方直接或者间接支付特许权使用费的，在本栏目应填报"是"，反之则填报"否"。

（四十四）自报自缴
进出口企业、单位采用"自主申报、自行缴税"（自报自缴）模式向海关申报时，填报"是"；反之则填报"否"。

（四十五）申报单位
自理报关的，填报进出口企业的名称及编码；委托代理报关的，填报报关企业名称及编码。编码填报 18 位法人和其他组织统一社会信用代码。

报关人员填报在海关备案的姓名、编码、电话，并加盖申报单位印章。

（四十六）海关批注及签章
供海关作业时签注。

※应用案例分析 12-2

厦门易通科技有限公司获得检验检疫编号【1180000053S7426】后，业务员张国 8 月 12 日通过"互联网+海关"（http://online.customs.gov.cn/）及"单一窗口"（https://app.singlewindow.cn/cas/login?service=https%3A%2F%2Fswapp.singlewindow.cn%2Fdeskserver%2Fj_spring_cas_security_check）填报出口货物报关单数据，并向海关传送报关单电子数据及随附单证。

中华人民共和国海关出口货物报关单

预录入编号：3712	20180352473462	海关编号：3712	20180356854269	页码/页数：	1
境内发货人 厦门易通科技有限公司 91350206302694223X	出境关别 海沧海关 3712	出口日期	申报日期 2018-08-11	备案号	
境外收货人 DYNASTY DEVELOPMENT CAMPANY AEO<FR123456789012345>	运输方式 江海运输	运输工具名称及航次号 XINOU8/123E	提运单号 COSU88699228		
生产销售单位 厦门易通科技有限公司 91350206302694223X	监管方式 一般贸易 0110	征免性质 一般征税 101	许可证号		
合同协议号 FYEE2018C748	贸易国（地区） 葡萄牙 PRT	运抵国（地区） 葡萄牙 PRT	指运港 里斯本		
包装种类	件数	毛重	净重	成交方式	运费	保费	杂费

			(千克)	(千克)				
纸制或纤维板制盒/箱 22	276		863.88	706.56	CIF 1		USD 3200/3	USD 420.23/3

随附单证
随附单证1：　　　　　　　　　　　　　　　随附单证2：
标记唛码及备注
DDC/ FYEE2018C748/ LISBON /C/NO. 1-276
品牌类型：境内自主品牌
出口享惠情况：出口货物在最终目的国（地区）享受优惠关税
CBHU7587641/20/1/1978.12
CBHU7587652/20/1/2085.76

项号 征免	商品编号	商品名称及规格型号	数量及单位	单价/总价/币制	原产国（地区）	最终目的国（地区）	境内货源地
1	85258013	GM85S 1080P CAMERA	1656 台 1656 台	26.215/43412.04/USD	中国	葡萄牙	厦门其他 35029　照章征税
2							
3							
4							
5							

特殊关系确认：否　价格影响确认：否　支付特许权使用费确认：否　自报自缴：是
申报人员　申报人员证号　电话　兹申明以上内容承担如实申报、依法纳税之法律责任　　　　　　　　　　　　　　　海关批注及签章
张国 343897005734846
电话：(0592)24588666
厦门易通科技有限公司 91350206302694223X
申报单位申报单位（签章）厦门易通科技有限公司

模拟练习题

请根据以下提供的资料，填制出口货物报关单。

1. 厦门欧冠电子进出口有限公司（海关编码：371220170845754281）与 SUNMILE TRADE CO.LTD. Elbchaussee 242，22304，HAMBURG,GERMANY 所签第 XOE172589 合同项下商品情况如下：

CAR SPEAKER　　HP-109A　　6720 PAIRS　　560CTNS　　USD3.30/PAIR
　　　　　　　　HP-609A　　1705 PAIRS　　341CTNS　　USD17.10/PAIR
　　　　　　　　　　　　　　　　　　　　　　TOTAL: USD51331.50

2. 2017 年 11 月 28 日，厦门欧冠电子进出口有限公司收到了一份 STATE BANK OF GERMANY，HAMBURG,GERMANY 于 2017 年 11 月 26 日开来的信用证，购买汽车喇叭，信用证号码为 LY653475 G425，金额为 USD51331.50，CIF BREMEN 条件，该公司立即与厦门市翔宇电子器材厂联系，并签了采购合同 Y2017P2768，商品的有关情况如下：

汽车喇叭　　HP-109A　　6720 对　　25.00 元/对　　168,000.00 元
　　　　　　HP-609A　　1705 对　　136.00 元/对　　231,880.00 元
　　　　　　　TOTAL:　　　　　　399,880.00 元

3. 货备好后，厦门欧冠电子进出口有限公司于 2017 年 12 月 9 日向厦门海沧海关申报出口，将货装上了

船名为 MRSG，航次 A618 的海轮运送出海。
B/L NO.:COSU86792593
NW：5.065MT   GW:5.966MT
唛头 N/M
2×20'FCL：集装箱号码分别为 CBHU7891053/ CBHU75876417891054
海关计量单位：对/个
运费为 USD3000.00
保费率为 0.69%
商品编码为 8512301100
4．厦门欧冠电子进出口有限公司报关人员：张莉；联系电话：059222868345

请根据示例 12-1 2018 年新版出口货物报关单样单的空白模板进行填制。

第十三章　出口货物出运

教学目标

通过本章的学习，了解出口货物出运的流程，熟悉海运提单的意义和种类，熟悉装船通知的作用和内容，掌握海运提单和装运通知的实际应用案例分析，能够结合具体贸易背景，正确缮制装运通知和审核海运提单。

教学要求

知识要点	能力要求	相关知识
海运提单	（1）熟悉海运提单的意义和种类 （2）熟悉海运提单的栏目和内容 （3）掌握海运提单的实际应用案例分析	（1）海运提单的意义 （2）海运提单的种类
装运通知	（1）熟悉装运通知的作用和内容 （2）熟悉装运通知的实际应用案例分析 （3）能够结合贸易背景正确缮制装运通知	（1）装运通知的作用 （2）装运通知的内容

第一节　货物出运的程序

海关放行后，发货单位凭海关加盖放行章的装货单与港务部门和理货人员联系，查看现场货物并做好装船准备。

在装船前，理货员代表船方，收集经海关放行货物的装货单和收货单，经过整理后，按照积载图和舱单，负责点清货物，逐票分批接货装船。

港口装卸作业区负责装货，并按照安全积载的要求，做好货物在舱内的堆码、隔垫和加固等工作。

装船过程中，托运人委托的货运代理应有人在现场监装，随时掌握装船进度并处理临时发生的问题。装货完毕，理货组长要与船方大副共同签署收货单，交与托运人。监装人员对一级危险品、重大件、贵重品、特种商品和驳船来货的船边接卸直装工作，要随时掌握情况，防止接卸和装船脱节。

货物装船后，出口商向进口商发出装运通知。

出口商凭经场站签收的"第七联　场站收据"向船公司换取正本提单。

第二节　海运提单

海洋运输提单（Marine/Ocean Bill of Lading），简称海运提单。它由承运人或其代理人签字，承认货物已经收妥，等待运至一个特定的目的港，并说明货物承运条款。同时提单更是货物所有权的凭证，谁持有提单，谁就有权要求承运人交付货物，并且享有占有和处理货物的权利，提单代表了其所载明的货物。

一、海运提单的作用

（一）货物收据

提单是承运人签发给托运人的收据，确认承运人已收到提单所列货物并已装船，或者承运人已接管了货物，已待装船。

（二）运输契约证明

运输契约证明是托运人与承运人的运输契约证明。

承运人之所以为托运人承运有关货物，是因为承运人和托运人之间存在一定的权利义务关系，双方权利义务关系以提单作为运输契约的凭证。

（三）货权凭证

提单是货物所有权的凭证。谁持有提单，谁就有权要求承运人交付货物，并且享有占有和处理货物的权利，提单代表了其所载明的货物。

二、海运提单的种类

（一）按是否有批注分为清洁提单与不清洁提单

清洁提单：承运人或船方在收到货物或装载货物时，货物或外包装没有某种缺陷或不良情况的提单。不清洁提单：承运人在收到货物或装载货物时，发现货物或外包装有不良情况，在提单上给予相应的批注。

对于不清洁提单，银行将拒绝接受，无法议付。

（二）按装船时是否已签发提单分为已装船提单和收讫备运提单

前者指的是，提单上记载的货物已经装上提单所指明的船只后签发的提单，提单上明确记载装船的日期；后者是指托运人将货交给承运人接管，因船公司船期关系，或船只尚未到港，暂存仓库由其保管，而凭仓库收据签发的备运提单。

（三）按运输方式分为直达提单和联运提单

前者是指装货船只自装货港直接到达最终目的港，中途不转船的提单。

后者是指货物从装运港装船后，中途转换另一条船，或中途改换其他的运输方式才到达目的港或目的地的提单。

（四）按提单的格式和条款是否全面分为全式提单和简式提单

前者是指提单的正面和背面都有内容，全面记载了承运人和托运人的责任、义务和权利等方面的条款；后者只有正面有条款，而背面没有任何记载内容。

（五）按提单的抬头分为记名提单、不记名提单和指示提单

记名提单，具体填写特定的人或公司。

不记名提单，指不填具体收货人名称，即承运人将货物交给提单的持有人，谁持有提单，谁就可以提货。

指示提单，是按记名人指示或不记名人指示而交货的提单。

（六）海运提单按收货人的表示分为不可流通形式和可流通形式提单

不可流通形式提单多指不可流通的记名抬头人提单，又称直交提单。在收货人格内载明托运给

一个特定的收货人，只能由特定的收货人提货，不得转让流通，该收货人经证明其身份，即可提取货物。

可流通形式提单根据提单收货人抬头又分为可流通的记名抬头提单、可流通的来人抬头提单和可流通的指示抬头提单。

可流通的记名抬头提单一般有三种表示方法：

第1种：出口商（×××Co.）以发货人的身份作成开证行的记名背书。

第2种：信用证规定提单收货人是议付行，在寄单前，议付行作成记名背书给开证行。

第3种：进口商付款赎单时，若提单抬头人或被背书人是开证行，由开证行背书给进口商。

可流通的指示抬头提单的表示方法有三种：

第1种：以开证行的指定人为抬头人（To Order of Issuing Bank）。

第2种：以申请人的指定人为抬头人（To Order of Applicant）。

第3种：以托运人的指定人为抬头人（To Order of Shipper）。

三、海运提单的主要内容及填制要点

（1）提单托运人（Shipper）——通常是信用证的受益人，即买卖合同中的卖方。

（2）收货人（Consignee）——这是提单中比较重要的一栏，应严格按照信用证规定填制。提单收货人按信用证的规定一般有三种填法，即空白抬头、记名指示抬头和记名收货人抬头。

（3）通知人（Notify Party）——要与信用证的规定一致。

例如：信用证提单条款中规定："...Bill of Lading ...notify applicant"，则提单通知人栏中要打上开证人的详细名称地址。

（4）收货地——填船公司或承运人的收货地。

（5）（6）船名、航次——按配单回单上的船名、航次填写。

（7）（8）装货港和卸货港要与信用证规定一致。

（9）交货地——填船公司或承运人的交货地。

（10）提单号码——按配舱回单上的D/R号码填写。

（11）唛头——同商业发票上的一致。

（12）货物包装及件数——按货物装船的实际情况填写总外包装件数。

（13）货物名称（Description of Goods）：可用统称。

（14）（15）货物毛重及尺码——同装箱单上货物的总毛重和总尺码要一致。

（16）提单要按信用证规定加注运费条款。即"Freight Prepaid"或"Freight to Collect"，并且注意与所用的贸易术语的一致性。

（17）货物总包装件数的大写。注意此栏的内容要与（12）一致。

（18）正本提单份数。

（19）（20）装船批注的日期和签署。

（21）提单的签发地点和签发日期。如果提单上已预先印就"已装船"（Shipped on board）字样的称为已装船提单。已装船提单的签发日期视为装运日期。

（22）提单签署。根据UCP600第23条，提单必须由下列四类人员签署证实。即承运人，或承运人的具名代理人，或船长，或船长的具名代理人。

（23）提单背书。提单应按照信用证的具体要求进行背书。

四、信用证中的提单条款举例

（1）FULL SET OF CLEAN ON BOARD B/L ISSUED TO OUR ORDER AND BLANK ENDORSED MARKED FREIGHT COLLECT AND NOTIFYING APPLICANT(GIVING FULL NAME,ADDRESS AND PHONE NUMBERS) AND SHOWING THE NAME AND ADDRESS OF THE CARRIER'S AGENT AT THE PORT OF DISCHARGE.

（2）FULL SET CLEAN ON BOARD OCEAN BILL OF LADING MADE OUT TO ORDER , BLANK ENDORSED MARKED FREIGHT PAYABLE AT DESTINATION NOTIFY PARTY AS ABC COMPANY AND SHOWING INVOICE VALUE , UNITE PRICE, TRADE TERMS, CONTRACT NUMBER AND L/C NUMBER UNACCEPTABLE.

（3）FULL SET OF CLEAN ON BOARD B/L CONSIGNED TO ORDER OF SHIPPER, MARKED NOTIFYING APPLICANT AND FREIGHT PREPAID AND SHOWING FULL NAME AND ADDRESS OF THE RELATIVE SHIPPING AGENT IN EGYPT.

※应用案例分析 13-1

2018 年 8 月 15 日，厦门易通科技有限公司的摄像机装船（船名航次 XINOU8/123E）后，船公司签发已装船提单，提单号 COSU88699228。卸货港代理：MAERSK SHIPPING CO.,LTD。地址：RUA ACTOR ANTONIO SILVA R8 1000-280 LISBON, PORTUGAL。

ORIGINAL

1. Shipper Insert Name, Address and Phone XIAMEN YITONG TECHNOLOGY CO., LTD NO.163 SIMING ROAD,XIAMEN, FUJIAN, CHINA TEL: (0592)24588666　　FAX: (0592)24588999		B/L No. COSU88699228	
2. Consignee Insert Name, Address and Phone TO ORDER		中远集装箱运输有限公司 **COSCO CONTAINER LINES** TLX: 33057 COSCO CN FAX: +86(021) 6545 8984	
3. Notify Party Insert Name, Address and Phone 　(It is agreed that no responsibility shall attsch to the 　Carrier or his agents for failure to notify) DYNASTY DEVELOPMENT CAMPANY R. XAVIER CORDIEIRO 63-6 LISBON, PORTUGAL		Port-to-Port or Combined Transport BILL OF LADING RECEIVED in external apparent good order and condition except as other-Wise noted. The total number of packages or unites stuffed in the container, The description of the goods and the weights shown in this Bill of Lading are furnished by the Merchants, and which the carrier has no reasonable means of checking and is not a part of this Bill of Lading contract. The carrier has Issued the number of Bills of Lading stated below, all of this tenor and date, one of the original Bills of Lading must be surrendered and endorsed or signed against the delivery of the shipment and whereupon any other original Bills of Lading shall be void. The Merchants agree to be bound by the terms and conditions of this Bill of Lading as if each had personally signed this Bill of Lading. SEE clause 4 on the back of this Bill of Lading (Terms continued on the back Hereof, please read carefully).*Applicable Only When Document Used as a Combined Transport Bill of Lading.	
4.Combined Transport * Pre - carriage by	5. Combined Transport* Place of Receipt		
6. Ocean Vessel Voy. No. XINOU8/123E	7. Port of Loading XIAMEN		
8. Port of Discharge LISBON	9. Combined Transport * Place of Delivery		

Marks & Nos. Container / Seal No.	No. of Containers or Packages	Description of Goods (If Dangerous Goods, See Clause 20)	Gross Weight Kgs	Measurement
DDC FYEE2018C748 LISBON C/NO. 1-276	276CTNS	GM85S 1080P CAMERA SHIPPER'S LOAD,COUNT AND SEAL FREIGHT PREPAID LC NO. RGB2016935 THE CARRIER'S AGENT AT THE PORT OF DISCHARGE: MAERSK SHIPPING CO.,LTD Description of Contents for Shipper's Use Only (Not part of This B/L Contract)	706.560KGS	50.000CBM
10. Total Number of containers and/or packages (in words) SAY TWO HUNDRED AND SEVENTY SIX CARTONS ONLY. Subject to Clause 7 Limitation					

11. Freight & Charges Declared Value Charge	Revenue Tons	Rate	Per	Prepaid	Collect
Ex. Rate:	Prepaid at	Payable at		Place and Date of Issue XIAMEN AUG.15,2018	
	Total Prepaid	No. of Original B(s)/L THREE(3)		Signed for the Carrier COSCO CONTAINER LINES (XIAMEN) WANG LEE AS CARRIER	
DATE AUG.15,2018 BY WANG LEE						

第三节　装运通知

一、装运通知的概念

装运通知（SHIPPING ADVICE）也称为装运声明（SHIPPING STATEMENT），是发货人在货物装运后，把装运的情况通知给进口方，以便对方及时办理保险或做好进口提货的准备。其目的是让进口商了解货物已经发运，可准备付款接货了。在 FOB、CFR 等条件下成交的合同，需进口方自行办理货物保险的凭证，装运通知书应在装运后立即发出，以便进口商办理投保手续。

装运通知也可使 CIF、CIP 价格成交买方了解货物装运情况、准备接货或筹措资金。买方为了避免因疏忽未及时通知，所以在信用证中明确规定，卖方必须按时发出装运通知，并规定通知的内容，而且在议付时必须提供该装运通知的副本，与其他单据一起向银行议付。因而通知已成为密切双方了解、加速交易速度的一个主要环节。

二、装运通知的主要内容及其缮制要求

（一）内容和格式

1. 基本内容

（1）基本信息：提单号码、船名航次、货物品名、数量、金额、装运港、目的港、装运日、预计到港日。

（2）其他信息：运输标志、发票号码、货物原产地。

2. 格式

装运通知也是提交银行结汇的单据之一，装运通知并无统一格式，但其内容一定要符合信用证的规定。并且按信用证（或合同）约定的时间内以电传、电报、传真、信件等规定的方式将其通知给进口方。

（二）具体内容及缮制要求

（1）单据名称。主要体现为：Shipping/Shipment Advice，Advice of Shipment 等，也有人将其称为 Shipping Statement/Declaration，如信用证有具体要求，从其规定。

（2）出单方（Issuer）。出单方的名称和地址，一般填写信用证的受益人。

（3）抬头人（To）。抬头人是接受该通知的人，按照信用证中的规定填写。

一般有以下几种情况：

1）填写承担货物运输险的保险公司名称及地址，便于对方收到通知后，将预约保险单及时转为正式保险单；买方保险公司的名称和地址。

2）填写信用证中申请人（一般为进口商）名称与地址，便于对方在未办理预约保险的情况下及时投保并准备收货。

3）填写信用证条款指定的保险公司或申请人的代理人的名称与地址，代理人在收到本通知后，可以及时通知保险公司或收货人办理后继相关业务。

（4）日期（Date）。填写缮制单据的日期。日期不能超过信用证约定的时间，常见的有以小时为准（Within 24/48 Hours）和以天（Within 2 Days after Shipment Date）为准两种情形，信用证没有规定时应在装船后立即发出，如信用证规定"Immediately after Shipment"（装船后立即通知），应掌握在提单后三天之内。

（5）发票号（Invoice No.）。填写商业发票号码，注意必须与其他单据相符。

（6）信用证号（L/C No.）。填写信用证号码。

（7）参考（Re）。根据信用证规定的开证人预约保险单号等内容。

（8）数量（Quantity）。填写交易计价单位的数量。

（9）运输工具（Means of Conveyance）。填写装载货物的运输船舶的船名和航次。

（10）装运日期（Date of Shipment）。装运日期，与已装运提单日期一致。

（11）转船地（Transhipment）。如果有转船，填写转船地点；若无转船，可留空。

（12）价值（Value）。信用证规定的货物金额，一般情况下，应与发票金额一致。

（13）提单号（B/L No.）。填写提单号。

（14）装运口岸（Port of Loading）。填写装运口岸的名称。

（15）目的地（Destination）。填写目的地名称。

（16）运输标志（Marks and Numbers）。填写出口货物包装上的装运标志和号码。

（17）包装种类和件数、货物描述（Number and Kind of Packages，Description of Goods）：应

严格按照发票、提单等单据的内容来填写。

（18）此外通知中还可能出现包装说明、ETD（船舶预离港时间）、ETA（船舶预抵港时间）、ETC（预计开始装船时间）等内容。如信用证提出具体项目要求，应严格按规定出单。

（19）受益人签字盖章（Signature）。填写出口公司的名称并由法人代表或经办人签字。

（三）缮制装运通知应注意的事项

（1）CFR/CPT 交易条件下发出装运通知的必要性。因货物运输和保险分别由不同的当事人操作，所以受益人有义务向申请人对货物装运情况给予及时、充分的通知，以便进口商保险，否则如漏发通知，则货物装上船后的风险仍由受益人承担。

（2）通知应按规定的方式、时间、内容、份数发出。

（3）几个近似概念的区别。Shipping Advice（装运通知）是由出口商（受益人）发给进口商（申请人）的；Shipping Instructions 意思是"装运须知"，一般是进口商发给出口商的；Shipping Note/Bill 指装货通知单/船货清单；Shipping Order 简称 S/O，含义是装货单/关单/下货纸（是海关放行和命令船方将单据上载明的货物装船的文件）。

三、信用证装运通知条款举例

（1）SHIPMENT ADVICE WITH FULL DETAILS INCLUDING SHIPPING MARKS,CTN NUMBERS,VESSEL'S NAME,B/L NUMBER,VALUE AND QUANTITY OF GOODS MUST BE SENT ON THE DATE OF SHIPMENT TO US. 该项规定要求装运通知应列明包括运输标志、箱号、船名、提单号、货物金额和数量在内的详细情况，并在货物发运当天寄开证行。

（2）BENEFICIARY'S CERTIFIED COPY OF FAX SENT TO APPLICANT WITHIN 48 HOURS AFTER SHIPMENT INDICATING CONTRACT NO.L/C NO.GOODS NAME ,QUANTITY, INVOICE VALUE, VESSEL'S NAME,PACKAGE/CONTAINER NO., LOADING PORT, SHIPPING DATE AND ETA. 按这条信用证要求，受益人出具的装运通知必须签署，通知应在发货后 48 小时内发出，具体通知内容为合同号、信用证号、品名、数量、发票金额、船名、箱/集装箱号、装货港、装运日期和船舶预抵港时间。受益人应严格按所要求的内容缮制。

（3）SHIPMENT ADVICE QUOTING THE NAME OF THE CARRYING VESSEL,DATE OF SHIPMENT, NUMBER OF PACKAGES, SHIPPING MARKS ,AMOUNT,LETTER OF CREDIT NUMBER, POLICY NUMBER MUST BE SENT TO APPLICANT BY FAX,COPIES OF TRANSMITTED SHIPMENT ADVICE ACCOMPANIED BY FAX TRANSMISSION REPORT MUST ACCOMPANY THE DOCUMENTS. 表明船名、装船日期、包装号、唛头、金额、信用证号、保险单号的装船通知必须由受益人传真给开证人，装船通知和传真副本以及发送传真的电讯报告必须随附议付单据提交。

（4）BENEFICIARY MUST FAX SHIPPING ADVICE TO THE APPLICANT FOR THE PARTICULARS BEFORE SHIPMENT EFFECTED AND A COPY OF THE ADVICE SHOULD BE PRESENTED FOR NEGOTIATION. 根据这条规定，受益人发出的装运通知的方式是传真，发出时间是在货物装运前，传真副本作为议付单据提交。

※应用案例分析 13-2

2018 年 8 月 15 日，厦门易通科技有限公司的货物装上船后，公司业务员张国立即向 DYNASTY 公司发出装运通知。

装船通知

XIAMEN YITONG TECHNOLOGY CO., LTD
NO.163 SIMING ROAD, XIAMEN, FUJIAN, CHINA
TEL: (0592)24588666   FAX: (0592)24588999
SHIPPING ADVICE

TO: DYNASTY DEVELOPMENT CAMPANY	ISSUE DATE:
R. XAVIER CORDIEIRO 63-6	AUG.15,2018
LISBON, PORTUGAL	

Dear Sir or Madam:

We are Pleased to Advice you that the following mentioned goods has been shipped out, Full details were shown as follows:

Invoice Number:	GHI65731
Bill of loading Number:	COSU88699228
Ocean Vessel:	XINOU8/123E
Port of Loading:	XIAMEN
Date of shipment:	AUG.15,2018
Port of Destination:	LISBON
Estimated date of arrival:	SEP.20,2018
Containers/Seals Number:	CBHU7587641/CBHU7587652
Description of goods:	GM85S 1080P CAMERA
Shipping Marks:	DDC
	FYEE2018C748
	LISBON
	C/NO. 1-276
Quantity:	1658PCS
Gross Weight:	863.88KGS

Thank you for your patronage. We look forward to the pleasure of receiving your valuable repeat orders.

Sincerely yours,

XIAMEN YITONG TECHNOLOGY CO., LTD

张国

模拟练习题

请根据以下基本信息及部分信用证内容，缮制海运提单和装运通知。

基本信息：

本批货物共600套（SET），装于150个纸箱（CTN），放在15个托盘（PALLETS）内，每套内有3个（3PCS IN ONE SET），每箱毛重28KGS，体积0.04m³，发货港：XIAMEN。目的港：BREMEN。B/L NO.：PILU76382914。船名航次：XTBR V18。提单日期：2018年8月1日。发票日期：2018年7月10日。

信用证内容：

DATE: JUL.4, 2018
CREDIT NO. LS-389637652
EXPIRY: AUG.31, 2018
APPLICANT BANK: DRESENER BANK, BREMEN BRANCH
APPLICANT: BRATO TRADING CO. LTD, 467 AW. HERO ROAD, BREMEN, GERMAN
BENEFICIARY: LICHENG ARTS AND CRAFTS TRADING CORP.,NO.426 HUBIN NORTH ROAD XIAMEN, CHINA
ADVISING BANK: BANK OF CHINA, XIAMEN BRANCH
AMOUNT: EUR6600.00 (SAY EUR SIX THOUSAND SIX HUNDRED ONLY)
FOLLOWING DOCUMENTS:
FULL SET OF CLEAN ON BOARD BILL OF LADING MADE OUT TO ORDER AND BLANK ENDORSED MARKED "FREIGHT PREPAID", IN THREE COPIES,NOTIFY OPENER.SHIPMENT FROM TIANJIN TO BREMEN LATEST ON AUG 25, 2018
COVERING:
600 SETS (3 PCS OF EACH) "WILLON PRODUCTS" ART NO. TG-18   EUR11.00 PER SET , CIF BREMEN
PARTIAL AND TRANSSHIPMENT ARE NOT ALLOWED
SHIPPING MARK: BTCL/BREMEN/NO.1-UP
DESCRIPTION: "WILLIN PRODUCTS" ART NO. TG-18 SETS (3 PCS OF EACH)

Shipper	B/L NO.
Consignee	**PIL**
Notify Party	PACIFIC INTERNATION LINES (PTE) LTD
	(Incorporated in Singapore)
	COMBINED TRANSPORT BILL OF LADING
	Received in apparent good order and condition except as otherwise noted the total number of container or other packages or units enumerated below for transportation from the place of receipt to the place of delivery subject to the terms hereof. One of the signed Bills of Lading must be

surrendered duly endorsed in exchange for the Goods or delivery order. On presentation of this document (duly) Endorsed to the Carrier by or on behalf of the Holder, the rights and liabilities arising in accordance with the terms hereof shall (without prejudice to any rule of common law or statute rendering them binding on the Merchant) become binding in all respects between the Carrier and the Holder as though the contract evidenced hereby had been made between them.

SEE TERMS ON ORIGINAL B/L

Vessel and Voyage Number	Port of Loading	Port of Discharge
Place of Receipt	Place of Delivery	Number of Original Bs/L

PARTICULARS AS DECLARED BY SHIPPER – CARRIER NOT RESPONSIBLE

Container Nos/Seal Nos. Marks and/Numbers	No. of Container / Packages / Description of Goods	Gross Weight (Kilos)	Measurement (cu-metres)

FREIGHT & CHARGES	Number of Containers/Packages (in words)
	Shipped on Board Date:
	Place and Date of Issue:
	In Witness Whereof this number of Original Bills of Lading stated Above all of the tenor and date one of which being accomplished the others to stand void. for **PACIFIC INTERNATIONAL LINES (PTE) LTD** as Carrier

LICHENG ARTS AND CRAFTS TRADING CORP
NO.426 HUBIN NORTH ROAD
XIAMEN, CHINA
TEL：0592-58457891 FAX：0592-53654789

<u>SHIPPING   ADVICE</u>

DATE

DEAR SIR，

WE ARE PLEASED TO INFORM YOUR ESTEMED COMPANY THAT THE FOLLOWING MENTIONED

GOODS WILL BE SIPPED OUT ON THE JAN.18, 2005, FULL DETAILS WERE SHOWN AS FOLLOWS:

1. INVOICE NO.:
2. BILL OF LADING NO.:
3. OCEAN VESSEL:
4. PORT OF LOADING:
5. DATE OF SHIPPMENT:
6. PORT OF DESTINATION:
7. DESCRIPTION OF GOODS:
8. MARKS AND NUMBER ON B/L:
9. L/C NO.:

....
Authorized Signature

第五篇　业务收尾阶段

出口货物装运之后，出口企业即应按照信用证的规定，正确缮制各种单据。在信用证规定的交单有效期内，递交银行办理议付结汇手续。

第十四章　出口单据审核

 教学目标

通过本章的学习，了解出口单据审核的一般要求，熟悉各类单据的审核要点；熟悉汇票的意义和种类，掌握汇票的内容和缮制要求，能够结合贸易背景正确缮制汇票；了解受益人证明的作用，学会缮制受益人证明；了解船公司证明以及其他证明文件的内容和要求。

 教学要求

知识要点	能力要求	相关知识
单据审核	（1）了解单据审核的意义和要求 （2）熟悉单据审核的应用案例分析 （3）能够正确审核全套出口单据并填写审单意见	单据审核的要点
汇票	（1）了解汇票的意义 （2）熟悉汇票的内容及缮制要求 （3）熟悉汇票的应用案例分析 （4）能够根据信用证要求正确缮制汇票	汇票的栏目和内容
其他单据	（1）了解受益人证明的作用 （2）掌握受益人证明的缮制要求 （3）了解船公司证明及其他证明类单据的作用	受益人证明的内容

第一节　单据审核的要求

在进出口业务中，单据的审核对于双方当事人非常重要，是履行合同的重要环节，它能帮助出口方确保安全及时收汇，使进口商核对出口人所提供的货物是否与合同相符，安全及时收货。由于信用证业务是纯粹的单据业务，对出口单据的要求严格到几乎苛刻的地步，所以，我们以信用证项下的出口单据的审核为例，学习单据审核的要点。

一、速审要点

（1）信用证是否仍有效。

（2）单据是否已过期。

（3）金额是否一致。

(4)货物数量是否一致。
(5)出运日期是否在最迟装运期之前。
(6)所有要求的单据是否全部提交。

二、综合审单要点

(1)名称地址是否一致。
(2)货描是否一致。
(3)唛头是否相符。
(4)更正处是否加具签章。

三、单据分类审核要点

(一)汇票

(1)"出票条款"必须正确填写。
(2)汇票金额不能超出信用证限额;大、小写金额及货币名称和代号必须一致而规范化;付款期限必须符合合同或信用证规定。
(3)出票人、受款人、付款人必须正确填写;出票人印章或签字不得遗漏。
(4)信用证对汇票的其他规定必须体现出来。

(二)商业发票

(1)发票名称必须是"INVOICE"或"COMMERCIAL INVOICE"。
(2)发票抬头,信用证支付方式下,必须做成申请人抬头。
(3)发票中的货描内容必须与信用证完全相符,包括货名、数量、规格、单价等内容,一般可原文照抄。但根据UCP600的解释,"完全相符"并不意味着发票中的货描一栏必须像镜子一样反射出信用证中的货描,只需在商业发票上反映出来所有信用证中的货描内容即可。
(4)金额、单价、数量,按信用证要求制作。发票中的数量、单价、金额必须是准确的具体数字,而不得冠以"大约"(ABOUT)。信用证中有"大约"(ABOUT)或类似文字描述,金额和数量理解为允许有10%的增减幅度。除非信用证规定货物的数量不得增减,只要支取的金额不超过信用证的金额,则允许有5%的增减幅度。但当信用证规定的数量是以包装件数或以个体计数时,则此幅度不适用。
(5)发票的签发单位必须是受益人,如信用证要求手签,则必须由单位主要负责人手签。如信用证不要求提供签署发票,根据UCP600规定,发票可以不必签署。
(6)一般出口商都在发票上注明信用证号码、开证行名称、起运地和目的地等项目内容。若信用证未要求,可不注明,但当出口商自行打上,必须要正确。

(三)运输单据

(1)运输单据上不应有不良批注,运输单据的类型须符合信用证的规定。
(2)收货人和被通知人须符合信用证的规定。
(3)起运地、转运地、目的地须符合信用证的规定。
(4)商品名称可使用货物的统称,但不得与发票上货物说明的写法相抵触,唛头须与其他单据相一致,包装件数须与其他单据相一致。
(5)装运日期/出单日期须符合信用证的规定,运费预付或运费到付须正确表明。
(6)正副本份数应符合信用证的要求,全套正本都须盖妥承运人的印章及签发日期章。

（7）应加背书的运输单据，须加背书。

（四）保险单据

（1）保险单据的类型应与信用证的要求相一致，保险单据必须由保险公司或其代理出具，除非信用证另有规定，保险经纪人出具的暂保单银行不予接受。

（2）保险险别必须符合信用证的规定并且无遗漏，投保加成必须符合信用证的规定。

（3）包装件数、唛头等必须与发票和其他单据相一致。

（4）保险单据上的币制应与信用证上的币制相一致。

（5）保险单据的正副本份数应齐全，如保险单据注明出具一式多份正本，除非信用证另有规定，所有正本都必须提交。

（6）除非信用证另有规定，保险单的签发日期不得迟于运输单据的签发日期。

（7）除非信用证另有规定，保险单据一般应作成可转让的形式，以受益人为投保人，由投保人背书。

（五）其他单据

如装箱单、重量单、原产地证书、商检证书等，均须先与信用证的条款进行核对，再与其他有关单据核对，做到单同一致、单证一致、单单一致。

※应用案例分析 14-1

2018 年 8 月 17 日，厦门易通科技有限公司业务员张国根据信用证及信用证修改书，审核所有结汇单据，并出具审单意见。

待审核的商业发票

XIAMEN YITONG TECHNOLOGY CO., LTD

NO.163 SIMING ROAD, XIAMEN, FUJIAN, CHINA

TEL: (0592)24588666   FAX: (0592)24588999

COMMERCIAL INVOICE

To:	DYNASTY DEVELOPMENT CAMPANY R. XAVIER CORDIEIRO 63-6 LISBON, PORTUGAL	Invoice No.:	GHI65731
		Invoice Date:	JUL.20,2018
		S/C No.:	FYEE2018C748
		S/C Date:	JUL.5,2018
From:	XIAMEN	To:	LISBON

Marks and Numbers	Description of goods	Quantity	Unit Price	Amount
DDC FYEE2018C748 LISBON C/NO. 1-276	GM85S 1080P CAMERA FD-C84-R1 FD-C84-R2	828PCS 828PCS	CIFC5 LISBON SD19.21/PC USD33.22/PC	USD15905.88 USD27506.16

TOTAL:		1658PCS	USD43412.04
TOTAL AMOUNT:	SAY US DOLLARS FORTY THREE THOUSAND FOUR HUNDRED AND TWELVE AND FOUR CENTS ONLY.		

XIAMEN YITONG TECHNOLOGY CO., LTD.

张国

(SIGNATURE)

待审核的装箱单

XIAMEN YITONG TECHNOLOGY CO., LTD

NO.163 SIMING ROAD, XIAMEN, FUJIAN, CHINA

TEL: (0592)24588666   FAX: (0592)24588999

PACKING LIST

To:	DYNASTY DEVELOPMENT CAMPANY R. XAVIER CORDIEIRO 63-6 LISBON, PORTUGAL	Invoice No.:	GHI65731
		Invoice Date:	JUL.20,2018
		S/C No.:	FYEE2018C748
		S/C Date:	JUL.5,2018
From:	XIAMEN	To:	LISBON

Marks and Numbers	Description of goods	Package	Quantity	G.W (KGS)	N.W (KGS)	MEAS. (CBM)
DDC FYEE2018C748 LISBON C/NO. 1-276	GM85S 1080P CAMERA FD-C84-R1 FD-C84-R2	138CTNS 138CTNS	828PCS 828PCS	378.12 485.76	320.16 386.4	24.84 24.84
TOTAL:		276CTNS	1656PCS	863.88	706.56	49.68
TOTAL PACKAGES:	ALL PACKED IN TWO HUNDRED AND SEVEN SIX CARTONS ONLY.					

XIAMEN YITONG TECHNOLOGY CO., LTD.

张国

(SIGNATURE)

待审核的保险单

中国人民财产保险有限公司厦门市分公司
PICC Property and Casualty Company Limited XIAMEN Branch

总公司设于北京　　　一九四九年创立
Head Office Beijing　　Established in 1949

货物运输保险单
CARGO TRANSPORTATION INSURANCE POLICY

发票号码（INVOICE NO.）	GHI65731	保险单号次　Policy No.
合同号（CONTRACT NO.）	FYEE2018C748	IEFZ35012015061911
信用证号（L/C NO.）	RGB2016935	

被保险人：　XIAMEN YITONG TECHNOLOGY CO., LTD.
Insured:

中国人民保险有限公司（以下简称本公司）根据被保险人的要求，由被保险人向本公司缴付约定的保险费，按照本保险单承担险别和背面所载条款与下列特别条款承保下列货物运输保险，特立本保险单。

This policy of Insurance witnesses that the People's Insurance Company of China (hereinafter called "The Company"), at the request of the Insured and in consideration of the agreed premium paid to the company by the Insured, undertakes to insure the undermentioned goods in transportation subject to conditions of the Policy as per the Clauses printed overleaf and other special clauses attached hereon.

标记 Marks & Nos	包装及数量 Quantity	保险货物项目 Descriptions of Goods	保险金额 Amount Insured
DDC FYEE2018C748 LISBON C/NO. 1-276	276CTNS	GM85S 720P CAMERA	USD 47754.00

总保险金额： Total Amount Insured:	SAY US DOLLARS FORTY SEVEN THOUSAND SEVEN HUNDRED AND FIFTY FOUR ONLY.

保费 Premium	AS ARRANGED	启运日期 Date of commencement:	AUG.15,2018	装载运输工具 Per conveyance:	XINOU8/123E
自 Form	XIAMEN	经 VIA		至 To	LISBON

承保险别　FOR 110% INVOICE VALUE COVERING ALL RISKS AND STRIKE RISK AS PER OCEAN
Conditions:　MARINE CARGO CLAUSES OF PICC 1/1/2009.

所保货物，如发生本保险单项下可能引起索赔的损失或损坏，应立即通知本公司下述代理人查勘。如有索赔，应向本公司提交保险单正本（本保险单共有 __2__ 份正本）及有关文件。如一份正本已用于索赔，其余正本则自动失效。

In the event of loss or damage which may result in acclaim under this Policy, immediate notice must be given to the Company's Agent as mentioned here under. Claims, if any, one of the Original Policy which has been issued in TWO original (s) together with the relevant documents shall be surrendered to the Company. If one of the Original Policy has been accomplished, the others to be void.

中国人民财产保险有限公司厦门市分公司
PICC Property and Casualty Company Limited
XIAMEN Branch

赔款偿付地点
Claim payable at　LISBON IN USD　　　　　　　　　王华

出单日期		Authorized Signature	
Issuing Date	JUl.29,2018		
地址：	中国厦门湖滨北路 68 号	电话（TEL）：（0592）5316228	
Address：	邮编（POST CODE）：361000	传真（FAX）：（0592）5316232	

待审核的普惠制原产地证书

ORIGINAL

1.Goods consigned from (Exporter's business name, address, country) XIAMEN YITONG TECHNOLOGY CO., LTD NO.163 SIMING ROAD,XIAMEN, FUJIAN, CHINA TEL: (0592)24588666 FAX: (0592)24588999	Reference No. G188400321573809 **GENERALIZED SYSTEM OF PREFERENCES CERTIFICATE OF ORIGIN** (Combined declaration and certificate)
2.Goods consigned to (Consignee's name, address, country) DYNASTY DEVELOPMENT CAMPANY R. XAVIER CORDIEIRO 63-6 LISBON, PORTUGAL	**FORM A** Issued in **THE PEOPLE'S REPUBLIC OF CHINA** (country) See Notes overleaf
3.Means of transport and route (as far as known) FROM XIAMEN TO LISBON BY VESSEL	4.For official use

5.Item num-ber	6.Marks and numbers of packages	7.Number and kind of packages; description of goods	8.Origin criterion (see Notes overleaf)	9.Gross weight or other quantity	10.Number and date of invoices
1	DDC FYEE2018C748 LISBON C/NO. 1-276	TWO HUNDRED AND SEVENTY SIX CARTONS OF GM85S 1080P CAMERA ■■■■■■■■■■■■■■■■■■■■■■■ CREDIT NUMBER: RGB2016935	"P"	863.88KGS	GHI65731 JUL.20,2018

11. Certification It is hereby certified, on the basis of control carried out, that the declaration by the exporter is correct.	12.Declaration by the exporter The undersigned hereby declares that the above details and statements are correct, that all the goods were produced in **CHINA** (country) and that they comply with the origin requirements specified for those goods in the Generalized System of Preferences for goods exported to **PORTUGAL**
XIAMEN AUG.11，2018 -- Place and date, signature and stamp of certifying authority	XIAMEN AUG.10，2018 -- Place and date, signature and stamp of authorized signatory

待审核的品质检验证书

中华人民共和国出入境检验检疫
ENTRY-EXIT INSPECTION AND QUARANTINE OF THE PEOPLE'S REPUBLIC OF CHINA

编号 No.: 1180000053S7426

QUALITY CERTIFICATE

发货人 Consignor	XIAMEN YITONG TECHNOLOGY CO., LTD.		
收货人 Consignee	DYNASTY DEVELOPMENT CAMPANY		
品名 Description of Goods	GM85S 1080P CAMERA	标记及号码 Mark & No.	DDC
报检数量/重量 Quantity/Weight Declared	1665PCS		FYEE2018C748
包装种类及数量 Number and Type of Packages	276CTNS		LISBON C/NO. 1-276
运输工具 Means of Conveyance	XINOU8/12E		

检验结果：
Result of Inspection:

At the request of consignor, our inspectors attended at the warehouse of the consignment on 2018/08/12.In accordance with the state stipulation GB/T15865-1995, 82 cartons were taken and opened at random for visual inspection, from which representative samples were drawn and inspected according to the stipulation mentioned above. The results are as follows:

Appearance:Pass
Specifications:Pass
Quantity:-1656-PCS,-276-CTNS
Safety:Pass
Hy gienics:Pass

印章　　签证地点 Place of Issue　XIAMEN　　签证日期 Date of Issue　AUG.13,2018
Official Stamp
　　　　　授权签字人 Authorized Officer _____　签　名 Signature _____

我们已尽所知道和最大能力实施上述检验，不能因我们签发本证书而免除卖方或其他相关方根据合同和法律所承担的产品质量责任和其他责任。All inspection s are carried out conscientiously to the best of our knowledge and ability. This certificate does not in any respect absolve the seller and other related parties from his contractual and legal obligations especially when quality is concerned.

待审核的海运提单

1. Shipper Insert Name, Address and Phone XIAMEN YITONG TECHNOLOGY CO., LTD NO.163 SIMING ROAD, XIAMEN, FUJIAN, CHINA TEL: (0592)24588666 FAX: (0592)24588999	B/L No. COSU88699228 中远集装箱运输有限公司 **COSCO CONTAINER LINES** TLX: 33057 COSCO CN FAX: +86(021) 6545 8984	
2. Consignee Insert Name, Address and Phone TO ORDER	Port-to-Port or Combined Transport BILL OF LADING RECEIVED in external apparent good order and condition except as other-Wise noted. The total number of packages or unites stuffed in the container, The description of the goods and the weights shown in this Bill of Lading are furnished by the Merchants, and which the carrier has no reasonable means of checking and is not a part of this Bill of Lading contract. The carrier has Issued the number of Bills of Lading stated below, all of this tenor and date, one of the original Bills of Lading must be surrendered and endorsed or signed against the delivery of the shipment and whereupon any other original Bills of Lading shall be void. The Merchants agree to be bound by the terms and conditions of this Bill of Lading as if each had personally signed this Bill of Lading. SEE clause 4 on the back of this Bill of Lading (Terms continued on the back Hereof, please read carefully).*Applicable Only When Document Used as a Combined Transport Bill of Lading.	
3. Notify Party Insert Name, Address and Phone (It is agreed that no responsibility shall attsch to the Carrier or his agents for failure to notify) DYNASTY DEVELOPMENT CAMPANY R. XAVIER CORDIEIRO 63-6 LISBON, PORTUGAL		
4. Combined Transport * Pre - carriage by	5. Combined Transport* Place of Receipt	
6. Ocean Vessel Voy. No. XINOU8/123E	7. Port of Loading XIAMEN	
8. Port of Discharge LISBON	9. Combined Transport * Place of Delivery	

Marks & Nos. Container / Seal No.	No. of Containers or Packages	Description of Goods (If Dangerous Goods, See Clause 20)	Gross Weight Kgs	Measurement
DDC FYEE2018C748 LISBON C/NO. 1-276	276CTNS	GM85S 1080P CAMERA SHIPPER'S LOAD, COUNT AND SEAL FREIGHT PREPAID LC NO. RGB2016935 THE CARRIER'S AGENT AT THE PORT OF DISCHARGE: MAERSK SHIPPING CO.,LTD Description of Contents for Shipper's Use Only (Not part of This B/L Contract)	706.560KGS	50.000CBM

10. Total Number of containers and/or packages (in words) SAY TWO HUNDRED AND SEVENTY SIX CARTONS ONLY.

11. Freight & Charges Declared Value Charge	Revenue Tons	Rate	Per	Prepaid	Collect

Ex. Rate:	Prepaid at	Payable at	Place and Date of Issue
			XIAMEN AUG.15,2018
	Total Prepaid	No. of Original B(s)/L	Signed for the Carrier
		THREE(3)	COSCO CONTAINER LINES(XIAMEN) WANG LEE AS CARRIER
DATE AUG.15,2018	BY	WANG LEE	

待审核的装运通知

XIAMEN YITONG TECHNOLOGY CO., LTD
NO.163 SIMING ROAD, XIAMEN, FUJIAN, CHINA
TEL: (0592)24588666   FAX: (0592)24588999

SHIPPING ADVICE

TO: DYNASTY DEVELOPMENT CAMPANY   ISSUE DATE:
　　　R. XAVIER CORDIEIRO 63-6   AUG.15,2018
　　　LISBON, PORTUGAL

Dear Sir or Madam:

We are Pleased to Advice you that the following mentioned goods has been shipped out, full details were shown as follows:

Invoice Number:	GHI65731
Bill of loading Number:	COSU88699228
Ocean Vessel:	XINOU8/123E
Port of Loading:	XIAMEN
Date of shipment:	AUG.15,2018
Port of Destination:	LISBON
Estimated date of arrival:	SEP.20,2018
Containers/Seals Number:	CBHU7587641/CBHU7587652
Description of goods:	GM85S 1080P CAMERA
Shipping Marks:	DDC
	FYEE2018C748
	LISBON
	C/NO. 1-276
Quantity:	1658PCS
Gross Weight:	863.88KGS

Thank you for your patronage. We look forward to the pleasure of receiving your valuable repeat orders.

Sincerely yours,
XIAMEN YITONG TECHNOLOGY CO., LTD
　　　　张国

单据审核结果

信用证号	RGB2016935
合同号	FYEE2018C748
进口商	DYNASTY DEVELOPMENT CAMPANY
单据审核结果	1.商业发票 1）未按信用证规定显示详细的货物描述 2）未按信用证规定体现生产厂商名称 3）未按信用证规定显示原产地 4）未显示信用证号码 2.装箱单 1）单据名称与信用证规定不符 2）未按信用证规定显示详细的货物描述 3）未按信用证规定显示每个纸箱的毛重和尺码 4）未显示信用证号码 3.保险单 1）保险货物项目与其他单据不符，应为 GM85S 1080P CAMERA 2）正本份数与信用证规定不符，应为 3 份 3）缺少理赔代理 4）未按信用证要求作空白背书 4.普惠制原产地证书：无误 5.品质检验证书 1）包装数量与其他单据不符，应为 1656PCS 2）运输工具中显示的航次与提单不符，应为 123E 3）未显示信用证号码 6.海运提单 1）收货人 Consignee 不符合信用证规定，应为 TO OUR ORDER OF BANCO COMERCIAL PORTUGUES 2）被通知未按规定显示 Phone Numbers 3）总毛重错误，应为 863.88KGS 4）未按照信用证要求显示承运人在卸货港的代理的地址 5）未按信用证要求作空白背书 7.装运通知：未显示信用证号码 8.漏缺第三方单据：船公司证明 9.尚未缮制单据：汇票和受益人证明

第二节　单据的填制与审核

一、汇票

汇票（BILL OF EXCHANGE OR DRAFT）是出票人签发的，委托付款人在见票时或在指定日期无条件支付确定金额给特定的人或其指定的人或持票人。汇票属于资金单据，经过付款人承兑的汇票是一种有价证券，可以代替货币转让或流通。为了防止丢失，商业汇票一般一式二联，这两张汇票具有同等效力，付款人只需付其中一张，先到先付，后到无效。

（一）汇票必要项目

每一张有效的汇票必须具备以下 7 个项目：

（1）汇票字样。

（2）确定的金额。

（3）出票日期。

（4）无条件的支付委托。

（5）收款人的名称。

（6）付款人的名称。

（7）出票人签章。

除以上 7 个必要项目外，汇票上还可以加注其他项目，如信用证支付方式下，汇票还应写明出票依据（DRAWN UNDER…）、信用证号码、开证日期及发票号码、合约号码和商品数量等。

（二）汇票流转程序

汇票的流转程序一般有出票、提示、承兑、背书、付款等。

（1）出票（DRAW 或 ISSUE）。出票包括两个行为：一是写成汇票（DRAW），即在汇票上写明有关内容，并签名；二是交付（DELIVER）。只有经过这两个行为，才真正完成了出票手续。

（2）提示（PRESENTATION）。提示是指持票人将汇票提交付款人，要求付款和（或）承兑的行为。付款人看到汇票叫作见票（SIGHT），如果是即期汇票，付款人见票后应立即付款；如果是远期汇票，付款人见票后办理承兑手续，到期付款。

（3）承兑（ACCEPTANCE）。承兑是指付款人对远期汇票表示承担到期付款责任的行为。其手续是由付款人在汇票正面写上"承兑"（ACCEPTED）字样，注明承兑的日期，并由付款人签名。付款人承兑后，就叫作承兑人，承兑人有在远期汇票到期时付款的责任。

（4）付款（PAYMENT）。付款是对即期汇票，在持票人提示时，付款人即应付款，无须经过承兑手续；对远期汇票，在规定的时效、规定的地点向付款人作付款提示时，即应到期付款。

（5）背书（ENDORSEMENT）。背书是转让汇票的一种手续，就是由汇票的抬头人（受款人）在汇票背面签上自己的名字，或再加上受让人，即被背书人（ENDORSEE）的名字，并将汇票交给受让人的行为。经背书后，汇票的收款权利便转移给受让人。汇票可以经过背书不断转让下去，对于受让人来说，所有在他以前的背书人（ENDORSER），以及原出票人都是他的"前手"；对于出让人来说，在他出让以后的所有受让人都是他的"后手"。前手对后手负有担保汇票必然会被承兑或付款的责任。

（6）贴现（DISCOUNT）。贴现是持票人（即收款人）将未到期的汇票卖给银行，从而提前取得资金的一种融资方式。对于银行来说，贴现实际上是作了一笔贷款，而且银行是在付款时预先扣除了利息；对于持票人而言，用汇票进行贴现也是一种融资渠道，而且一般贴现不要抵押品，手续简单、方便。此外，贴现所得不像有些贷款一部分要存入银行作无息存款，因此成本相对较低，汇票也因此成了一种常用的信贷工具。

（7）拒付（DISHONOUR）。持票人提示汇票要求付款时，遭到付款人拒绝付款，或持票人提示汇票要求承兑时，遭到拒绝承兑，或付款人避而不见，破产或死亡等，以致付款已事实上不可能时，均称为"拒付"，又叫"退票"。汇票遭到拒付，持票人必须按规定向前手作拒付通知（NOTICE OF DISHONOUR）。前手背书人再通知他的前手，一直通知到出票人。此外，持票人还应将拒付的汇票提交法定公证机构，由其再向付款人提示，若付款人仍拒付，则公证机构将按规定格式做成"拒付证书",证明持票人已按规定行使票据权利,但未获结果。"拒付证书"是持票人凭以向其"前手"进行追索的法律依据。如拒付的汇票已经承兑,出票人也可凭"拒付证书"向法院起诉,要求承兑汇票的付款人付款。

(8)追索(RECOURSE)。持票人在汇票被拒付时,对其前手(背书人、出票人)有行使请求偿还汇票金额及费用的权利(包括利息及做成"拒付通知""拒付证书"的公证费用等)的权利,这种行为称为追索,持票人可以向任何一个前手追索。如汇票已经过承兑,则出票人还可以向承兑人要求付款。

(三)汇票的各项内容及缮制

示例 14-1 汇票样单

BILL OF EXCHANGE

NO.
FOR _____ (place and date of issue)
At _____ SIGHT of THIS FIRST BILL of EXCHANGE (**Second being unpaid**)
Pay to _____ or order the sum of
Drawn under
L/C NO. _____ Date
TO:

(Signature)

1. 出票依据(DRAWN UNDER)

这一栏内要求填写开证银行的名称和地址。此栏中的名称应填写全称,除非信用证内汇票条款中允许写开证行的缩写,如信用证中规定 DRAFT KRAWN UNDER HK BANK NY。但在特殊情况下,为了某种原因如开证行有保护自己或为避免国家管制的缘故,而在此栏中填上另一家银行的名称和地址,一般情况下,出口公司会接受这一要求,按照信用证中规定的银行名称和地址正确填写此栏目。在托收项下,出票依据应填写合同号(或发票号)、商品件数、商品的名称,有时还加起运港和目的港等。

2. 信用证号码(L/C NO.)

此栏正确填上信用证的号码。但有时也可接受来证不要求填上此栏的要求。

3. 开证日期(DATE OF ISSUE)

此栏应正确填上信用证开立的日期。

4. 年息(PAYALBE WITH INTEREST)

这一栏目应由结汇银行填写,用以清算企业与银行间利息费用,信用证若无利息则不填。

5. 小写金额(EXCHANGE FOR)

此栏填写小写的金额,由货币名称缩写及阿拉伯数字组成。例如,EUR1278.00 或 USD598.00。金额数要求保留小数点后两位,货币名称应与信用证规定和发票上的货币一样,汇票金额的多少应根据信用证中具体规定而出。如：

（1）如信用证中 DRAFT…FOR 100% OF INVOICE VALUE 或 DRAFT AT SIGHT … FORFULL INVOICE COST /VALUE，或者当实际装运的数量少于规定的数量，在信用证允许分批时，每一批出货的发票金额是实际应收金额。此时，汇票金额等于发票金额。

（2）当发票金额含佣金或折扣时，信用证表示发票含佣金或折扣，议付时佣金或折扣须在汇票上予以扣除，即汇票上应填制实际所能收回的除去佣金或折扣的金额，如：INVOICE SHOWING CIF VALUE INCLUDING 3% COMMISSION，AT THE TIME OF NEGOTIATION 3% COMMISSION MUST BE DEDUCTED FROM DRAWINGS UNDER THIS CREDIT。此时，汇票金额小于发票金额。

6. 汇票大写金额（THE SUM OF）

大写金额应由小写金额翻译而成，一般顶格打印，货币名称全称写在数额前，大写金额后加 ONLY。如：USD23978.55：SAY UNITED STATES DOLLARS TWENTY THREE THOUSAND NINE HUNDRED SEVENTY EIGHT AND CENTS FIFTY－FIVE ONLY。其中，小数点后数字 0.55 的表达方法有以下几种：

（1）CENTS FIFTY－FIVE。

（2）POINT FIFTY－FIVE。

（3）55% OR 55/100。

7. 号码（NO.）

此栏目有三种填制方法：

（1）填发票号码，说明该汇票是某发票项下的，以核对发票与汇票中相同相关内容，我国出口贸易多采用此种方法。

（2）按本身汇票的顺序编号。

（3）空白此栏。

8. 付款期限（AT…SIGHT）

常见的汇票付款期限根据汇票本身性质有两种，即即期付款和远期付款。若是即期汇票（SIGHT DRAFT），则在汇票的出票人按要求向银行提交单据和汇票时，银行应立即付款，一般在 AT 和 SIGHT 之间的横线上打上"…""＊＊＊"或"---"等，注意此处不得留空。若是远期汇票（TIME DRAFT），则表示在将来的某个时间付款。具体付款时间应按照信用证在规定的"远期"起算日算起的几天内，不同的起算日，付款的日期也不同。如：

（1）DRAFT AT 30 DAYS AFTER SIGHT：这是以见票日为"远期"起算日，即为见票日后 30 天付款，填写时，在付款期限一栏内打上 30 DAYS 即可。

（2）DRAFT AT 30 DAYS FROM THE DATE OF INVOICE：这是以发票日期为"远期"起算日，即发票日期后 30 天付款。在填写汇票时应打上"30 DAYS FROM THE DATE OF INVOICE"。对于此类来证，发票制作时应尽量提前日期以便卖方尽早收汇。

（3）DRAFT AT 30DAYS FROM THE DATE OF B/L：这是以提单日期作为"远期"起算日，即提单签发日后的 30 天付款。填写时，只要打上"30 DAYS FROM B/L DATE"。

（4）THIS L/C IS AVAILABLE WITH US BY PAYMENT AT 90DAYS AFTER RECEIPTOF FULL SET OF DOCUMENTS AT OUR COUNTERS：这是一张以付款银行收到全套单据为"远期"起算日的远期付款信用证。在填制时，应打上"90 DAYS AFTER RECEIPT OF FULL SET OF DOCUMENTS AT YOUR COUNTERS"。注意：信用证内容填写 OUR COUNTERS——我方柜台，在汇票上应作相应调整——"YOUR COUNTERS"，作为受益人对付款银行的称呼。

9. 受款人（PAY TO THE ORDER OF…）

受款人又称收款人，是出票人指定的接受票款的当事人。此栏是汇票抬头，我国对外贸易中，汇票的受款人一般都是银行指示为抬头。在实际业务中，若是信用证方式付款，应按照信用证的规定填写。常见的信用证对汇票的受款人的规定有以下三种：

（1）限制性抬头：如"PAY ××× ONLY"（仅付给×××）或再加上"NOT NEGOTIABLE"或"NOT TRANSFERABLE"（不准流通），这种汇票不能流通，只有指定的受款人×××才能接受票款。

（2）指示抬头：如"PAY TO THE ORDER OF×××"（凭×××指定），这种汇票可经受款人×××背书转让。

（3）持票人或来人抬头：如"PAY BEARER"（给来人），这种汇票转让时无须背书，仅将汇票交给受让人即可。如信用证无规定，则填制议付银行的名称和地址，如也无明确哪家银行为议付行，则填制 BANK OF CHINA。如果是无证托收的汇票，一般以托收行为指示抬头。

10. 汇票的出票日期和地点（DATE AND PLACE OF ISSUE）

汇票的出票地点在信用证项下为议付地，托收项下为办理托收的地点。一般都已事先印好，未印好则由银行填写。汇票的出票日期的作用是确定出票人在出票时是否具有出票能力和权利，确定汇票的有效日、付款到期日、提示期限、承兑期限及利息起算日等。出票日期通常和出票地点在一起，都在汇票的右上角，一般在地点之下或之后。出票日期应该在提单日之后，在议付日之前或议付日当天。在外贸实践中，受益人缮制单据和汇票后通常交议付行预审，此时，由议付行在议付时在汇票上代加议付日期作为出票日，受益人一般不需注明议付日。

11. 付款人（TO）

此栏应根据信用证汇票条款中所规定的付款人清楚填写其名称和地址，付款人可能是开证行，也可能是开证申请人、通知行或另外一家公司。信用证规定 DRAFT DRAWN ON APPLLCANT，则汇票中付款人一栏填写开证申请人的名称和地址。

若信用证规定 DRAWN…YOURSELVES，则付款人为通知行。又如来证要求 DRAFT ON US/OURSELVES/THIS BANK/AT OUR COUNTERS，以上都是指开证行，应把开证行的名称和地址填在此栏中。如信用证未作任何规定，付款人即为开证行。托收项下以进口商为付款人，应填写进口商名称和详细地址。

12. 出票人（DRAWER）

虽然汇票上没有出票人栏，但出票人却是汇票的必要内容，习惯上在右下角空白处盖上出票人全称印章和其负责人手签印章。与付款人相对应，出票人即出具汇票的人，一般为出口公司。

13. 特殊条款（SPECIAL CONDITIONS）

虽然汇票上也没有特殊条款一栏，但若信用证上规定汇票中有特殊条款就打印在右上角空白处。例如来证要求 THE NUMBER OF B/L MUST BE INDICATED IN THE DRAFT，此时应在汇票右上角打上"THE NUMBER OF B/L IS ×××"。

（四）信用证常见汇票条款举例

（1）All drafts drawn under this credit must contain the clause "Drafts drawn Under Bank of…credit No…dated…"：本证项下开具的汇票须注明"本汇票系凭……银行……年……月……日第……号信用证下开具"的条款。

（2）Drafts are to be drawn in duplicate to our order bearing the clause "Drawn under United Malayan Banking Corp. Irrevocable Letter of Credit No…dated July 12，2018"：汇票一式两份，以我

行为抬头,并注明"根据马来西亚联合银行 2018 年 7 月 12 日第……号不可撤销信用证项下开立"。

(3) Draft(s) drawn under this credit to be marked: "Drawn under…Bank L/C No…Dated(issuing date of credit)":根据本证开出得汇票须注明"凭……银行……年……月……日(按开证日期)第……号不可撤销信用证项下开立"。

(4) Drafts in duplicate at sight bearing the clauses "Drawn under…L/C No…dated…":即期汇票一式两份,注明"根据……银行信用证……号,日期……开具"。

(5) Draft(s) so drawn must be in scribed with the number and date of this L/C:开具的汇票须注上本证的号码和日期。

(6) Draft(s) bearing the clause:"Drawn under documentary credit No…(shown above) of…Bank":汇票注明"根据……银行跟单信用证……号(如上所示)项下开立"。

※应用案例分析 14-2

2018 年 8 月 18 日,厦门易通科技有限公司业务员张国根据单据审核结果,依据信用证缮制汇票。

```
BILL OF EXCHANGE
NO.   GHI65731                                      AUG.18, 2018   XIAMEN
FOR   USD43412.04              (place and date of issue)
At    30 DAYS AFTER   SIGHT of   THIS FIRST BILL of EXCHANGE  (Second being unpaid)
Pay to          BANK OF CHINA, XIAMEN BRANCH          or order the sum of
SAY US DOLLARS FORTY THREE THOUSAND FOUR HUNDRED AND TWELVE AND FOUR CENTS ONLY.
Drawn under   BANCO COMERCIAL PORTUGUES
L/C NO.   RGB2016935                        Date   180715
TO:
BANCO COMERCIAL PORTUGUES
RUA ACTOR ANTONIO SILVA N7
1600-321
LISBON, PORTUGAL
                              XIAMEN YITONG TECHNOLOGY CO., LTD.
                                            张国
                                         (Signature)
```

二、受益人证明

受益人证明(BENEFICIARY'S CERTIFICATE、BENEFIAIARY'S STATEMENT 或 DECLARATION)是由受益人根据进口商的要求出具的证明文件,证明自己已经履行了合同义务,或者已按要求办理了某事,或证实某件事情,并达到了进口商的要求或进口国的有关规定等。受益人证明的内容和侧重点各有不同,应根据合同和信用证的规定以及具体业务的不同自行设计。

(一) 常见的受益人证明

1. 运输证明

运输证明(SHIPPING CERTIFICATE)是船长或其代理人出具的,用来证明船籍(船舶国籍)、船程（载货船舶航程中停靠的港口）、船龄（船舶年龄）、运费等的证明文件，一般由受益人向船公司或其代理索取。

2. 寄单证明

寄单证明（BENEFICIARY'S CERTIFICATE FOR DESPATCH OF DOCUMENTS）是受益人在货物装运前后的一段时间内，向进口商或其指定人作出的证明受益人已经把合同和信用证规定的单据交给对方的证明文件。寄单证明的重要内容有单据名称、证明内容、出单日期、公司名称等。

3. 寄样证明

寄样证明（BENEFICIARY'S CERTIFICATE FOR DESPATCH OF DOCUMENTS）是由受益人出具的，说明已经寄出样品、样卡、码样的证明。

4. 履行合同证明

出口商签发的已按信用证条款或对方规定履行合同义务的证明。

（二）受益人证明的主要内容

（1）出口公司名称和地址：一般事先印就好。

（2）单据名称：单据名称位于单据的正上方，应该按照信用证规定的名称缮制，例如BENEFICIARY'S CERTIFICATE、BENEFIAIARY'S STATEMENT、DECLARATION等。

（3）抬头：一般用统称，如 WHOM IT MAY CONCERN。信用证有特殊要求的，按信用证要求填写。信用证无要求的，也可不填写抬头。

（4）制单日期：可根据需要证明的内容而定，例如寄单证明的日期不应早于单据寄出的日期。但必须符合信用证的规定。如无要求，也可不注明日期。

（5）参考号码：可以信用证号码、合同号码、商业发票号码作为参考号码。信用证如有特殊要求的，按照信用证要求填写。

（6）证明文句：按照信用证规定的文句填写。通常可以"We hereby certify/state / declare that…"开头。需要注意，在信用证规定的文句中出现"prompt""immediantely""as soon as possible"等形容性词语时，缮制证明时也必须原样显示。

（7）信用证要求在受益人证明上加注的内容：一般加注在单据中间明显位置，如填写在证明文句的下方空白处。

（8）签署：在证明文句的右下方注明受益人公司名称，并加盖签名章。如果信用证未要求签署，也可以不签署。

（三）信用证常见的受益人证明条款

1. 寄单证明（Beneficiary's certificate for despatch of documents）

寄单证明是最常见的一种，通常是受益人根据规定，在货物装运前后一定时期内，邮寄/传真/快递给规定的收受人全套或部分副本单据，并将证明随其他单据交银行议付。

如 CERTIFICATE FROM THE BENEFICIARY STATING THAT ONE COPY OF THE DOCUMENTS CALLED FOR UNDER THE LC HAS BEEN DISPATCHED BY COURIER SERVICE DIRECT TO THE APPLICANT WITHIN 3 DAYS AFTER SHIPMENT.

2. 寄样证明（Beneficiary's certificate for despatch of shipment sample）

例如：CERTIFICATE TO SHOW THAT THE REQUIRED SHIPMENT SAMPLES HAVE BEEN SENT BY DHL TO THE APPLICANT ON JULY 10, 2005（受益人只要按规定出单即可）。

3. 包装和标签证明

例如：A CERTIFICATE FROM THE BENEFICIARY TO THE EFFECT THAT ONE SET OF

INVOICE AND PACKING LIST HAS BEEN PLACED ON THE INNER SIDE OF THE DOOR OF EACH CONTAINER IN CASE OF FCL CARGO OR ATTACHED TO THE GOODS OR PACKAGES AT AN OBVIOUS PLACE IN CASE OF LCL CARGO.（其意思是受益人应证明已把一套发票和箱单贴在集装箱箱门内侧（整箱货）或拼箱货的显眼的地方。）

BENEFICIARY CERTIFICATE IN TRIPLICATE STATING THE SHIPMENT DOES NOT INCLUDE NON-MANUFACTURED WOOD DUNNAGE，PALLETS，CRATING OR OTHER PACKAGING MATERIALS；THE SHIPMENT IS COMPLETELY FREE OF WOOD BARK，VISIBLE PESTS AND SIGNS OF LIVING PESTS.（要求三份单据，证明货物未再加工、非木制包装、无树皮、无肉眼可见虫害、无活虫。）

4. 其他规定

例如：CERTIFICATE CONFIRMING THAT ALL GOODS ARE LABELLED IN ENGLISH.（货物加贴英文标签。）

BENEFICIARY'S CERTIFICATE STATING ORIGINAL B/L OF 1 SET CARRIED BY THE CAPTAIN OF THE VESSEL.（一套正本提单已交由船长携带。）

A STATEMENT FROM THE BENEFICARY EVIDENCING THAT PACKING EFFECTED IN 25KGS CTN.（货物25千克箱装。）

BENEFICIARY'S CERTIFICATE CONFIRMING THEIR ACCEPTANCE OF THE AMENDMENT DATED 10/09/2005 MADE UNDER THIS CREDIT Q QUOTING THE RELEVANT AMENDMENT NUMBER.（确认改证内容。）

CERTIFICATE TO SHOW GOODS ARE NOT OF ISRAELI ORIGIN AND DO NOT CONTAIN ANY ISRAELI MATERIAL.（货物须保证非以色列产并且不含以色列的材料。）

※应用案例分析 14-3

2018年8月18日，厦门易通科技有限公司业务员张国根据单据审核结果，依据信用证缮制汇票受益人证明。

XIAMEN YITONG TECHNOLOGY CO., LTD
NO.163 SIMING ROAD, XIAMEN, FUJIAN, CHINA
TEL: (0592)24588666   FAX: (0592)24588999

CERTIFICATE

AUG.18,2018

TO WHOM IT MAY CONCERN

WE HEREBY CERTIFY THAT ONE SET OF NON-NEGOTIABLE SHIPPING DOCUMENTS HAVE BEEN SENT TO THE APPLICANT BY DHL WITHIN 2 DAYS AFTER SHIPMENT.

L/C NO.: RGB2016935

XIAMEN YITONG TECHNOLOGY CO., LTD

张国

三、船公司证明

船公司证明（SHIPPING COMPANY'S CERTIFICATE），是信用证受益人应开证申请人的要求，请船公司出具的不同认定内容的证明。

（一）常见的种类

（1）黑名单证明。
（2）航程证明（ITINERARY CERTIFICATE）。
（3）船长收据（Master's/Captain's Receipt）。
（4）集装箱船只证明。
（5）船龄以及船级证明。
（6）运费证明。

（二）主要内容

（1）单据名称：单据名称位于单据的正上方，应该按照信用证规定的名称缮制，例如CERTIFICATE、STATEMENT、DECLARATION 等。

（2）日期：可根据需要证明的内容而定。但必须符合信用证的规定。如无要求，也可不注明日期。

（3）抬头：一般用统称，如 WHOM IT MAY CONCERN。信用证有特殊要求的，按信用证要求填写。信用证无要求的，也可不填写抬头。

（4）事由：事由通常填写信用证号码、承运船名和航次及提单号码。信用证如有特殊要求的，按照信用证要求填写。

（5）证明文句：按照信用证规定的文句填写。通常可以"We hereby certify/state / declare that…"开头。

（6）信用证要求在船公司证明上加注的内容：一般加注在单据中间明显位置，如填写在证明文句的下方空白处。

（7）签署：在证明文句的右下方注明船公司名称，并签名。由承运人或船长签字的，必须标明承运人或船长的身份；如果为代理人代表承运人或船长签字，则必须表明代理人名称，并注明其是代表承运人还是船长签字。

※**应用案例分析 14-4**

厦门易通科技有限公司根据单据审核结果请求船公司尽快按信用证要求开立船公司证明。2018年8月18日，厦门易通科技有限公司收到中远集装箱运输有限公司厦门分公司开来的船公司证明。

中远集装箱运输有限公司
COSCO CONTAINER LINES

CERTIFICATE

DATE: <u>AUG 18, 2018</u>

TO WHOM IT MAY CONCERN

CREDIT NUMBER: RGB2016935

```
B/L NO.: COSU88699228

OCEAN VESSEL: XINOU8/123E

WE HEREBY CERTIFY THAT THE CARRYING VESSEL BELONGS TO CONFERENCE LINE AND NOT
MORE THAN 20 YEAR OLD.


L/C NO.: RGB2016935


                              COSCO CONTAINER LINES(XIAMEN)
                                     WANG LEE
```

四、其他证明

（1）借记通知单（Debit Note）。
（2）扣佣通知书。
（3）包装、唛头方面的证明。
（4）出口地无领事证明等。

模拟练习题

根据提供的信用证及相关资料审核全套结汇单据，指出单据中的不符点并填制审单结果。

相关资料：

发票号码：HC-17Y2974

发票日期：2017.08.15

FORM A 号码：GZ7/80067/0158

船名： ENTU V.0018

产品原材料情况：完全自产品

集装箱号码：COSU3730336/20'

装运港：XIAMEN

毛重：40.7KGS/PAPERSACK

净重：40KGS/PAPERSACK

总尺码：24CBM

提单号码：BG17725376

提单日期：2017.09.01

唛头：COMTER/HAMBUGR/NO.1-200

包装：200 PAPERSACK

2017AUG01			LOGICAL
TERMINAL			E102
MT S700		ISSUE OF A DOCUMENTARY CREDIT	
			PAGE 00001
			FUNC JSRVPR UMR 562489
USER HEADER		SERVICE CODE 103:	（银行盖信用证通知专用章）
		BANK. PRIORITY 113:	
		MSG USER REF. 108:	
		INFO. FROM CI 115:	
SEQUENCE OF TOTAL	*	27	1 / 1
FORM OF DOC. CREDIT	*	40A	NON-TRANSFERABLE
			UCP LATEST VERSION
APPLICABLE RULES		40E	
DOC. CREDIT NUMBER	*	20	LC12947933
DATE OF ISSUE		31C	170801
EXPIRY	*	31D	**DATE 171005 PLACE CHINA**
APPLICANT	*	50	COMTER IMPOTR & EXPORT CO.,LTD
			RATHAUSMARKT 5,D20078 HAMBURG GERMANY
BENEFICIARY	*	59	XIMAEN DACHUANG IMPORT & EXPORT CO.,LTD
			XIAHE ROAD 128, XIAMEN 361003 P.R.CHINA
AMOUNT	*	32B	CURRENCY USD AMOUNT 32400
POS./NEG.TOL.(%)		39A	05/05
AVAILABLE WITH/BY	*	41D	ANY BANK IN CHINA,BY NEGOTIATION AGAINST THE DOCUMENTS DETAILED HEREIN AND BENEFICIARY'S DRAFT AT 30 DAYS SIGHT DRAWN ON US UNDER L/C NO. 4006LC129336 FOR 100P.C.OF THE INVOICE VALUE.
DRAWEE		42A	THE CHARTERED BANK AG HAMBURG
PARTIAL SHIPMTS		43P	NOT ALLOWED
TRANSSHIPMENT		43T	NOT ALLOWED
PORT OF LOADING		44E	CHINA PORT
PORT OF DISCHARGE		44F	HAMBURG
LATEST SHIPMENT		44C	AT THE LATEST SEPT.15,2017
GOODS DESCRIPT		45A	
			T801 CHINA BLACK TEA 8000KGS @ USD4.05/KG CIF3% HAMBURG (1×20'FCL/200 PAPERSACKS)
			PACKED IN PAPERSACKS. PALLETIZED AND CUNTAINERIZED AS PER THE SALES CONFIRMATION NO.C1709T85
			THE PRICE IS TO BE UNDERSTOOD PER KILO NET SHIPPED WEIGHT CIF HAMBURG LESS 3 PERCENT COMISSION.
DOCS REQUIRED		46A	

		+ SIGNED COMMERCIAL INVOICE IN 4-FOLD.
		+ PACKING LIST IN TRIPLICATE
		+ FULL SET OF CLEAN ON BOARD MARINE BILL OF LADING MADE OUT TO THE ORDER, MARKED FREIGHT PREPAID AND NOTIFY APPLICANT.
		+ CERTIFICATE OF WEIGHT IN 4-FOLD.
		+ GSP CERTIFICATE OF ORIGIN FORM A, CERTIFYING GOODS OF ORIGIN IN CHINA,ISSUED BY COMPETENT AUTHORITIES.
		+ INSURANCE POLICY OR CERTIFICATE COVERING ALL RISKS AND WAR RISK,INCLUDING WAREHOUSE TO WAREHOUSE CLAUSE, ISSUED FOR AT LEAST 110 % OF CIF-VALUE.
ADDITIONAL CONDITION	47A	IF BILL OF LADING ARE REQUIRED ABOVE, PLEASE FORWARD DOCUMENT IN TWO MAILS, ORIGINALS SEND BY COURIER AND DUPLICATES BY REGISTERED AIRMAIL.
DETAILS OF CHARGES	71B	BANK CHARGES EXCLUDING ISSUING BANKS ARE FOR ACCOUNT OF BENEFICIARY.
PRESENTATION PERIOD	48	DOCUMENTS TO BE PRESENTED WITHIN 15 DAYS FROM SHIPMENT DATE
CONFIRMATION INSTRUCTIONS	* 49	WITHOUT
	78	DISCREPANT DOCUMENTS,IF ACCEPTABLE,WILL BE SUBJECT TO A DISCREPANCY HANDLING FEE OF USD 50.00 OR EQUIVALENT WHICH WILL BE FOR ACCOUNT OF BENEFICIARY.
		SPECIAL NOTE:ISSUING BANK WILL DISCOUNT ACCEPTANCES ON REQUEST, FOR A/C FO BENEFICIARY (UNLESS OTHERWISE STATED)AT APPROPRIATE LIBOR RATE PLUS 1.00PER CENT MARGIN.
SEND. TO REC. INFO.	72	L/C IS SUBJECT TO UCP DC ICC IN USE
		PLEASE ADVISE URGENTLY TO BEN.
TRAILER		ORDER IS <MAC:> <PAC:> <ENC:> <CHK:> <TNG:> <PDE:>
		MAC:E55927A4
		CHK:7B505952829A

待审核单据

XIMAEN DACHUANG IMPORT & EXPORT CO.,LTD
XIAHE ROAD 128, XIAMEN 361003 P.R.CHINA

COMMERCIAL INVOICE	Date	2017.08.15
	Invoice No.	HC-17Y2974
	S/C No.:	C1709T85

Messrs:	COMTER IMPOTR & EXPORT CO.,LTD
	RATHAUSMARKT 5,D20078 HAMBURG GERMANY

Marks and Numbers	Description & Quantity	Quantity	Unit Price	Amount
COMTER HAMBUGR NO.1-200	T801 CHINA BLACK TEA	8000KGS	CIF HAMBURG USD 4.05	USD32400.00
		TOTAL:		USD32400.00

TOTAL QUANTITY:8000 KGS   PACKING:200 PAPERSACKS
TOTAL WEIGHT:N.W.:8000 KGS   G.W.:8140 KGS
TOTAL US DOLLARS THIRTY TWO THOUSAND FOUR HUNDRED ONLY.
PACKING: IN PAPERSACKS, PALLETIZED AND CUNTAINERIZED INTO 1×20' FCL.

ORIGINAL

1.Goods consigned from (Exporter's business name, address, country) XIMAEN DACHUANG IMPORT & EXPORT CO.,LTD XIAHE ROAD 128, XIAMEN 361003 P.R.CHINA	Reference No. GZ7/80067/0158 GENERALIZED SYSTEM OF PREFERENCES **CERTIFICATE OF ORIGIN** (Combined declaration and certificate)
2.Goods consigned to (Consignee's name, address, country) COMTER IMPOTR & EXPORT CO.,LTD RATHAUSMARKT 5,D20078 HAMBURG GERMANY	Issued in **FORM A** THE PEOPLE'S REPUBLIC OF CHINA (country) See Notes overleaf
3.Means of transport and route (as far as known) ON/AFTER AUGUST 15,2017 FROM XIAMEN TO HAMBURG BY VESSEL	4.For official use

5.Item number	6.Marks and numbers of packages	7.Number and kind of packages; description of goods	8.Origin criterion (see Notes overleaf)	9.Gross weight or other quantity	10.Number and date of invoices

1	COMTER HAMBUGR NO.1-200	(8000)EIGHT THOUSAND KGS OF T801 CHINA BLACK TEA ******************* CREDIT NUMBER: RGB2016935	"P"	8140KGS	HC-17Y2974AU G 15,200917

11. Certification	12. Declaration by the exporter
It is hereby certified, on the basis of control carried out, that the declaration by the exporter is correct.	The undersigned hereby declares that the above details and statements are correct, that all the goods were produced in ____CHINA____ (country) and that they comply with the origin requirements specified for those goods in the Generalized System of Preferences for goods exported to - **GERMANY** --
NANJING, JIANGSU AUG.20, 2017 -- Place and date, signature and stamp of certifying authority	NANJING, JIANGSU AUG.20, 2017 -- Place and date, signature and stamp of authorized signatory

ORIGINAL

1. Shipper Insert Name, Address and Phone XIMAEN DACHUANG IMPORT & EXPORT CO.,LTD XIAHE ROAD 128, XIAMEN 361003 P.R.CHINA	B/L No. BG17725376 中远集装箱运输有限公司 **COSCO CONTAINER LINES** TLX: 33057 COSCO CN FAX: +86(021) 6545 8984
2. Consignee Insert Name, Address and Phone TO THE ORDER	Port-to-Port or Combined Transport BILL OF LADING RECEIVED in external apparent good order and condition except as other-Wise noted. The total number of packages or unites stuffed in the container, The description of the goods and the weights shown in this Bill of Lading are furnished by the Merchants, and which the carrier has no reasonable means of checking and is not a part of this Bill of Lading contract. The carrier has Issued the number of Bills of Lading stated below, all of this tenor and date, one of the original Bills of Lading must be surrendered and endorsed or signed against the delivery of the shipment and whereupon any other original Bills of Lading shall be void. The Merchants agree to be bound by the terms and conditions of this Bill of Lading as if each had personally signed this Bill of Lading. SEE clause 4 on the back of this Bill of Lading (Terms continued on the back Hereof, please read carefully).*Applicable Only When Document Used as a Combined Transport Bill of Lading.
3. Notify Party Insert Name, Address and Phone (It is agreed that no responsibility shall attsch to the Carrier or his agents for failure to notify) COMTER IMPOTR & EXPORT CO.,LTD RATHAUSMARKT 5,D20078 HAMBURG GERMANY	

4. Combined Transport * Pre - carriage by	5. Combined Transport* Place of Receipt	
6. Ocean Vessel Voy. No. ENTU V.0018	7. Port of Loading XIAMEN	
8. Port of Discharge HAMBURG	9. Combined Transport * Place of Delivery	

Marks & Nos. Container / Seal No.	No. of Containers or Packages	Description of Goods (If Dangerous Goods, See Clause 20)	Gross Weight Kgs	Measurement
COMTER HAMBUGR NO.1-200	200 PAPERSACKS	T 801 CHINA BLACK TEA TOTOAL TWO HUNDRED PAPERSACKS ONLY SHIPPED ON BOARD FREIGHT PREPAID Description of Contents for Shipper's Use Only (Not part of This B/L Contract)	8,140KGS	24CBM

10. Total Number of containers and/or packages (in words) SAY: TWO HUNDRED PAPERSACKS ONLY

11. Freight & Charges	Revenue Tons	Rate	Per	Prepaid	Collect
Declared Value Charge					
Ex. Rate:	Prepaid at	Payable at		Place and Date of Issue XIAMEN, CHINA	
	Total Prepaid	No. of Original B(s)/L THREE		Signed for the Carrier	
DATE		BY			

第十五章　出口交单结汇

教学目标

通过本章的学习，了解出口交单的程序，熟悉交单的要求，了解出口交单委托书的内容；熟悉出口结汇的做法，学会区分出口押汇和议付；熟悉出口交单的应用案例分析，能够根据贸易背景进行交单模拟操作。

教学要求

知识要点	能力要求	相关知识
出口交单	（1）了解出口交单的程序 （2）熟悉单据提交的要求 （3）熟悉出口交单委托书的内容，并学会填制出口交单委托书 （4）熟悉出口交单的应用案例分析 （5）能够结合具体的贸易背景进行出口交单模拟操作	（1）出口交单的程序 （2）出口交单的要求 （3）出口交单委托书

第一节　出口交单

交单是指全部单据准备妥当后，由受益人签署议付申请书，申请议付、承兑或付款。为了依据信用证规定结算货款，必须将审核无误、正确的、完整的单据交至议付银行，请求议付、承兑或付款。

一、出口信用证项下交单所需资料

（1）客户交单委托书 1 份。
（2）信用证原件及修改书（如有）。
（3）商业发票（按信用证要求）。
（4）装箱单（按信用证要求）。
（5）海运提单（按信用证要求）。
（6）保险单（按信用证要求）。
（7）品质检验证书（按信用证要求）。
（8）汇票（盖法人章和公章）。
（9）受益人证明（盖公章）1 份。

二、交单的要求

（一）单据齐备

（1）成套单证群体的完整。在结汇时，要提供齐全的、成套的单证。比如 CIF 下，至少要提供发票、提单、保险单，还有些要提供箱单、检验证书、产地证、附属证明等。

（2）每一种单据的所填内容必须完备齐全，包括格式、签章、背书等。

（3）单据的份数齐全，尤其是提单的份数。

（二）内容正确

正确是单证工作的前提，也是最重要的一条，包含两方面的内容。一是各种单据必须做到"三相符"。首先，单证相符，单据与信用证相符，这一点占首要地位；其次，单单相符，单据与单据相符；最后，单据与贸易合同相符。二是单据必须与有关惯例和法令规定相符。信用证要严格遵照 UCP600 的解释。同时也要注意进口国对单据或进口货物有无特殊规定。例如，输往加拿大、美国、欧盟、巴西等国的货物，没有使用木质包装的话，要提供无木质包装证明。

（三）交单及时

（1）出单及时：各种单据的出单日期必须合理可行，不能超过信用证有效期或按商业习惯的合理日期。例如，保险单日期早于或等于提单的签发日期，提单日期不得迟于装运期，装运通知书必须在货物装运后立即发出。

（2）结汇及时：向银行交单议付不能超过信用证规定的交单期。如果信用证未规定交单期，银行将拒收迟于运输单据出单日期 21 天后提交的单据，但单据也不得迟于信用证到期日提交。

※应用案例分析 15-1

2018 年 8 月 24 日厦门易通科技有限公司在完成全套单据的审核和修改后，向中国银行厦门分行交单。

出口交单委托书如下：

出口信用证交单委托书

致：中国银行厦门市分行

兹随附下列银行正本信用证及所属出口单据，请贵行根据国际商会跟单信用证统一惯例（**UCP600**）予以审核并办理寄单索汇：

开证行： BANCO COMERCIAL PORTUGUES RUA ACTOR ANTONIO SILVA N7 1600-321 LISBON, PORTUGAL	信用证号：RGB2016935
	通知编号： **BCXM1832892**
发票号码： GHI65731	发票金额： USD43412.04

单据名称	汇票	发票	提单	副本提单	保险单	装箱单	重量单	产地证	FORM A	检验证	受益人证明	船证明	装船通知		
份数	2	5	3	2	3	5			2	2	1	1	1		

付款指示： 　　　　　　　　　　　　　　**核销单编号：**＿＿＿＿＿＿＿＿

请将收汇款以原币（　）/人民币（√）划入我司下列账户：

开户行：＿中国银行厦门分行＿＿＿＿　账号：＿6214 7342 8450＿＿

特别指示：

1. 邮寄方式：　☑ 快邮　□ 普邮　□ 指定快邮＿＿＿＿＿＿

2. 本次提交的正本信用证含＿1＿份正本修改书。

3. 单据中有下列不符点：
   a.＿＿＿＿＿＿＿　b.＿＿＿＿＿＿＿　c.＿＿＿＿＿＿＿
   □ 请向开证行寄单，我公司承担一切责任，不符点请以（　）表提（　）内确方式处理
   □ 请电询开证行同意后寄单

4. 本次提交单据申请叙做：□ 即期押汇　□ 远期押汇　□ 福费廷　□ ＿＿＿＿

5. 其他：＿＿＿＿＿＿＿＿＿＿＿＿＿＿

公司联系人姓名：＿王宁＿＿＿　　　　**公司　签　章**

电话：0592-5317566　传真：0592-5066417　　2018 年 8 月 24 日

银行签收人：	签收日期：
改单/退单记录：	

提交的全套单据如下：

汇票一套（2份）

BILL OF EXCHANGE

NO.　GHI65731　　　　　　　　　　　AUG.18,2018　XIAMEN

FOR　USD43412.04　　　　　　　　（place and date of issue）

At　30 DAYS AFTER　SIGHT of　THIS FIRST BILL of EXCHANGE（**Second being unpaid**）

Pay to　　BANK OF CHINA, XIAMEN BRANCH　　　or order the sum of

SAY US DOLLARS FORTY THREE THOUSAND FOUR HUNDRED AND TWELVE AND FOUR CENTS ONLY.

Drawn under　　BANCO COMERCIAL PORTUGUES

L/C NO.　RGB2016935　　　　　　　　Date　180715

TO:
BANCO COMERCIAL PORTUGUES
RUA ACTOR ANTONIO SILVA N7
1600-321
LISBON, PORTUGAL

XIAMEN YITONG TECHNOLOGY CO., LTD.

张国
＿＿＿＿＿＿＿＿＿＿＿＿＿＿＿＿＿
(Signature)

BILL OF EXCHANGE

NO. GHI65731	AUG.18,2018 XIAMEN
FOR USD43412.04	(place and date of issue)

At 30 DAYS AFTER SIGHT of THIS SECOND BILL of EXCHANGE（**First being unpaid**）**unpaid**）Pay to BANK OF CHINA, XIAMEN BRANCH or order the sum of

SAY US DOLLARS FORTY THREE THOUSAND FOUR HUNDRED AND TWELVE AND FOUR CENTS ONLY.

Drawn under   BANCO COMERCIAL PORTUGUES

L/C NO. RGB2016935   Date   180715

TO:

BANCO COMERCIAL PORTUGUES

RUA ACTOR ANTONIO SILVA N7

1600-321

LISBON, PORTUGAL

XIAMEN YITONG TECHNOLOGY CO., LTD.

张国

(Signature)

商业发票（3 份+2 份副本）

XIAMEN YITONG TECHNOLOGY CO., LTD

NO.163 SIMING ROAD, XIAMEN, FUJIAN, CHINA

TEL: (0592)24588666   FAX: (0592)24588999

COMMERCIAL INVOICE

To:	DYNASTY DEVELOPMENT CAMPANY	Invoice No.:	GHI65731
	R. XAVIER CORDIEIRO 63-6	3)Invoice Date:	JUL.20,2018
	LISBON, PORTUGAL	S/C No.:	FYEE2018C748
		S/C Date:	JUL.5,2018
From:	XIAMEN	To:	LISBON

Marks and Numbers	Description of goods	Quantity	Unit Price	Amount

DDC FYEE2018C748 LISBON C/NO. 1-276	GM85S 1080P CAMERA FD-C84-R1 FD-C84-R2 ALL DETAILS ARE AS PER S/C NO FYEE2018C748 TERMS OF DELIVERY: CIF LISBON (INCOTERMS 2010)	828PCS 828PCS	CIFC5 LISBON SD19.21/PC USD33.22/PC	USD15905.88 USD27506.16
TOTAL:			**1658PCS**	USD43412.04
TOTAL AMOUNT:	SAY US DOLLARS FORTY THREE THOUSAND FOUR HUNDRED AND TWELVE AND FOUR CENTS ONLY.			

THE MANUFACTURER: XIAMEN RONGXIN OPTOELECTRONIC TECHNOLOGY COMPANY
THE ORIGIN OF THE GOODS SHIPPED: CHINA
L/C NO.: RGB2016935

XIAMEN YITONG TECHNOLOGY CO., LTD.

张国

(SIGNATURE)

装箱单（一式五份）

XIAMEN YITONG TECHNOLOGY CO., LTD
NO.163 SIMING ROAD, XIAMEN, FUJIAN, CHINA
TEL: (0592)24588666   FAX: (0592)24588999

PACKING LIST/WEIGHT MEMO

To:	DYNASTY DEVELOPMENT CAMPANY R. XAVIER CORDIEIRO 63-6 LISBON, PORTUGAL	Invoice No.:	GHI65731
		Invoice Date:	JUL.20,2018
		S/C No.:	FYEE2018C748
		S/C Date:	JUL.5,2018
From:	**XIAMEN**	To:	**LISBON**

Marks and Numbers	Description of goods	Package	Quantity	G.W (KGS)	N.W (KGS)	MEAS. (CBM)
DDC FYEE2018C748 LISBON C/NO. 1-276	GM85S 1080P CAMERA FD-C84-R1 FD-C84-R2	138CTNS 138CTNS	828PCS 828PCS	378.12 485.76	320.16 386.4	24.84 24.84

	ALL DETAILS ARE AS PER S/C NO FYEE2018C748 TERMS OF DELIVERY: CIF LISBON (INCOTERMS 2010)					
TOTAL:		**276CTNS**	**1656PCS**	**863.88**	**706.56**	**49.68**
TOTAL PACKAGES:	ALL PACKED IN TWO HUNDRED AND SEVEN SIX CARTONS ONLY.					

GROSS WEIGHT AND MEASUREMENTS PER EXPORT CARTONS:

       FD-C84-R1   GROSS WEIGHT: 2.74KGS   MEASUREMENTS:0.18CBM

       FD-C84-R2   GROSS WEIGHT: 3.52KGS   MEASUREMENTS:0.18CBM

L/C NO.: RGB2016935

                                             XIAMEN YITONG TECHNOLOGY CO., LTD.

                                                            张国

                                                          (SIGNATURE)

保险单（一式三份）

中国人民财产保险有限公司厦门市分公司
PICC Property and Casualty Company Limited XIAMEN Branch

总公司设于北京   一九四九年创立

Head Office Beijing   Established in 1949

货物运输保险单
CARGO TRANSPORTATION INSURANCE POLICY

发票号码（INVOICE NO.）   GHI65731   保险单号次   Policy No.

合同号（CONTRACT NO.）   FYEE2018C748   **IEFZ35012015061911**

信用证号（L/C NO.）   RGB2016935

被保险人：

Insured: XIAMEN YITONG TECHNOLOGY CO., LTD.

中国人民保险有限公司（以下简称本公司）根据被保险人的要求，由被保险人向本公司缴付约定的保险费，按照本保险单承担险别和背面所载条款与下列特别条款承保下列货物运输保险，特立本保险单。

This policy of Insurance witnesses that the People's Insurance Company of China (hereinafter called "The Company"), at the request of the Insured and in consideration of the agreed premium paid to the company by the Insured, undertakes to insure the undermentioned goods in transportation subject to conditions of the Policy as per the Clauses printed overleaf and other special clauses attached hereon.

标记 **Marks & Nos**	包装及数量 **Quantity**	保险货物项目 **Descriptions of Goods**	保险金额 **Amount Insured**

| DDC
FYEE2018C748
LISBON
C/NO. 1-276 | 276CTNS | GM85S 1080P CAMERA | USD | 47754.00 |

总保险金额： Total Amount Insured:	SAY US DOLLARS FORTY SEVEN THOUSAND SEVEN HUNDRED AND FIFTY FOUR ONLY.
保费 Premium	AS ARRANGED	启运日期 Date of commencement:	AUG.15,2018	装载运输工具 Per conveyance:	XINOU8/123E
自 Form	XIAMEN	经 VIA		至 To	LISBON
承保险别 Conditions:	FOR 110% INVOICE VALUE COVERING ALL RISKS AND STRIKE RISK AS PER OCEAN MARINE CARGO CLAUSES OF PICC 1/1/2009.

所保货物，如发生本保险单项下可能引起索赔的损失或损坏，应立即通知本公司下述代理人查勘。如有索赔，应向本公司提交保险单正本（本保险单共有 __3__ 份正本）及有关文件。如一份正本已用于索赔，其余正本则自动失效。

In the event of loss or damage which may result in acclaim under this Policy, immediate notice must be given to the Company's Agent as mentioned here under. Claims, if any, one of the Original Policy which has been issued in THREE original (s) together with the relevant documents shall be surrendered to the Company. If one of the Original Policy has been accomplished, the others to be void.

Caixa Seguros Saúde
AV JOAO XXI,63-5/1000-290
LISBON,PORTUGAL

中国人民财产保险有限公司厦门市分公司
PICC Property and Casualty Company Limited
XIAMEN Branch

赔款偿付地点
Claim payable at   LISBON IN USD

出单日期
Issuing Date   JUL.29,2018

王华
Authorized Signature

地址： 中国厦门湖滨北路68号   电话（TEL）：（0592）5316228
Address： 邮编（POST CODE）：361000   传真（FAX）：（0592）5316232

普惠制原产地证书（一式两份）

ORIGINAL

1.Goods consigned from (Exporter's business name, address, country) XIAMEN YITONG TECHNOLOGY CO.,LTD NO.163 SIMING ROAD,XIAMEN, FUJIAN, CHINA TEL: (0592)24588666 FAX: (0592)24588999	Reference No. G188400321573809 **GENERALIZED SYSTEM OF PREFERENCES** **CERTIFICATE OF ORIGIN** (Combined declaration and certificate)
2.Goods consigned to (Consignee's name, address, country) DYNASTY DEVELOPMENT CAMPANY R. XAVIER CORDIEIRO 63-6 LISBON,PORTUGAL	**FORM A** Issued in THE PEOPLE'S REPUBLIC OF CHINA (country) See Notes overleaf

3. Means of transport and route (as far as known) FROM XIAMEN TO LISBON BY VESSEL			4. For official use		
5. Item number	6. Marks and numbers of packages	7. Number and kind of packages; description of goods	8. Origin criterion (see Notes overleaf)	9. Gross weight or other quantity	10. Number and date of invoices
1	DDCFYEE2018 C748 LISBON C/NO. 1-276	TWO HUNDRED AND SEVENTY SIX CARTONS OF GM85S 1080P CAMERA ■■■■■■■■■■■■■■■■■■ CREDIT NUMBER: RGB2016935	"P"	863.88KGS	GHI65731 JUL.20,2018

11. Certification It is hereby certified, on the basis of control carried out, that the declaration by the exporter is correct. XIAMEN AUG.11, 2018 -- Place and date, signature and stamp of certifying authority	12. Declaration by the exporter The undersigned hereby declares that the above details and statements are correct, that all the goods were produced in _____CHINA_____ (country) and that they comply with the origin requirements specified for those goods in the Generalized System of Preferences for goods exported to **PORTUGAL** -- XIAMEN AUG.10, 2018 -- Place and date, signature and stamp of authorized signatory

品质检验证书（一式两份）

中华人民共和国出入境检验检疫
ENTRY-EXIT INSPECTION AND QUARANTINE OF THE PEOPLE'S REPUBLIC OF CHINA

编号 No.: 1180000053S7426

QUALITY CERTIFICATE

XIAMEN YITONG TECHNOLOGY CO., LTD.

发货人
Consignor

DYNASTY DEVELOPMENT CAMPANY

收货人
Consignee

品名 Description of Goods	GM85S 1080P CAMERA	标记及号码 Mark & No.	
报检数量/重量 Quantity/Weight Declared	1656PCS	DDC FYEE2018C748	
包装种类及数量 Number and Type of Packages	276CTNS	LISBON C/NO. 1-276	
运输工具 Means of Conveyance	XINOU8/123E		

检验结果：
Result of Inspection:

At the request of consignor, our inspectors attended at the warehouse of the consignment on 2018/08/12. In accordance with the state stipulation GB/T15865-1995, 82 cartons were taken and opened at random for visual inspection, from which representative samples were drawn and inspected according to the stipulation mentioned above. The results are as follows:

Appearance: Pass
Specifications: Pass
Quantity: -1656-PCS, -276-CTNS
Safety: Pass
Hygienics: Pass

L/C NO.: RGB2016935

印章　　　　签证地点 Place of Issue　XIAMEN　　签证日期 Date of Issue　AUG.13, 2018
Official Stamp

　　　　　　授权签字人 Authorized Officer _____　签　名 Signature _____

我们已尽所知道和最大能力实施上述检验，不能因我们签发本证书而免除买房或其他地方根据合同和法律所承担的产品质量责任和其他责任。All inspections are carried out conscientiously to the best of our knowledge and ability. This certificate does not in any respect absolve the seller and other related parties from his contractual and legal obligations especially when quality is concerned.

海运提单（3 份正本+2 份副本）

1. Shipper Insert Name, Address and Phone	B/L No. COSU88699228
XIAMEN YITONG TECHNOLOGY CO., LTD NO.163 SIMING ROAD, XIAMEN, FUJIAN, CHINA TEL: (0592)24588666　　FAX: (0592)24588999	中远集装箱运输有限公司 COSCO CONTAINER LINES TLX: 33057 COSCO CN FAX: +86(021) 6545 8984
2. Consignee Insert Name, Address and Phone TO OUR ORDER OF BANCO COMERCIAL PORTUGUES	
3. Notify Party Insert Name, Address and Phone 　(It is agreed that no responsibility shall attsch to the Carrier or his agents for failure to notify)	Port-to-Port or Combined Transport BILL OF LADING RECEIVED in external apparent good order and condition except as other-Wise noted. The total number of packages or unites stuffed in the

DYNASTY DEVELOPMENT CAMPANY R. XAVIER CORDIEIRO 63-6 LISBON, PORTUGAL PHONE NUMBER: 00351-21-7904860		container, The description of the goods and the weights shown in this Bill of Lading are furnished by the Merchants, and which the carrier has no reasonable means of checking and is not a part of this Bill of Lading contract. The carrier has Issued the number of Bills of Lading stated below, all of this tenor and date, one of the original Bills of Lading must be surrendered and endorsed or signed against the delivery of the shipment and whereupon any other original Bills of Lading shall be void. The Merchants agree to be bound by the terms and conditions of this Bill of Lading as if each had personally signed this Bill of Lading. SEE clause 4 on the back of this Bill of Lading (Terms continued on the back Hereof, please read carefully).*Applicable Only When Document Used as a Combined Transport Bill of Lading.
4.Combined Transport * Pre - carriage by	5. Combined Transport* Place of Receipt	
6. Ocean Vessel Voy. No. XINOU8/123E	7. Port of Loading XIAMEN	
8. Port of Discharge LISBON	9. Combined Transport * Place of Delivery	

Marks & Nos. Container / Seal No.	No. of Containers or Packages	Description of Goods (If Dangerous Goods, See Clause 20)	Gross Weight Kgs	Measurement
DDC FYEE2018C748 LISBON C/NO. 1-276	276CTNS	GM85S 1080P CAMERA SHIPPER'S LOAD,COUNT AND SEAL FREIGHT PREPAID LC NO. RGB2016935 THE CARRIER'S AGENT AT THE PORT OF DISCHARGE: MAERSK SHIPPING CO.,LTD ADDRESS: RUA ACTOR ANTONIO SILVA R8 1000-280 LISBON, PORTUGAL. Description of Contents for Shipper's Use Only (Not part of This B/L Contract)	706.560KGS	50.000CBM

10. Total Number of containers and/or packages (in words)   SAY TWO HUNDRED AND SEVENTY SIX CARTONS ONLY.

11. Freight & Charges	Revenue Tons	Rate	Per	Prepaid	Collect
Ex. Rate:	Prepaid at	Payable at		Place and Date of Issue XIAMEN AUG.15,2018	
	Total Prepaid	No. of Original B(s)/L THREE(3)		Signed for the Carrier COSCO CONTAINER LINES(XIAMEN) WANG LEE AS CARRIER	
DATE AUG.15,2018	BY	WANG LEE			

装运通知（一式三份）

XIAMEN YITONG TECHNOLOGY CO., LTD
NO.163 SIMING ROAD, XIAMEN, FUJIAN, CHINA
TEL: (0592)24588666   FAX: (0592)24588999

SHIPPING ADVICE

TO: DYNASTY DEVELOPMENT CAMPANY   ISSUE DATE: AUG.15,2018
      R. XAVIER CORDIEIRO 63-6
      LISBON, PORTUGAL

Dear Sir or Madam:

We are Pleased to Advice you that the following mentioned goods has been shipped out, Full details were shown as follows:

Invoice Number:	GHI65731
Bill of loading Number:	COSU88699228
Ocean Vessel:	XINOU8/123E
Port of Loading:	XIAMEN
Date of shipment:	AUG.15,2018
Port of Destination:	LISBON
Estimated date of arrival:	SEP.20,2018
Containers/Seals Number:	CBHU7587641/CBHU7587652
Description of goods:	GM85S 1080P CAMERA
Shipping Marks:	DDC
	FYEE2018C748
	LISBON
	C/NO. 1-276
Quantity:	1658PCS
Gross Weight:	863.88KGS

Thank you for your patronage. We look forward to the pleasure of receiving your valuable repeat orders.

LC NO.: RGB2016935
Sincerely yours,
XIAMEN YITONG TECHNOLOGY CO., LTD
    张国

受益人证明（一份）

XIAMEN YITONG TECHNOLOGY CO., LTD
NO.163 SIMING ROAD,XIAMEN, FUJIAN, CHINA
TEL: (0592)24588666   FAX: (0592)24588999

BENEFICIARY'S CERTIFICATE

DATE:AUG.18,2018

TO WHOM IT MAY CONCERN

WE HEREBY CERTIFY THAT ONE SET OF NON-NEGOTIABLE SHIPPING DOCUMENTS HAVE BEEN SENT TO THE APPLICANT BY DHL WITHIN 2 DAYS AFTER SHIPMENT.

L/C NO.: RGB2016935

XIAMEN YITONG TECHNOLOGY CO., LT

张国

船公司证明（一份）

中远集装箱运输有限公司
COSCO CONTAINER LINES
CERTIFICATE

DATE:AUG.18,2018

TO WHOM IT MAY CONCERN

CREDIT NUMBER: RGB2016935
B/L NO.: COSU88699228
OCEAN VESSEL: XINOU8/123E

WE HEREBY CERTIFY THAT THE CARRYING VESSEL BELONGS TO CONFERENCE LINE AND NOT MORE THAN 20 YEAR OLD.

L/C NO.: RGB2016935

COSCO CONTAINER LINES(XIAMEN)

WANG LEE

第二节 出口结汇

一、结汇概述

（一）结汇的概念

结汇是指外汇收入所有者将其外汇收入出售给外汇指定银行，外汇指定银行按一定汇率付给等值的本币的行为。

（二）结汇的形式

结汇有强制结汇、意愿结汇和限额结汇等多种形式。目前，我国主要实行的是强制结汇制，部分企业经批准实行限额结汇制；对境内居民个人实行意愿结汇制。

（1）强制结汇：所有外汇收入必须卖给外汇指定银行，不允许保留外汇。

（2）意愿结汇：外汇收入可以卖给外汇指定银行，也可以开立外汇账户保留，结汇与否由外汇收入所有者自己决定。

（3）限额结汇：外汇收入在国家核定的数额内可不结汇，超过限额的必须卖给外汇指定银行。

（三）结汇的要求

国内单位取得以下的外汇收入的必须结汇，不能保留外汇：

（1）出口或者先支后收转口货物及其他交易行为收入的外汇。其中用跟单信用证/保函和跟单托收方式结算的贸易出口外汇可以凭有效商业单据结汇。

（2）境外贷款项下国际招标中标收入的外汇。

（3）海关监管下境内经营免税商品收入的外汇。

（4）交通运输（包括各种运输方式）及港口（含空港）、邮电（不包括国际汇兑款）、广告、咨询、展览、寄售、维修等行业及各类代理业务提供商品或者服务收入的外汇。

（5）行政、司法机关收入的各项外汇规费、罚没款等。

（6）土地使用权、著作权、商标权、专利权、非专利技术、商誉等无形资产转让收入的外汇，但上述无形资产属于个人所有的，可不结汇。

（7）境外投资企业汇回的外汇利润、对外经济援助项下收回的外汇和境外资产的外汇收入。

（8）对外索赔收入的外汇、退回的外汇保证金等。

（9）出租房地产和其他外汇资产收入的外汇。

（10）保险机构受理外汇保险所得外汇收入。

（11）取得《经营外汇业务许可证》的金融机构经营外汇业务的净收入。

（12）国外捐赠、资助及援助收入的外汇。

（13）国家外汇管理局规定的其他应当结汇的外汇。

（14）外商投资企业经常项目下外汇收入可在外汇局核定的最高金额以内保留外汇，超出部分应当卖给外汇指定银行，或者通过外汇调剂中心卖出。

二、出口结汇的做法

（一）出口结汇的主要做法

根据合同中选择的支付方式不同，交单的程序也不同。在信用证付款条件下，我国目前出口商在银行可以办理出口结汇的做法主要有三种：收妥结汇、押汇和定期结汇。不同的银行，其具体的结汇做法不一样。即使是同一个银行,针对不同的客户信誉度,以及不同的交易金额等情况,所采用的结汇方式也有所不同。

1. 收妥结汇

收妥结汇又称收妥付款,是指信用证议付行收到出口企业的出口单据后,经审查无误,将单据寄交国外付款行索取货款的结汇做法。这种方式下,议付行都是待收到付款行的货款后,即从国外付款行收到该行账户的贷记通知书(Credit Note)时,才按当日外汇牌价,按照出口企业的指示,将货款折成人民币拨入出口企业的账户。

2. 押汇

押汇又称买单结汇,是指议付行在审单无误情况下,按信用证条款贴现受益人(出口公司)的汇票或者以一定的折扣买入信用证项下的货运单据,从票面金额中扣除从议付日到估计收到票款之日的利息,将余款按议付日外汇牌价折成人民币,拨给出口企业。议付行向受益人垫付资金、买入跟单汇票后,即成为汇票持有人,可凭票向付款行索取票款。银行之所以做出口押汇,是为了给出口企业提供资金融通的便利,这有利于加速出口企业的资金周转。

3. 定期结汇

定期结汇是指议付行根据向国外付款行索偿所需时间,预先确定一个固定的结汇期限,并与出口企业约定该期限到期后,无论是否已经收到国外付款行的货款,都主动将票款金额折成人民币拨交出口企业。

(二)出口押汇与议付比较分析

出口押汇是具有中国(包括我国台湾、香港等地区)特色的一项银行业务,它与国际上通行的"议付"有着密切的联系,又有着显然的区别。随着我国加入世贸组织后,国际金融市场一体化趋势更加明显,具有中国特色的"出口押汇"业务势必面临外国法院及其法律制度管辖的挑战。因此,我们有必要澄清对出口押汇和议付混为一体的模糊认识,探讨两者之间有何本质上的差别。

1. 出口押汇的内涵分析

我国银行在出口信用证业务操作中,对于出口商的融资,通常使用押汇,而议付使用不多。然而关于何谓出口押汇,我国法律、法规未作规定,UCP600 也未涉及。中国银行对出口押汇的界定比较有代表性,该行在《国际结算业务基本规定》中写明:"出口押汇是银行凭出口商提供的信用证项下完备正确的货运单据作抵押,在收到开证行支付的货款之前,向出口商融通资金的业务活动。"其他的一些银行,如中国工商银行、中国光大银行等都有相类似的表达。根据银行对出口押汇含义的界定,出口押汇体现的是出口商和押汇行之间借贷和质押担保的关系,这种借贷关系是以出口商提交的信用证项下的单据为质押的。

出口押汇的内涵表明:出口押汇是一种借贷和质押相结合的机制,是借贷关系下的短期融资。押汇行和受益人分别处于债权人和质权人与债务人和出质人的法律地位。银行付给出口商的款项,是以单据质押并凭以向外索汇为条件的贷款。该款项的所有权仍然属于银行,而被质押单据的所有权也仍然属于出口商。当出口押汇单据被国外付款行拒付时,如出质人即出口商无法或不愿意偿还押汇融资款项,押汇银行唯一可行的追偿办法是依据《担保法》的规定,行使其质权人的权利,即依法将质押的单据或货物拍卖和变卖,获得优先受偿权。

2. 议付的内涵分析

UCP600 对议付的定义为:"Negotiation means the purchase by the nominated bank of drafts (drawn on a bank other than the nominated bank) and/or documents under a complying presentation, by advancing or agreeing to advance funds to the beneficiary on or before the banking day on which reimbursement is due to the nominated bank."（指被指定银行在相符交单下，在其应获偿付的银行工作日当天或之前向受益人预付或者同意预付款项，从而购买汇票（其付款人为被指定银行以外的其他银行）及/或单据的行为。）这一定义与 UCP500 相比，首先是用"Purchase（购买）"一词替代了"giving of value"，并且引入了"advancing, advance funds（预付款项）"这一概念，强调了议付的融资特性，即被指定银行在开证行偿付之前的付款行为。其次，定义中将"Purchase（购买）"的方式特定为"advancing（预付）"和"agreeing to advance funds（同意预付款项）"，仍然强调了议付不仅仅只有议付行立即对受益人付款这一种方式，还包括议付行对受益人预付款项的允诺，这实际上沿袭了 ICC 银行委员会于 1994 年 9 月公布的第二号意见书中对议付的观点，只不过将其中的"undertaking an obligation（承担责任）"措辞换成了"agreeing（同意）"。再有，定义中增加了"在其应获偿付的银行工作日当天或之前"这一时间上的条件，意图强调议付"提前付款"的融资特性。

3. 出口押汇与议付的区别

从实务操作来看，议付与出口押汇极为相似，都是出口商将贸易单据交银行，银行垫款的一种行为，所以很多人认为两者无实质性的区别，在我国内地和香港地区使用出口押汇的概念，而在国外主要使用议付的概念，将两者混为一谈。由于错误的认识使银行业务出现风险，进而产生一些贸易纠纷，所以要正确地把握两者之间的区别。

（1）法律性质不同。出口押汇是一种借贷和担保相结合的融资手段，其法律关系是质押借贷关系。即押汇银行给予信用证受益人（出口商）的融资是一种借贷关系。这种借贷是以信用证受益人（出口商）提供的出口货物全部单据作质押担保为基础的。如果信用证受益人（出口商）不能如期偿还银行提供的贷款，则银行对信用证受益人（出口商）可以根据质押关系对银行控制的质押物主张优先权。而议付却是汇票和单据买卖关系。

（2）银行对单据所享有的权利不同。在出口押汇关系中，押汇申请人是将全套单据质押给银行，银行享有的是债权和质押权。提供出口押汇的银行是以包括提单在内的全套单据作为质押物，要求信用证受益人（出口商）签订质押书（Letter of Hypothecation）。凭此向信用证受益人（出口商）提供出口押汇融资。质押是《中华人民共和国担保法》所规定的一种担保形式。在议付关系中，银行支付了价值买入了单据，银行对单据享有所有权。银行接受受益人的议付，相当于贴现受让的金融票据。信用证受益人（出口商）把汇票上的权利转让给议付银行，此时议付银行就取得了持票人的地位，其对票据所有的权利受到《中华人民共和国票据法》保护。它最直接地表现在，议付银行可以自主地处分票据，或再背书贴现转让。这就显然不同于出口押汇中的质押权担保方式。

（3）依据的信用基础不同。出口押汇主要依据受益人的商业信用，由银行根据受益人的资信状况决定是否押汇，银行没有审单责任，单据不符的情况下仍有权向受益人追偿贷款，但对于资信一般或不太了解的客户提供押汇时，会以单证相符为条件，此非银行法律上的责任，而是银行权衡质物变现性能并据以决定是否提供融资贷款的需要，对单证不符的单据（不符点单据）押汇，可要求客户提供其他担保。受益人单据得不到支付而又资质很差或申请出口押汇的客户以信用证诈骗的方式骗得融资，押汇行只能自行承担选择资信不良客户的后果。托收方式下的押汇与此同理。议付依据银行信用，决定是否议付时，议付银行首要考虑的是开证行、保兑行（如果有）的资信状况，对于资信一流的银行开来或保兑的信用证，光票信用证项下汇票也可能作议付，但不能押汇，押汇行则只接受附有物权凭证的单据给予押汇融资。根据 UCP600 规定，议付信用证可以不附汇票，基于银行信用原理同样可以议付，只要单证一致，开证行、保兑行（如果有）就应履行信用证下的承诺。

（4）银行对出口单据的要求不同。出口押汇既可应用于跟单信用证也可应用于跟单托收。由于押汇的标的物提单是权利证书,所以这种跟单交易只需有提单及其他出口押汇单据等凭证即可,并不一定要求有跟单汇票。于是对一些为免缴当地印花税而不要求出具汇票的国家和地区,出口押汇就成为受益人首选的融资方式。但在议付中,银行买入的可以是金融票据。

(5)融资额和利率计算标准不同。出口押汇中受益人所得融资额是根据信用证项下单据质量和货物的变现能力来确定,风险防范对策之一就是这种较大的弹性尺度衡量标准。议付中融资额是银行给付的价值,可由银行按一定利率和票据面额扣除从议付日到预计实际支付日的利息和手续费,将净余额支付给受益人,一般高于押汇融资额。

(6)信用证遭拒付后银行的救济手段不同。议付项下议付行在信用证项下单据被拒付后,既有权向开证行/保兑行追索,也有权向受益人行使票据上的追索权(或凭议付协议行使追索权);在开证行拒付时,有权要求其退还单据,自行处置信用证项下的货物。而出口押汇项下,信用证被拒付后,押汇银行只能根据押汇协议主张合同上的债权与质押权,对单据项下的货物享有优先受偿权。

(7)信用证是否附有指示及使用范围不同。出口押汇不凭信用证的指示,凡信用证下单据(主要是指示提单和不记名提单)都可以押汇,实践中有人认为只有议付信用证下的单据才能押汇,这是与议付混为一谈的结果;议付必须是在信用证有明确指示时才能进行,即议付信用证下单据才可议付,议付行可以是信用证指定的某一银行(限制议付),或者是信用证允许的任何银行(自由议付)。议付仅仅适用于议付信用证项下,范围窄些。而出口押汇除存在于议付信用证之外,还使用于其他的信用证,如即期信用证、延期付款信用证、承兑信用证项下及托收结算方式下,其使用范围显然比议付信用证广。

三、处理单证不符情况的几种办法

在信用证项下的制单结汇中,议付银行要求"单、证表面严格相符"。但是,在实际业务中,由于种种原因,单证不符情况时常发生。如果信用证的交单期允许,应及时修改单据,使之与信用证的规定一致。如果不能及时改证,进出口企业应视具体情况,选择如下处理方法:

(1)表提。表提又称为"表盖提出",即信用证受益人在提交单据时,如存在单证不符,向议付行主动书面提出单、证不符点。通常,议付行要求受益人出具担保书,担保如日后遭到开证行拒付,由受益人承担一切后果。在这种情况下,议付行为受益人议付货款。因此,这种做法也被称为"凭保议付"。表提的情况一般是单证不符情况并不严重,或虽然是实质性不符,但事先已经开证人(进口商)确认可以接受。

(2)电提。电提又称为"电报提出",即在单、证不符的情况下,议付行先向国外开证行拍发电报或电传,列明单、证不符点,待开证行复电同意再将单据寄出。电提的情况一般是单、证不符属实质性问题,金额较大。用电提方式可以在较短的时间内由开证行征求开证申请人的意见。如获同意,则可以立即寄单收汇;如果不获同意,受益人可以及时采取必要措施对运输中的货物进行处理。

(3)跟单托收。如出现单、证不符,议付行不愿用表提或电提方式征询开证行的意见。在此情况下,信用证就会彻底失效,出口企业只能采用托收方式,委托银行寄单代收货款。这里要指出的是,无论是采用"表提""电提",还是"跟单托收"方式,信用证受益人都失去了开证行在信用证中所作的付款保证,从而使出口收汇从银行信用变成了商业信用。

模拟练习题

请根据以下题目要求和说明，以及合同和信用证，缮制全套出口结汇单据。

题目名称	制全套单据（L/C）
基本要求	根据提供的合同、信用证及补充资料制作商业发票、装箱单、海运提单、汇票、普惠制产地证 FORM A、受益人证明、装运通知
相关说明	补充资料： 1. INVOICE No. YL71001 2. INVOICE DATE: NOV.10,2017 3. G.W. : 36KGS/CTN 　　N.W. : 35KGS/CTN MEAS. 0.55CBM/CTN 4. H.S. CODE: 4819.1000 5. VESSEL: KAOHSIUNG V.0707S 6. B/L No. TH14HK07596 7. B/L DATE: NOV.29 2017 8. C/N: SNBU7121820 9. REFERENCE No. 20170819 10. ORIGINAL CRITERION: "P" 11. DRAFT DATE: DEC.05,2017 12. FOB VALUE: USD 10189.50 13. 保险单号次：PYIE201726983420 　　保险偿付代理：THE OSAKA ASSURANCE CO LTD 　　　　　　　　2-4 MACHI KU STREET 　　　　　　　　OSAKA, JAPAN 　　保险单的签发日期：NOV.18 2017 14. 装运通知签发日期：NOV.30 2017 15. 受益人证明签发日期：NOV.30 2017

合同

SHANGHAI YILONG CO.,LTD.
No.91 NANING ROAD SHANGHAI,CHINA

Tel:0086-021-63561050　　　　　　Fax:0086-021-63561051
To: ABC COMPANY　　　　　　　　S/C No. : YL07101
1-3 MACHI KU STREET　　　　　　DATE: Oct. 01,2017
OSAKA,JAPAN　　　　　　　　　　SIGNED AT: Shanghai, China

Dear Sirs,

	We hereby confirm having sold to you the following goods on terms and conditions as specified below:			
MARKS &NO	DESCRIPTION OF GOODS	QUANTITY	U/PRICE	AMOUNT
ABC	CARDBOARD BOX		CIF OSAKA	
OSAKA	YL-256	1550 PCS	USD 4.50/PC	USD 6975.00
NOS.1-60	YL-286	1450 PCS	USD 3.90/PC	USD 5655.00
		3000 PCS		USD12630.00

Packing: In cartons of 50 pcs each

Port of loading: Shanghai

Port of destination :Osaka

Partial shipment: Prohibited

Transhipment: Prohibited

Insurance: Is to be covered by the sellers for 110 percent of the invoice value covering All risks and War risk as per CIC

Payment: By L/C at sight

The buyer   The seller
ABC COMPANY   SHANGHAI YILONG CO.,LTD.

信用证

LETTER OF CREDIT

SEQUENCE OF TOTAL	27:	1 / 1
FORM OF DOC. CREDIT	40 A:	IRREVOCABLE
DOC. CREDIT NUMBER	20:	LC196107800
DATE OF ISSUE	31 C:	171015
APPLICABLE RULES	40 E:	UCP LATEST VERSION
DATE AND PLACE OF EXP.	31 D:	171215 IN THE COUNTRY OF BENEFICIARY
APPLICANT	50:	ABC COMPANY
		1-3 MACHI KU STREET
		OSAKA,JAPAN
ISSUING BANK	52 A:	INDUSTRIAL BANK OF JAPAN,TOKYO
BENEFICIARY	59:	SHANGHAI YILONG CO.,LTD.
		No.91 NANING ROAD
		SHANGHAI,CHINA
AMOUNT	32 B:	CURRENCY USD AMOUNT 12630.00
AVAILABLE WITH/.BY …	41 D:	ANY BANK IN CHINA BY NEGOTIATION
DRAFTS AT...	42 C:	DRAFTS AT SIGHT
DRAWEE	42 D:	INDUSTRIAL BANK OF JAPAN,HEAD OFFICE

PARTIAL SHIPMENT	43 P:	NOT ALLOWED
TRANSSHIPMENT	43 T:	NOT ALLOWED
LOADING/DISPATCHING/TAKING FOR TRANSPORT TO…	44 A:	SHANGHAI
	44 B:	OSAKA
LATEST DATE OF SHIPMENT	44 C:	071130
DESCRIPT OF GOODS.	45 A:	CARDBOARD BOX
		YL-256 1550PCS @USD 4.50/PC CIF OSAKA
		YL-286 1450PCS @USD 3.90/PC CIF OSAKA
		PACKED IN CARTONS
DOCUMENTS REQUIRED	46 A:	+SIGNED COMMERCIAL INVOICE IN TRIPLICATE STATING THAT MERCHANDISE IS IN ACCORDANCE WITH APPLLICANT'S ORDER NO.DLCP2017S9357 AND INDICATIING FOB VALUE.
		+ SIGNED PACKING LIST IN TRIPLICATE MENTIONING TOTAL NUMBER OF CARTONS AND GROSS WEIGHT AND MEASUREMENTS PER EXPORT CARTON.
		+G.S.P. CERTIFICATE OF ORIGIN FORM A IN DUPLICATE INDIDCATING THAT GOODS ARE OF CHINESE ORIGIN.
		+BENEFICIARY'S CERTIFICATE STATING THAT ONE SET OF ORIGINAL SHIPPING DOCUMENTS INCLUDING ORIGINAL "FORM A" HAS BEEN SENT DIRECTLY TO THE APPLICANT AFTER THE SHIPMENT.
		+INSURANCE POLICY OR CERTIFICATE ENDORSED IN BLANK FOR 110 PCT OF CIF VALUE,COVERING W.P.A. RISK AND WAR RISK.
		+3/3 PLUS ONE COPY OF CLEAN "ON BOARD" OCEAN BILLS OF LADING MADE OUT TO THE SHIPPER'S ORDER AND BLANK ENORSED MARKED "FREIGHT PREPAID" AND NOTIFY APPLICANT.
		+ SHIPPING ADVICE IN TRIPLICATE SHALL BE SENT TO APPLICANT WITHIN 48 HOURS AFTER SHIPMENT.
ADDITIONAL CONDITION	47 A:	+ALL DRAFTS DRAWN HEREUNDER MUST BE MARKED "DRAWN UNDER INDUSTRIAL BANK OF JAPAN,LTD., HEAD OFFICE,CREDIT No. LC196107800 DATED OCT. 15,2017".
		+ALL DOCUMENTS MUST BEAR NAME OF ISSUING BANK AND L/C NO.
		+T/T REIMBURSEMENT IS NOT ACCEPTABLE.
DETAILS OF CHARGES	71 B:	ALL BANKING CHARGES OUTSIDE JAPAN ARE FOR BENEFICIARY'S ACCOUNT.
PRESENTATION PERIOD	48:	DOCUMENTS MUST BE PRESENTED WITHIN 10

		DAYS AFTER THE DATE OF ISSUANCE OF THE SHIPPING DOCUMENTS BUT WITHIN THE VALIDITY OF THE CREDIT.
CONFIRMATION	49:	WITHOUT
	78:	THE AMOUNT AND DATE OF NEGOTIATION OF EACH DRAFT MUST BE ENDORSED ON THE REVERSE OF THIS CREDIT.
		ALL DOCUMENTS INCLUDING BENEFICIARY'S DRAFTS MUST BE SENT BY COURIER SERVICE DIRECTLY TO OUR HEAD OFFICE. MARUNOUCHI, CHIYODAU, TOKYO, JAPAN 100, ATTN. INTERNATIONAL BUSINESS DEPT. IMPORTSECTION, IN ONE LOT. UPON OURRECEIPT OF THE DRAFTS AND DOCUMENTS,WE SHALL MAKE PAYMENT AS INSTRUCTED BY YOU.

要求缮制的单据：汇票、商业发票、装箱单、海运提单、普惠制原产地证书、保险单、装运通知和受益人证明。

第十六章　国际收支申报与出口退税

 教学目标

通过本章的学习，了解企业出口退税的程序和要求，熟悉网上申报的具体做法，能够根据贸易背景进行模拟操作。

 教学要求

知识要点	能力要求	相关知识
国际收支	（1）了解国际收支统计的意义 （2）了解国际收支统计申报制度	（1）申报制度的要求 （2）网上申报流程
出口退税	（1）了解出口退税的特点 （2）了解出口退税的计算方法	（1）出口退税的核算 （2）退税的一般流程

第一节　国际收支申报

一、国际收支统计的发展和意义

（一）国际收支申报的发展

国际收支统计是系统地记载报告期内本国（地区）与世界其他国家（地区）之间发生所有权转移的全部经济往来的统计。按照居民与非居民交易的原则和复式簿记的原理编制。完整的国际收支统计，包括从流量入手的国际收支平衡表和从存量入手的国际投资头寸。为了全面地反映一个国家（地区）在报告期内发生的对外贸易收支、非贸易收支和资金流入流出的综合情况，国际收支统计由经常项目、资本项目和平衡项目（错误与遗漏）所组成。

一般认为我国国际收支申报的发展历程经历了如下四个阶段：

（1）1980年以前，仅有外汇收支统计。

（2）1980年至1995年，国际收支统计申报体系初步建立。

（3）1996年至2006年，自1996年颁布《国际收支统计申报办法》，外汇局承担国际收支统计申报管理职能，在全国范围推广以"国际收支统计监测系统"为核心的多套电子化系统，标志着我国国际收支统计申报体系全面建成。

（4）2007年至今，全面开展统计申报系统电子化建设和制度建设。目前推广以"外汇金宏系统"为核心的电子化统计申报体系，相关制度也进行了全面修订，我国国际收支统计申报体系进一步完善。

（二）国际收支统计的意义

进行国际收支统计的主要意义如下所述。

1. 国际收支统计是国民经济综合平衡必不可少的一个环节

首先,国际收支状况是国民经济综合平衡的一个重要部分,国际收支的顺差或逆差可以弥补国内投资和消费与国内生产总值间的缺口。

其次,国际收支与国内本币的供应有密切的联系,国际收支中无论经常项目还是资本项目的交易都需要人民币资金的配套。外汇储备的增减更直接影响人民币外汇占款的规模,进而影响信贷资金的投放。

因此,国际收支状况可影响国内信贷平衡,对金融调控至关重要。

2. 良好的国际收支统计信息是制定正确的对外经济政策的基础

国际收支状况对一国的汇率、利率、财政、贸易、利用外资、对外投资、外汇管理等方面有着深刻的影响。良好的国际收支统计信息可以帮助我们了解并掌握国内外经济联系情况及其相互影响情况,从而制定相应的经济政策。

3. 国际收支统计工作关系到一个国家的对外形象

因为一个国家向国际货币基金组织及其他国际机构提供的国际收支统计数据和资料已成为国际社会观察和评估这个国家经济发展状况的重要组成部分,成为国际信用评定机构和商业银行对国家进行风险信用评级的重要依据之一。因此,中国的国际收支统计工作如何,能否提供完整的国际收支信息已是中国在国际资本市场上筹资的一个前提条件。

二、国际收支统计申报制度及原则

(一) 申报制度

申报制度国际收支申报制度是国际收支统计申报的规定。申报的主要内容包括实施统计申报制度的管理机关、统计申报范围、统计申报办法、统计申报的检查和处罚等。国际收支统计申报制度主要分为两部分:一是通过银行的间接申报制度;二是企业、单位或个人的直接申报制度。二者相互结合、互相补充。为避免重复统计,在申报制度中规定了免报内容。从报送方式讲,有定期的直接申报,也有通过银行的逐笔申报。

中国国家外汇管理局,于1997年1月1日全面推行国际收支统计申报制度。包括五个方面的内容:

(1) 通过金融机构进行国际收支间接申报。

(2) 以金融机构为申报主体的金融机构自身资产负债和损益申报。

(3) 以证券交易所、证券登记公司和海外上市公司为申报主体的证券投资统计申报。

(4) 以直接投资企业为主体的直接投资统计申报。

(5) 以现金形式为主的汇兑统计申报。并规定证券交易所、证券登记公司、海外上市公司及直接投资企业直接向国际收支统计部门报送统计资料。

(二) 申报范围和原则

1. 国际收支申报范围

国际收支申报范围包括非银行机构和个人通过境内银行从境外收到的款项和对境外支付的款项(包括跨境人民币收付款),以及境内居民通过境内银行与境内非居民发生的境内收付款。

具体包括以信用证、托收、保函、汇款(电汇、信汇、票汇)等结算方式办理的涉外收付款,包括银行卡项下从境外收到的款项和对境外支付的款项;非居民通过境内银行(包括非居民在境内开立的离岸账户和NRA账户)与境外发生的涉外收付款;通过境内银行对境外发出支付指令的涉外收付款;通过记账方式办理对外援助的涉外收付款;与非货币黄金进出口相关的涉外收付款。

不包括由于汇路原因引起的跨境收支；银行自身及银行之间发生的跨境收支；非银行机构和个人的外币现钞（包括出国取现）存取；银行卡项下的自动柜员机（ATM）取现、POS 消费。

2. 申报的原则

（1）交易主体申报原则。

国际收支统计申报实行交易主体申报的原则，采取直接申报与间接申报、逐笔申报与定期申报相结合的办法。

（2）解付银行/结汇中转行申报原则。

涉外收入申报应在解付银行解付之日或结汇中转行结汇之日起 5 个工作日内办理申报。

其中，解付银行是指从境外收到款项后将该款项直接贷记收款人账户的银行。结汇中转行指从境外收到款项并将该款项结汇后直接划转到收款人在其他银行账户的银行。不结汇中转行指收到境外款项后不贷记收款人账户，以原币形式划转到收款人在其他银行账户的银行。

（3）出口保理、出口押汇、福费廷等业务。

未发生转让的，融资发放时申报主体无须办理国际收支申报，实际收到境外款项时才进行申报。转让给境内银行的，原始经办银行应及时跟踪境外到款情况，在收到境内受让银行关于境外到款信息的书面通知后，按通知中的收款日期生成申报号码，并于本工作日内通知申报主体办理国际收支申报。转让给境外银行的，融资发放时申报主体就应该按要求办理国际收支申报；实际收款时，如收款的金额大于偿还境外受让银行的金额，余款也要申报。

三、国际收支网上申报

国家外汇管理局、海关总署、国家税务总局决定，自 2012 年 8 月 1 日起在全国实施货物贸易外汇管理制度改革。取消出口收汇核销单，企业不再办理出口收汇核销手续，只需进行网上申报。国家外汇管理局分支局对企业的贸易外汇管理方式由现场逐笔核销改变为非现场总量核查。

📖 知识链接

关于货物贸易外汇管理制度改革的公告

1. 改革货物贸易外汇管理方式

改革之日起，取消出口收汇核销单（以下简称核销单），企业不再办理出口收汇核销手续。国家外汇管理局分支局（以下简称外汇局）对企业的贸易外汇管理方式由现场逐笔核销改变为非现场总量核查。外汇局通过货物贸易外汇监测系统，全面采集企业货物进出口和贸易外汇收支逐笔数据，定期比对、评估企业货物流与资金流总体匹配情况，便利合规企业贸易外汇收支；对存在异常的企业进行重点监测，必要时实施现场核查。

2. 对企业实施动态分类管理

外汇局根据企业贸易外汇收支的合规性及其与货物进出口的一致性，将企业分为 A、B、C 三类。A 类企业进口付汇单证简化，可凭进口报关单、合同或发票等任何一种能够证明交易真实性的单证在银行直接办理付汇，出口收汇无须联网核查；银行办理收付汇审核手续相应简化。对 B、C 类企业在贸易外汇收支单证审核、业务类型、结算方式等方面实施严格监管，B 类企业贸易外汇收支由银行实施电子数据核查，C 类企业贸易外汇收支须经外汇局逐笔登记后办理。

外汇局根据企业在分类监管期内遵守外汇管理规定情况，进行动态调整。A 类企业违反外汇管理规定将被降级为 B 类或 C 类；B 类企业在分类监管期内合规性状况未见好转的，将延长分类监管期或被降级为 C 类；B、C 类企业在分类监管期内守法合规经营的，分类监管期满后可升级为 A 类。

3. 调整出口报关流程

改革之日起，企业办理出口报关时不再提供核销单。

4. 简化出口退税凭证

自 2012 年 8 月 1 日起报关出口的货物（以海关"出口货物报关单[出口退税专用]"注明的出口日期为准，下同），出口企业申报出口退税时，不再提供核销单；税务局参考外汇局提供的企业出口收汇信息和分类情况，依据相关规定，审核企业出口退税。

2012 年 8 月 1 日前报关出口的货物，截至 7 月 31 日未到出口收汇核销期限且未核销的，按本条第一款规定办理出口退税。

2012 年 8 月 1 日前报关出口的货物，截至 7 月 31 日未到出口收汇核销期限但已核销的以及已到出口收汇核销期限的，均按改革前的出口退税有关规定办理。

（一）国际收支网上申报系统

国际收支网上申报系统，是指国家外汇管理局根据《国际收支统计申报办法》及其实施细则进行开发，提供给境内银行和申报主体进行国际收支统计间接申报的专用电子系统。

网上申报系统是国际收支平衡管理信息系统的子系统，隶属于外汇局金宏工程。

网上申报系统从银行及申报主体采集国际收支统计间接申报和贸易进出口核销相关数据，为国际收支平衡管理信息系统提供数据采集渠道。

（二）网上申报流程

基础信息导入或录入银行版后，银行版将基础数据同步到外汇局版，同时将采用网上申报方式企业的基础信息同步到网上申报企业版。

对于采用网上申报方式的企业，由企业通过企业版进行申报。申报后的业务数据同步到银行版，由银行进行审核，若银行审核通过，则同步申报信息到外汇局版；若审核不通过，则将审核不通过的信息同步到企业版，由企业重新进行申报。国际收支网上申报流程如图 16-1 所示。

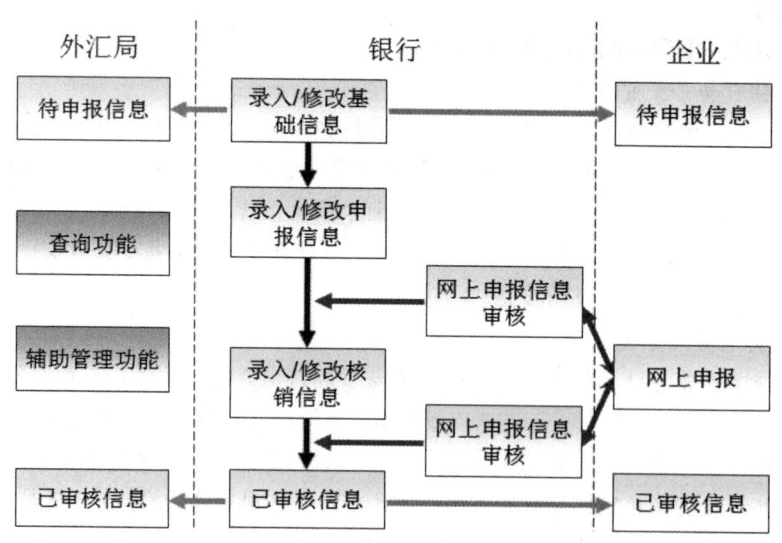

图 16-1 国际收支网上申报流程图

※应用案例分析 16-1

2018 年 9 月 1 日，厦门易通科技有限公司业务员张国登录"国家外汇管理局应用服务平台"网站（图 16-2）进行收支申报，具体步骤如下：

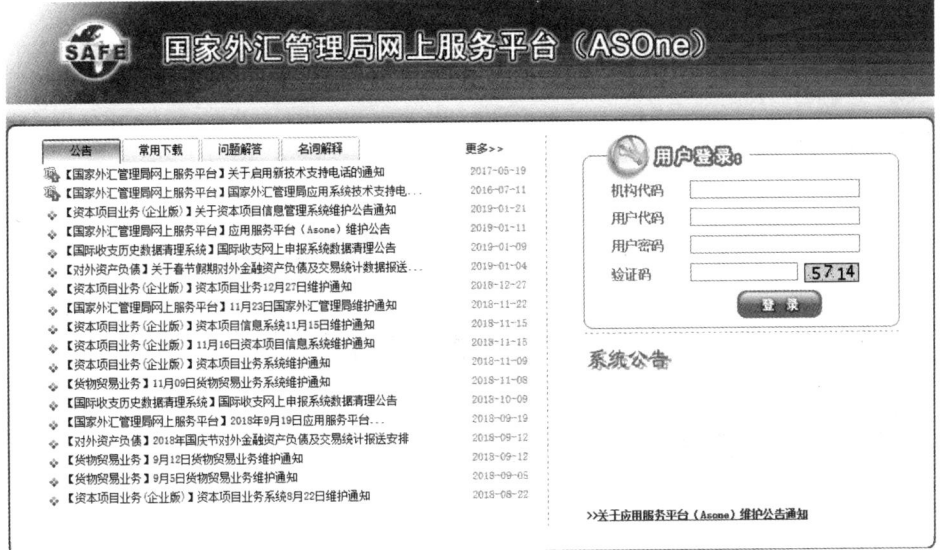

图 16-2　ASOne 平台

1. 在弹出页面中单击"国际收支网上申报系统（企业版）"，打开申报信息录入列表。
2. 单击待申报业务条目的申报号码，进入该笔业务的申报信息录入页面，如图 16-3 所示。

图 16-3　ASOne 平台企业登录页面

3. 在申报信息录入页面，除系统自动生成的内容之外，还需填写几个栏位，如图 16-4 所示。
   （1）付款人常驻国家（地区）代码及名称：选择进口商所在的国家名称。
   （2）本笔款项是否为保税货物项下收入。
   （3）交易编码：一般选择"一般贸易收入"。
   （4）相应币种及金额："币种"根据合同币别，只需在币别后填上相应的合同金额。
   （5）交易附言：一般填写"一般贸易收入"。
4. 单击右上角的"保存"按钮，若信息填写无误，系统将提示"国际收支网上申报已提交"。

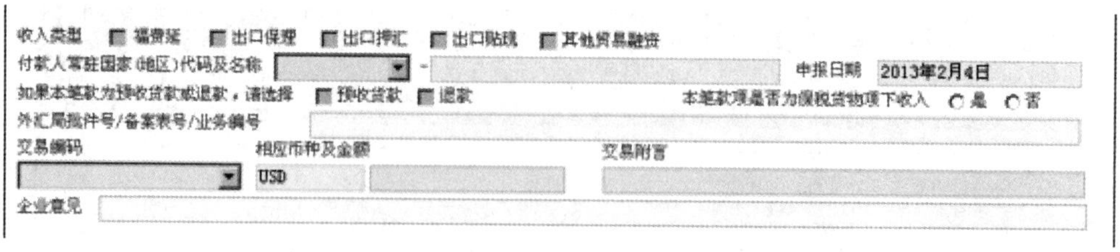

图 16-4　ASOne 平台需手动填写的栏目

第二节　出口退税

一、出口退税的含义及特点

（一）出口退税的含义

出口退税是一个国家或地区对已报送离境的出口货物，由税务机关将其在出口前的生产和流通的各环节已经缴纳的国内增值税或消费税等间接税税款退还给出口企业的一项税收制度。出口退税是提高货物的国际竞争能力，符合税收立法及避免国际双重征税的有力措施。我国也实行出口退税政策。对出口的已纳税产品，在报关离境后，将其在生产环节已纳的消费税、增值税退还给出口企业，使企业及时收回投入经营的流动资金，加速资金周转，降低出口成本，提高企业经济效益。

凡是办理了出口企业退税登记的出口公司或企业，在完成国际收支网上申报后，即可持有关证明文件到当地主管退税业务的税务机关办理出口退税。

（二）出口退税的特点

我国的出口货物退（免）税制度是参考国际上的通行做法，在多年实践基础上形成的、自成体系的专项税收制度。这项新的税收制度与其他税收制度比较，有下述几个主要特点。

1. 是一种收入退付行为

税收是国家为满足社会公共需要，按照法律规定，参与国民收入中剩余产品分配的一种形式。出口货物退（免）税作为一项具体的税收制度，其目的与其他税收制度不同。它是在货物出口后，国家将出口货物已在国内征收的流转税退还给企业的一种收入退付或减免税收的行为，这与其他税收制度筹集财政资金的目的显然是不同的。

2. 具有调节职能的单一性

我国对出口货物实行退（免）税，意在使企业的出口货物以不含税的价格参与国际市场竞争。这是提高企业产品竞争力的一项政策性措施。与其他税收制度鼓励与限制并存、收入与减免并存的双向调节职能比较，出口货物退（免）税具有调节职能单一性的特点。

3. 属间接税范畴内的一种国际惯例

世界上有很多国家实行间接税制度，虽然其具体的间接税政策各不相同，但就间接税制度中对出口货物实行"零税率"而言，各国都是一致的。为奉行出口货物间接税的"零税率"原则，有的国家实行免税制度，有的国家实行退税制度，有的国家则退、免税制度同时并行，其目的都是对出口货物退还或免征间接税，以使企业的出口产品能以不含间接的价格参与国际市场的竞争。出口货物退（免）税政策与各国的征税制度是密切相关的，脱离了征税制度，出口货物退（免）税便将失去具体的依据。

二、出口退税登记的一般程序

（一）出口退税的条件

1. 必须是增值税、消费税征收范围内的货物

增值税、消费税的征收范围，包括除直接向农业生产者收购的免税农产品以外的所有增值税应税货物，以及烟、酒、化妆品等11类列举征消费税的消费品。

之所以必须具备这一条件，是因为出口货物退（免）税只能对已经征收过增值税、消费税的货物退还或免征其已纳税额和应纳税额。未征收增值税、消费税的货物（包括国家规定免税的货物）不能退税，以充分体现"未征不退"的原则。

2. 必须是报关离境出口的货物

所谓出口，即输出关口，它包括自营出口和委托代理出口两种形式。区别货物是否报关离境出口，是确定货物是否属于退（免）税范围的主要标准之一。凡在国内销售、不报关离境的货物，除另有规定者外，不论出口企业是以外汇还是以人民币结算，也不论出口企业在财务上如何处理，均不得视为出口货物予以退税。

对在境内销售收取外汇的货物，如宾馆、饭店等收取外汇的货物等，因其不符合离境出口条件，均不能给予退（免）税。

3. 必须是在财务上作出口销售处理的货物

出口货物只有在财务上作出口销售处理后，才能办理退（免）税。也就是说，出口退（免）税的规定只适用于贸易性的出口货物，而对非贸易性的出口货物，如捐赠的礼品、在国内个人购买并自带出境的货物（另有规定者除外）、样品、展品、邮寄品等，因其一般在财务上不作销售处理，故按照现行规定不能退（免）税。

4. 必须是已收汇并经核销的货物

按照现行规定，出口企业申请办理退（免）税的出口货物，必须是已收外汇并经外汇管理部门核销的货物。

国家规定外贸企业出口的货物必须要同时具备以上4个条件。生产企业（包括有进出口经营权的生产企业、委托外贸企业代理出口的生产企业、外商投资企业，下同）申请办理出口货物退（免）税时必须增加一个条件，即申请退（免）税的货物必须是生产企业的自产货物或视同自产货物才能办理退（免）税。

（二）出口退税登记

（1）有关证件的送验及登记表的领取。企业在取得有关部门批准其经营出口产品业务的文件和工商行政管理部门核发的工商登记证明后，应于30日内办理出口企业退税登记。

（2）退税登记的申报和受领。企业领到"出口企业退税登记表"后，即按登记表及有关要求填写，加盖企业公章和有关人员印章后，连同出口产品经营权批准文件、工商登记证明等资料一起报送税务机关，税务机关经审核无误后，即受理登记。

（3）填发出口退税登记证。税务机关接到企业的正式申请，经审核无误并按规定的程序批准后，核发给企业"出口退税登记证"。

（4）当企业经营状况发生变化或某些退税政策发生变动时，应根据实际需要变更或注销退税登记。

（三）出口退税附送材料

（1）报关单。报关单是货物进口或出口时进出口企业向海关办理申报手续，以便海关凭此查

验和验放而填制的单据。

（2）出口销售发票。出口销售发票是出口企业根据与出口购货方签订的销售合同填开的单证，是外商购货的主要凭证，也是出口企业财会部门凭此记账做出口产品销售收入的依据。

（3）进货发票。提供进货发票主要是为了确定出口产品的供货单位、产品名称、计量单位、数量，确定是否是生产企业的销售价格，以便划分和计算确定其进货费用等。

（4）结汇水单或收汇通知书。

（5）属于生产企业直接出口或委托出口自制产品，凡以 CIF 结算的，还应附送出口货物运单和出口保险单。

（6）产品名称、数量、复出口产品名称、进料成本金额和实纳各种税金额等。

（7）产品征税证明。

（8）与出口退税有关的其他材料。

（四）出口退税的计算

凡是办理了出口企业退税登记的出口公司或企业，在完成国际收支网上申报后，即可持有关证明文件到当地主管退税业务的税务机关办理出口退税。

出口退税的公式：（计算详见第四章出口报价核算）

退税额 = 增值税发票金额÷(1+增值税率)×出口退税率

例如：货值 100 万人民币，增值税率为 16%，退税率为 13%，则：

出口退税额 =1000000÷1.16×0.13=112068.97 元人民币

模拟练习题

1. 企业进行网上收支申报的流程是什么？

2. 境内银行根据境内 A 公司指示从其账户划出资金，并通过境外汇入境内 B 公司在境内另一家银行开立的账户上，A 公司在付款时是否需要办理国际收支申报？

3. 外贸企业申报出口退税需提交的单据有哪些？

4. 一外贸公司购进一批货物出口，增值税发票注明进项金额 50000 元，税额 6500 元，征税率 13%，退税率 5%，该批货物全部出口，收汇额 7500 美元，记账汇率 6.87 元/美元，则该企业可退增值税多少元？